국제정치사

International Order: A Political History

Stephen A. Kocs 지음 | 이유진 옮김

명인문화사

국제정치사

제1쇄 펴낸 날 2025년 2월 20일

지은이 Stephen A. Kocs
옮긴이 이유진
펴낸이 박선영
주 간 김계동
디자인 전수연
교 정 김유원

펴낸곳 명인문화사
등 록 제2005-77호(2005.11.10)
주 소 서울시 송파구 백제고분로 36가길 15 미주빌딩 202호
이메일 myunginbooks@hanmail.net
전 화 02)416-3059
팩 스 02)417-3095

ISBN 979-11-6193-122-7
가 격 24,000원

ⓒ 명인문화사

....

International Order: A Political History

Stephen A. Kocs

간략목차

1장 · 서론   1

2장 · 국제질서의 역사적 진화   9

3장 · 왕조체제, 1300~1700년   47

4장 · 세력균형체제, 1700~1815년   77

5장 · 유럽협조체제, 1815~1854년   111

6장 · 유럽협조체제의 부활, 1871~1914년   141

7장 · 첫 번째 자유주의체제, 1919~1939년   177

8장 · 자유주의 질서와 냉전, 1945~1989년   219

9장 · 탈냉전 세계의 국제질서   265

10장 · 자유주의 국제질서의 미래?   309

세부목차

역자서문 · x

1장 서론 · 1

2장 국제질서의 역사적 진화 · 9
    국제질서의 기반 · 15
    국제질서의 3개 시대 · 17
    종교 시대 · 20
    세력정치 시대 · 26
    자유주의 시대 · 32
    자유주의 질서의 진화 · 37

3장 왕조체제, 1300~1700년 · 47
    왕권 강화 · 52
    왕조 시대 유럽의 주요 정치 단위 · 54
    왕조 시대 국제질서 · 58
    왕조혼과 국제정치 · 62
    왕조주의와 영광의 추구 · 65
    국제질서와 30년전쟁 · 70
    결론 · 74

4장 세력균형체제, 1700~1815년 · 77

국가의 부상 · 81

국가이익 · 84

약탈 정치 · 86

강대국 · 89

전략적 계산과 전쟁 · 93

프리드리히 대왕의 영향 · 98

폴란드 분할 · 100

혁명전쟁과 나폴레옹전쟁 · 102

국제체제로서의 세력균형 · 105

5장 유럽협조체제, 1815~1854년 · 111

비엔나조약 · 115

평화에 대한 강대국들의 열망 · 117

유럽협조체제 · 120

그리스와 벨기에의 위기 · 123

국제체제로서의 유럽협조체제 · 125

1848년 혁명 · 129

크림전쟁 · 130

이탈리아 통일 · 132

독일 통일 · 133

결론 · 136

6장 유럽협조체제의 부활, 1871~1914년 · 141

독일 중심적 유럽질서의 구축 · 146

오스트리아-헝가리, 러시아, 그리고 발칸반도 · 153

강대국의 진영화 · 157

오스트리아-헝가리와 세르비아 문제 · 162

대전쟁의 발발 · 166

국제체제, 1871~1914년 · 171

7장 첫 번째 자유주의체제, 1919~1939년 · 177

파리평화회의의 배경 · 180

독일에 대한 프랑스, 영국, 미국의 시각 · 184

베르사유조약 · 188

전쟁의 정치적 결과 · 191

윌슨 이후 미국과 국제질서 · 194

베르사유조약 집행의 문제 · 199

양보를 통한 평화 · 201

취약한 국제질서 · 203

군국주의자들의 권력 장악 · 206

히틀러 치하 독일의 외교정책 · 208

전쟁에 접근하는 미국과 소련의 반응 · 211

1918년 이후 국제체제에 대한 평가 · 213

8장 자유주의 질서와 냉전, 1945~1989년 · 219

제2차 세계대전 종전 당시 상황 · 224

전후 질서에 관한 미국의 비전 · 226

전후 질서에 관한 소련의 비전 · 230

냉전 격화 · 234

무역 자유화 · 238

자유주의 '대타협' · 242

미소경쟁의 안정화 · 247

국제질서와 개발도상 지역 · 252

냉전의 제2단계 • 256

결론 • 259

9장 탈냉전 세계의 국제질서 • 265

공산주의 붕괴와 소련 해체 • 268

탈냉전 국제체제 • 272

자유주의 규범과 유엔헌장 • 273

개방적 무역체제 • 278

미국의 자유주의 패권 • 282

자유주의 국제질서와 국내의 자유주의 • 284

자유주의 질서에 대한 러시아의 도전 • 288

중국의 부상 • 295

자유민주주의 확산의 한계 • 300

결론 • 302

10장 자유주의 국제질서의 미래? • 309

예의 주시할 점 • 315

자유주의 질서의 해결되지 않은 모순 • 317

참고문헌 • 320

찾아보기 • 334

저자소개 • 339

역자소개 • 340

도해목차

도표

2.1	국제질서의 3개 시대	18
3.1	1556년의 유럽	55
4.1	1714년의 유럽	96
5.1	1815년의 유럽	118
6.1	1871년의 유럽	148
6.2	1878년과 1914년의 발칸지역	150
7.1	1924년의 유럽	189
8.1	1955년의 유럽	239
9.1	2018년의 유럽	292

글상자

3.1	왕조체제	50
4.1	세력균형체제	80
5.1	유럽협조체제	114
6.1	유럽협조체제의 부활	144
7.1	첫 번째 자유주의체제	181
8.1	1945년 이후 국제체제	223
9.1	냉전 후 국제질서	269

역자해설

2.1 종교개혁   20

2.2 베스트팔렌조약   26

2.3 세계인권선언   36

2.4 유엔헌장   39

4.1 국가이익 개념의 진화   85

5.1 발칸반도   124

7.1 소비에트사회주의연방공화국(소련)의 탄생   192

역자서문

이 책의 원제목은 *International Order*다. 역사를 통해 인류는 생존과 번영을 추구하면서 부단히 어떤 형태로든 질서를 추구했다. 저자 스티븐 콕스는 국제관계를 질서라는 각도에서 접근하여, 천년에 가까운 세월 동안 진화한 국제질서의 역사를 주로 서구 강대국을 중심으로 분석한다.

이 책은 교황이 종교적 교리를 통해 정치적 권위를 행사하던 시대에서, 군왕의 개인적 또는 왕조적 이해가 국제관계에 큰 영향을 미쳤던 왕조 시대, 국력의 확대와 상대국에 대한 견제가 국제관계의 주를 이루었던 세력정치 시대를 거쳐, 처참한 세계대전의 희생 위에 세워진 자유주의 시대에 이르는 광범위한 역사에서 형성되었던 국제질서의 유형 변화를 다루고 있다.

국제관계에는 구조적으로 자기 강화를 추구하는 국가나 그 지도자들의 야심, 상대의 의도에 대한 불신과 두려움, 목표 달성의 실패로 인한 좌절과 분노가 내재되어 있다. 사람은 누구나 평화를 갈구한다고 가정할 수 있지만, 그 명제가 항상 통용되는 것은 아니다. 전쟁이 초래하는 삶과 죽음의 고통을 자발적으로 원하는 사람은 거의 없을 것이다. 그러나 때로는 기꺼이, 때로는 불가피하게, 종교적 계시, 개인적 영광, 세력균형, 이념이 제시하는 이상 세계의 실현 등을 명분으로 전쟁을 불사했다. 국제질서의 형성과 붕괴 과정에는 전쟁과 평화가 교차했고, 다양한 체제의 흥망성쇠가 반복되었으며, 현재에도 인류는 그러한 역사적 진화의 와중에 있다.

한편 국제관계의 행위자들은 자기 이익에 부합하는 질서를 구축하여, 갈등과 분쟁을 안정적으로 관리하려 시도했으나, 질서가 곧 정의와 평화를 의미하지 않음을 이 책의 저자는 적시하고 있다. 현대에 들어 이전에 비해 인권 보호와 국가 간 평등의 가치 실현을 추구하는 자유주의 질서를 구축하면서 국제사회는 그러한 한계를 극복하려 노력해 왔다. 그러나 현재의 자유주의 질서도 많은 도전에 직면하고 있으며, 저자는 그 미래가 불확실하다고 본다.

이 책은 중세부터 현재에 이르기까지의 국제관계사를 망라하며, 명료한 시대 구분과 용어 및 개념 정의를 통해 국제질서의 역사적, 이론적 분석 틀을 제공한다. 또한, 그 질서 속에 작동하는 제도와 장치, 주요 행위자들에 관한 풍부한 사례를 제공하면서 통시적으로 비교 해설하고 있다. 이 책이 국제관계나 정치학 전공자들, 일반 독자들이 국제질서의 역사와 속성을 이해하고 그 교훈을 반추하며 미래를 조망하는 데 유용한 참고 자료가 될 것으로 기대된다.

2025년 2월
역자 이유진

1장

서론

국제관계에 있어서 질서에 대한 질문은 아마도 가장 중요한 문제이다. 국제질서는 인간 존재의 목표를 달성하는 데 있어서 전제조건이 되기 때문이다. 인간 사회는 혼란과 불안이라는 조건에 놓이면 번영하기 어렵다. 근대에 있어서 국제질서의 붕괴는 제1, 2차 세계대전의 예에서 보았듯이 전면전의 발발을 초래했다. 그 전쟁의 결과로 수천만 명이 사망했고, 엄청난 규모의 물리적 파괴가 초래되었으며, 전 세계 모두의 삶이 혼란에 빠졌다. 핵무기로 무장한 세계에서 지금 주요 국가들 사이에 전면전이 벌어지면 인류의 생존이 위협을 받을 것이다. 이러한 이유 때문에 정치지도자들은 일반적으로 국제질서가 붕괴되지 않기를 간절히 원한다.

국제질서는 어디에서 기원하는가? 그것은 어떻게 형성되고 유지되는가? 국제적 수준에서 질서가 존재하는 것을 당연시할 수 없다. 국제적 영역은 다수의 독자적인 정치 행위자들로 구성되며 그들은 타 행위자들을 상대로 어떻게 행동할지를 스스로 결정할 수 있다. 따라서 국제정치는 무정부 상태라는 조건 속에서 벌어지며, 어떤 하나의 정부도 국제정치 영역 전체에 효과적인 권위를 행사할 수 없다. 무정부 상태 하에서 정치적 질서는 오직 행위자들이 그것을 의식적으로 구축할 때만 존재할 수 있다.

근대 세계에서는 주권국가가 국제관계의 중심 행위자이다. 오늘날 세계에는 미국이나 중국과 같은 강대국에서부터, 피지나 룩셈부르크와 같은 약소국에 이르기까지 200개 가까운 주권국가가 존재한다. 각각의 주권국가는 정부, 법률, 군대를 가지고 있다. 주권적 행위자로서 국가는 그들이 바람직하다고 생각하는 어떤 정책이든 그것이 타국에 미치는 영향을 고려하지 않고 추구할 수 있다. 또한, 주권국가는 타국과 협력을 결정할 수도 있지만, 타국과 전쟁을 하거나 피해를 가하는 행동을 할 수도 있다.

이러한 환경을 고려할 때 국제관계는 국가들이 자원을 차지하기 위해 끝없이 폭력적인 투쟁에 열중하고, 방해하는 자를 복속시키거나 파괴하는 혼돈의 상태임을 전제하는 것이 논리적으로 보일 것이다. 그러나 실제 세계를 조사해보면 우리는 그렇지 않음을 알 수 있다. 실제 세계에서 대다수 국가는 주변국과 평화롭게 공존한다. 매년 수조 달러의 상품과 서비스가 국경을 넘어 거래된다. 수백만 명의 관광객, 학생, 사업가가 아무 탈 없이 외국을 여행한다. 은행과 기업은 외국에 수백억 달러를 투자하며, 그들의 투자가 안전하다고 자신한다. 비록 이해의 갈등으로 인해 종종 국가들이 충돌하거나 상대방의 의지를 시험해보기도 하지만, 그러한 충돌이 전면전으로 확대되는 일은 드물다. 물론 세계에는 수많은 조직적 폭력 사태가 존재하지만, 그 대부분은 국경 내에서 벌어지며, 국가 간 권력 투쟁보다는 국내적 권력 투쟁에 기인한다. 요컨대 국제관계의 영역에서 혼란보다는 질서가 더 널리 일반적인 듯하다.

역사적으로 보면 국제질서가 붕괴되면 신속하게 더 견고한 질서를 재수립하려는 시도가 뒤따랐다. 국가는 자국의 행동에 가해지는 제약을 받아들임으로써 국제질서를 창출한다. 그러한 제약은 관습이나 유엔헌장에 열거된 바와 같은 명확한 규칙, 또는 국가 간 비공식 합의에 근거한다. 예를 들어 냉전 중 미국과 소련은 유럽에서 상대방의 사활적 이익을 위협하지 않기로 비공식적 합의에 이르렀다. 미국은 소련의 동유럽 지배에 대한 도전을 삼갔고, 대신 소련은 서유럽에서의 미국의 리더십에 대한 도전을 자제했다. 두 초강대국 관계가 전반적으로 매우 적대적이었음에도 불구하고, 이 합의는 양국이 전면전을 회피할 수 있게 해주었다.

국제정치 행위자들 사이에 질서를 만들어 주는 일련의 규칙이나 장치를 우리는 국제정치체제 또는 줄여서 '국제체제'라고 부를 수 있다. 국제체제는 가장 강력한 국제 행위자들에 의해 수립되며, 어떤 체제든 그들의 선호가 반영된다. 이는 예상할 수 있는 일이다. 강력한 행위자들은 체제를 유지하는 데 필요한 경제, 군사적 능력을 행사한다. 약한 행위자들은 그렇게 하지 못한다.

국제체제는 그것을 구성하는 행위자들의 권리와 의무, 그리고 그들 상호 간의 행동에 있어서 지킬 것이 요구되는 구체적 제약을 규정한다. 일단 수립되면 국제체제는 일반적으로 그것을 유지하려는 강대국의 능력과 의지가 지속되는 한 유지된다. 강대국이 국제체제를 유지하려는 능력과 의지가 사라지면 그 체제는 붕괴되고 새로운 체제로 대체되기 전까지 무질서의 시기가 뒤따른다. 가장 강력한 행위자의 정체성이나 선호는 시대에 따라 변하기 때문에 국제체제도 시간이 흐르면 변화한다. 각각의 체제는 그 특정 시대의 산물이다.

이 책은 국제질서의 문제를 비교역사적 시각에서 접근한다. 이 책은 먼저 중세 후기와 근대 초기 유럽의 국제체제에 초점을 맞추고, 이어서 19세기 초 형성된 세계화된 국제체제에 관심을 돌려 역사 속에 존재했던 국제체제의 흥망성쇠를 순차적으로 추적한다. 이 분석은 여러 다른 시대의 국제체제를 비교함으로써 각각의 국제체제의 특징을 조명하고 장기적인 추세를 설명한다.

이 책의 중심되는 주장은 국제질서의 핵심적 속성은 오랜 세월에 걸쳐 진화했다는 점이다. 중세 후기 유럽에서 국제질서는 주로 서구 기독교를 규정한 종교적 신념과 사회적 관습으로부터 형성되었다. 그러한 신념과 관습을 지키면서 유럽의 지배자들은 그들의 국제적 행위에 있어서 일종의 암묵적인 제약을 받아들였다. 18세기에 이르자 그러한 제약의 원천으로서의 종교와 관습은 서서히 약화되었다. 국제질서는 주요 유럽 강대국들 사이의 비공식적, 실용적 합의에 의존하게 되었다. 그러한 합의는 주요 강대국이 자국의 이익을 추구할 수 있게 해주었으나, 그 과정에 빈번히 약한 국가나 민족의 이익이 희생되었다. 제1차 세계대전 이후, 국제질서는 모든 국가의 안보와 독립을 지킬 수 있는 명확하고 보편적인 규칙에 근거해야 한다는 데 승전국들이 합의하면서 또 다른 큰 변화가 있었다. 그 이후 보편적 규칙은 국제질서 기반의 상당 부분을 제공해주었다. 그러나 모든 국가가 그러한 규칙을 지키려고 하지는 않았기 때문에 국제질서는 여전히 세력 정치에 기반한 비공식 합의에 의존한 면이 있었다.

이 책은 다음과 같이 구성되었다. 제2장은 핵심 개념을 소개하고 이 책의 중요한 주장을 개괄한다. 제3장은 세습통치에 기반한 국제질서를 유지하기 위해 세습 군주들이 왕조전쟁과 혼인을 어떻게 이용했는지를 보여주면서 르네상스 시대 유럽의 국제정치를 살펴본다. 제4장은 18세기 유럽의 강대국들이 어떻게 세력균형 전략을 통해 그들의 독립을 지키려 했는지를 보여준다. 제5장은 나폴레옹전쟁 이후 국제질서의 기반으로서 강대국들이 창출한 유럽협조체제의 흥망을 추적해본다. 제6장은 1870년대 유럽협조체제의 부활에 대해 서술하며, 그 협조체제가 어떻게 1914년 제1차 세계대전 발발 전까지 국제질서를 유지했는지를 보여준다. 제7장은 양차 세계대전 사이의 시기를 다루며, 왜 제1차 세계대전 후에 형성된 국제체제가 그렇게 빨리 붕괴했는지를 검토한다. 제8장은 글로벌 국제질서의 창출과 관리에 있어서 미국의 역할에 초점을 맞추면서 냉전기를 다룬다. 끝으로 제10장은 미래의 국제질서가 직면하고 있는 문제들을 논의한다.

국제질서의 역사에 대한 기술은 여전히 진행 중이다. 모든 국제질서는 그것이 창출된 시대의 정치적 상황을 반영한다. 그러한 상황이 변화함에 따라 그 체제를 규정하는 규칙과 합의는 점점 지속이 어려워진다. 새로운 상황을 반영하는 새로운 규칙과 합의가 창출될 필요성이 대두된다. 예를 들어, 분석가들은 현 국제체제에 중대한 변화를 가져올 수 있는 상황 전개로서 글로벌 경제대국 중국의 부상을 지적한다. 기후변화, 대다수 선진국의 출산율 저하, 미국과 유럽의 대중영합주의 확산 등 다른 상황들도 체제 변화를 초래할지 모른다. 그러한 변화는 어떤 모습일까? 어떻게 촉발될 것인가? 국제질서의 역사는 중요한 단서를 제공한다.

2장

국제질서의 역사적 진화

▌ 국제질서의 기반
▌ 국제질서의 3개 시대
▌ 종교 시대
▌ 세력정치 시대
▌ 자유주의 시대
▌ 자유주의 질서의 진화

질서의 개념을 정치에 적용하면 그것은 행위자들이 그들의 이익을 지킬 수 있게 해주는 규칙이나 합의의 존재를 의미한다. 그러한 규칙이나 합의가 존중되는 만큼 그에 따른 정치적 질서가 존재한다. 그러한 규칙이나 합의가 존중되지 않는 만큼 무질서가 존재한다. 국제 정치에서 질서의 구축은 국제적 영역 전반에 효과적 권위를 행사할 수 있는 중앙정부가 부재한 무정부 상태로 인해 제약을 받는다. 대부분의 국제적 권위는 타국을 대신해 법을 제정할 권위나 자국 영토 밖에도 강제할 수 있는 권위를 갖지 못하는 주권국가에 의존한다.

무정부 상태가 무질서와 동일한 것은 아니다. 국제적 영역은 그 존재 자체가 무정부 상태를 상정하지만, 무정부 상태하에서도 정치적 질서는 존재할 수 있으며, 존재한다. 대체로 국제 영역의 질서는 둘 중 하나의 방식으로 창출된다.[1] 첫째, 질서는 국제 행위자들이 받아들이기로 선택한 규칙이나 합의에 따라 자발적으로 자기를 억제할 경우 형성될 수 있다. 둘째, 질서는 더 강력한 국제 행위자들이 일련의 규칙이나 합의를 상호 간에 또는 자기보다 약한 행위자에게 강제할 경우 존재할 수 있다. 현재를 포함해서 역사상 대부분의 시기에 국제질서의 유지는 두 가지 방법 모두에 의존했다. 그러나 자발적 자기 억제와 강압적 강제 중 어느 쪽이 상대적으로 더 중요했는지는 상황에 따라 달랐다.

국제'질서'가 반드시 국제 '평화'와 동일하지는 않음을 인식할 필요가 있다. 모든 국제체제는 질서 유지를 위해 어느 정도는 폭력 행사에 의존한다. 그러나 어떤 체제는 다른 체제보다 더 폭력적이다. 예를 들어, 유럽의 왕조 시대에는 군사 충돌이 국제질서에 내재된 속성이었다. 그 시대 정치를 장악했던 세습 군주들은 세습통치를 지키는 수단으로 전쟁에 의존했다. 비록 왕조 시대 유럽에 전쟁이 만연했지만, 그것이 기존의 권위 구조와 정통성의 원리를 유지해 주었다는 의미로 볼 때 왕조체제에는 '질서'가 있었다. 왕조체제와 대조적으로 1815년 이후 형성된 국제체제는 강대국 사이의 평화를 지키려는 의식적인 목적을 가지고 창출되었다. 그 결과 강대국 간 전쟁은 이전보다 훨씬 감소하였다. 실제로 제2차 세계대전 종결 후 강대국 간 전면전은 없었다. 그러나 19세기와 대부분의 20세기에 강대국과 약소국 사이의 전쟁은 빈발하였다.[2] 오늘날 국제질서라는 개념은 모든 국가를 포괄하는 보편적 평화의 이미지를 연상시킨다. 그러나 유엔 안보리가 유엔헌장을 위배한 국가에 대한 무력행사를 허가하는 경우와 같이, 일정한 군사력의 사용은 국제질서 유지에 필수적이다.

또한, 국제질서는 국제 '정의'와 반드시 같은 것은 아니다. 국내정치에서와 마찬가지로 국제정치에서 질서 유지는 이미 형성된 권력 및 권위의 관계들을 지키는 것을 의미한다. 기존의 권력관계가 정의롭지 못하다면 질서의 유지는 불의의 지속을 의미한다. 비록 정의롭지 않은 정치적 합의가 도덕적으로 용인될 수 없다고 주장할 수 있겠지만, 국제정치에서 정의 추구는 종종 질서 유지의 필요에 양보해야 한다. 양차 세계대전이 보여주었듯이 글로벌한 정치질서의 붕괴는 정의롭지 못하지만 상대적으로 평화로웠던 세계보다 훨씬 더 많은 인간의 고통과 억압을 초래했다. 핵무기로 무장한 오늘날의 세계에서 강대국 사이의 전면전은 상상할 수 없는 피해를 초래할 것이다. 그러한 이유 때문에 강대국 간의 질서 있는 평화유지는, 그것이 상당한 불의를 수반한다고 해도, 무엇보다 중요한 도덕적 의무이다. 국제질서를 유지하면서 어떻게 보다 더 정의로운 세계를 만들 수 있는지의 문제는 여전히 매우 중요하다.[3]

국제질서를 제공해주는 규칙과 합의는 가장 강력한 국제 행위자들이 설정하고 그들의 이익과 선호를 반영한다. 만일 국제체제가 강력한 행위자들의 목적에 부합하지 않게 되면 그것은 무너질 것이다. 일반적으로 강력한 행위자들을 그들이 거부하는 규칙을 지키도록 강제할 수는 없을 것이다. 한편 그 행위자들의 속성은 역사적 문맥에 따라 다르다. 여기서 사용된 바와 같이 '국제 행위자'라는 문구는 외국의 통치자나 정부와 조약을 맺을 수 있는 (군주와 같은) 통치자나 (국가와 같은) 정치 단위를 지칭한다. 왕조 시대 유럽에서 주된 국제 행위자는 세습 군주들이며 그 시대의 국제체제는 그들의 목표와 우선순위를 반영했다. 근대 세계에서 주요 국제 행위자는 주권국가이다. 근대 국제체제는 가장 강력한 국가의 목표나 우선순위를 반영한다. 예를 들어, 나폴레옹 이후 유럽의 국제체제는 당시 강대국이었던 영국, 러시아, 오스트리아, 프러시아, 프랑스의 목표를 반영했다. 유사하게 제2차 세계대전 이후 설정된 국제체제는 냉전기에 가장 강력한 두 국가인 미국과 소련의 목표를 반영했다.

왜 강력한 국가들이 국제질서를 창출하려 하는지는 의문을 가질만하다. 국제질서가 가능하려면 그들 국가가 자신의 국제적 행위에 대한 어느 정도의 제약을 감수해야 한다. 그러나 그들은 왜 그렇게 하려 할까? 왜 그들은 단순히 무력으로 원하는 것을 취하려고 하기보다 자신의 행동의 자유 일부를 자발적으로 포기하는가? 일반적으로 가장 강력한 국제 행위자라고 해도 무질서보다는 질서를 선호한다. 무질서한 환경보다는 질서 있는 환경에서 자신의 이익을 보다 효과적으로 확보할 수 있기 때문이다. 질서 있는 환경은 국제 행위자들이 타 행위자들로부터 직면하는 위험을 줄여준다. 질서는 영토나 독립을 잃지 않도록 도움을 준다. 질서는 국제 협력의 가능성을 확대해주고 갈등의 가능성을 축소해준다. 질서는 예측 가능성을 높여주어 안보 자원을 그들이 가장 필요로 하는 곳에 배분할 수 있게 해준다. 요컨대 질서의 존재는 국제 행위자들이 외부 위협에 압도되지 않고 그것을 효과적으로 관리할 수 있게 해준다.[4] 또한, 가장 강력한 행위자의 입장에서 보면 국제 질서는 기존의 권력 구조를 유지하여 강대국이 위계의 최정상 위치에서 누릴 수 있는 혜택을 영속시켜주기 때문에 유리하다. 대부분의 상황에서 강력한 행위자들은 국제질서를 파괴하기보다는 유지함으로써 훨씬 더 많은 것을 얻을 수 있다.

국제 영역의 무정부적 속성을 고려하면 국제체제는 언제든 붕괴될 가능성이 있다. 그러나 국제체제의 붕괴는 통상적이기보다는 예외적이다. 1815년 나폴레옹전쟁 종결 이후 국제체제를 지탱하던 주요 합의는 세 번 무너졌다. 첫 번째는 1815년 합의된 영토에 상당한 변화를 가져온 유럽 강대국 간의 일련의 전쟁이 발발한 1854년과 1871년 사이에 벌어졌다. 두 번째는 유럽 전역에 전면전이 발발한 1914년부터 1918년 사이에 일어났다. 세 번째는 독일과 일본이 영토 확장을 추구하여 주요 강대국 간 전쟁을 초래한 1930년대 말부터 1945년까지의 시기에 일어났다. 전쟁이 종결되면 각 체제의 붕괴는 새로운 국제체제의 수립으로 이어졌다.

현재의 국제체제는 전 세계를 포괄한다. 역사적 관점에서 보면 글로벌한 국제체제의 존재는 비교적 최근의 현상이다. 근대 이전에 국제

2장 • 국제질서의 역사적 진화 15

체제는 그 범위가 지역에 한정되었고 세계의 여러 지역에 다른 체제가 동시에 존재했다.[5] 가장 강력한 고대나 중세 제국도 자신의 영역에서 멀리 떨어진 지역에 영향력을 행사할 수 있는 수단은 갖지 못했으며, 세계의 어느 한 지역에 존재하던 국제체제는 다른 지역의 국제정치에 거의 영향을 미치지 못했다. 그러한 상황은 유럽의 상인, 정착민, 병사들이 토지와 무역의 기회를 찾아 대양을 건너기 시작한 16세기에 변하기 시작했다. 중앙 및 남아메리카에 스페인 정복자들이 도래하여 선주민 사회를 파괴하면서 그 이전에 거기에 존재했던 지역의 국제질서는 종언을 고했다. 아프리카와 아시아에서 유럽 제국주의의 충격을 그대로 감당하게 된 것은 19세기에 이르러서이다. 그러나 유럽에 의한 식민 지배에 편입된 세계의 비율이 증가하면서 시간이 흐름에 따라 유럽의 체제로부터 분리된 국제체제가 존재할 수 있는 여지는 점점 축소되었다. 19세기 후반부터 국제체제는 글로벌한 속성을 가진다고 생각하는 것이 타당하다.[6]

국제질서의 기반

어떤 국제체제든 질서는 그 체제의 주요 행위자들이 받아들이는 일련의 기본적 규칙과 합의에 의존한다. 그러한 규칙과 합의는 (최소한 일반적인 의미에서) 행위자들이 서로를 향한 행동에 있어서 준수하리라 기대되는 제약으로 규정될 수 있다. '규칙'이라는 단어는 어떤 행동이 정당 또는 부당함을 규정하는 지침이나 원칙을 의미하는 반면, '합의'는 특정 행위자에게 어떤 혜택과 대가를 배분하는 데 동의하는 것이다. 역사적으로 어떤 국제체제는 주로 규칙에 의존했으며, 다른 체제는 주로 합의에 의존했다. 이 두 유형의 구조를 구분하는 것은 항상 명확하지는 않으며, 국제체제는 일반적으로 이 두 요소의 조합을 통해 안정을 이룬다.

사례를 통해 규칙과 합의의 차이를 명확히 할 수 있을 것이다. 현재 국제체제의 규범적 기초를 대부분 제공하는 유엔헌장은 질서를 구축하는 데 있어서 규칙에 기반한 접근의 사례를 보여준다. 헌장은 국가 행위의 지침을 정립하는 일련의 원칙을 열거하고 있으며, 특정 유형의 행위를 위법한 것으로 규정하고 있다. 유엔헌장에 의하면 국가는 국제분쟁을 평화적 수단으로 해결하고, 타국의 주권을 존중해야 할 의무가 있다. 유사하게 제1차 세계대전 후에 수립된 국제체제도 규칙에 기반한 접근의 성격을 가지고 있다. 그 체제의 규범적 기반을 제공한 국제연맹 규약은 회원국이 국제적 침략행위를 억제하고 집단안보 조치에 참여할 것을 의무화하였다. 왕조시대 유럽의 국제체제도 규칙에 기반한 질서로 이해할 수 있다. 그 체제는 통치자의 세습 권리 존중 원칙에 기초하였다.

어떤 국제체제는 규칙보다 주로 합의에 기반한다. 그러한 체제에서 강력한 행위자들은 일반적으로 영토, 영향력, 여타 혜택을 자기들끼리 배분하며, 공식 또는 비공식적으로 그러한 배분을 지킬 것에 동의한다. 예를 들어, 냉전기에 미국과 소련은 유럽을 양국의 영향권으로 비공식적으로 분할하는 것을 받아들임으로써 양자관계의 상당한 안정을 가져왔다. 유사하게 19세기에 유럽의 강대국들은 상대방의 세력권이나 해외 영토 주장에 대한 도전을 피함으로써 평화적인 관계를 유지했다.

국제질서의 3개 시대

국제체제는 시간의 흐름에 따라 변화한다. 하나의 체제는 가장 강력한 행위자들의 정체성과 선호를 반영하며, 그러한 정체성과 선호는 상황이 변함에 따라 진화한다. 내부적인 경제, 사회, 정치적 변화는 그들이 국제적인 목표를 수정하도록 만들 수 있다. 국제적 세력 분포가 변화하여, 기존의 강대국과는 다른 선호를 가진 새로운 강대국이 부상할수 있다. 국가들이 내부적으로 진화하고, 세력 분포가 변화함에 따라가장 강력한 행위자들의 새로운 정체성이나 선호와 국제체제가 일치하도록 바꾸려는 압력이 증가한다. 상황에 따라 국제체제의 변화는 점진적이거나 급격히, 부분적이거나 광범위하게 나타날 수 있다.

특정 국제체제의 시작과 끝을 규정하는 시점에 대해 학자들 사이에는 이견이 있다. 국제질서는 일반적으로 비공식적 이해나 암묵적 제약에 일부 의존하기 때문에, 관찰자들은 하나의 국제체제가 어떻게 작동하는지, 언제 형성되었는지에 대해 서로 다른 결론을 내릴 수 있다. 하나의 국제체제는 이전의 체제와 유사점을 공유할 수 있기 때문에 그 체제를 새로운 것으로 분류하는 데는 논란의 여지가 있다. 그러나 국제질서의 근본적인 변화는 일반적으로 강대국 간의 대규모 전쟁의 결과로 초래된다는 것은 상당한 논거가 있다. 그러한 순간에 승자는 자신의 선호와 일치하는 국제적 규칙이나 합의를 만들 수 있는 강자의 위치에, 패자는 자신의 선호를 고집하기 어려운 약자의 위치에 선다. 학자들은 특히 1815년 나폴레옹전쟁 후, 1918년 제1차 세계대전 후, 1945년 제2차 세계대전 후를 국제질서의 중대한 변화가 시작된 시점의 사례로 든다.[7]

세월이 흐름에 따라 나타난 국제질서의 변화를 고려하기 위해서 이

책에서는 역사를 3개의 시대로 구분해 보는 것이 유용하다. 우리는 그
들을 종교 시대, 세력정치 시대, 자유주의 시대로 칭한다 (도표 2.1).
이들 시대는 국제정치에서 질서를 창출하는 3개의 서로 다른 방식과
일치한다.

  12세기부터 17세기까지 지속된 종교 시대에 유럽의 국제질서는 주
로 종교와 관습이 제공하는 억제 효과로부터 부상하였다. 종교 시대의
주요 국제 행위자들은 군왕, 군주, 그리고 교황이었다. 그들은 기독교
신자인 통치자와 사람들을 대하는 행동의 지침이 된 기독교라는 종교
적, 문화적 유산을 공유했다. 종교 시대는 2개의 주요 시기로 구성되
었다. 첫째는 대략 1100년부터 1300년 사이로, 교황군주제의 시대라
고 부를 수 있다. 이 시기에 교황은 유럽의 정치에 상당한 영향력을 행
사했다. 그는 서양 기독교 세계 전체의 공동 목표를 설정하는 권리를
가졌으며, 그러한 목표를 받아들이도록 많은 사람을 설득했다. 그러나
세월이 흐르면서 군왕이나 군주들이 그들의 권위를 강화하였고, 교황

도표 2.1   국제질서의 3개 시대

	시대 구분	대략의 시기
종교 시대	교황군주제	1100~1300년
	왕조 시대	1300~1700년
세력정치 시대	세력균형	1700~1815년
	유럽협조체제	1815~1854년
	협조체제 부활	1871~1914년
자유주의 시대	전간기	1919~1939년
	냉전	1945~1989년
	냉전 이후	1990년~현재

의 영향력은 쇠퇴하였다. 국제질서는 왕조 시대라고 칭할 수 있는 새로운 시대로 접어들었다. 왕조 시대에 유럽의 국제정치는 주로 통치자의 세습 권리를 지키는 것이 중심이 되었다. 제3장은 이 책에서 대략 1300년부터 1700년 사이의 시기로 규정하는 왕조 시대의 국제질서에 대해 알아본다.

18세기 초부터 제1차 세계대전까지의 기간에 해당하는 세력정치 시대의 주요 국제 행위자는 '강대국'이라고 알려진 강력한 유럽국가군이었다. 이들 강대국은 유럽의 군소 국가나 비서양 사람들을 희생시켜 자신들의 이익을 지키는 합의적 장치를 통해 국제질서를 창출했다. 세력정치 시대는 유럽국가들 사이의 전략적 경쟁이 격화되는 시대였다. 강대국들이 전략적 이익을 위해 계책을 부리면서 이전 시대에 국제적 행위를 규율했던 종교나 관습에 의한 제약은 대부분 무력화되었다. 제4장부터 제6장은 세력정치 시대의 국제질서를 다룬다.

자유주의 시대는 제1차 세계대전 종전 후부터 현재까지 지속되고 있다. 그것은 국제관계에 있어서 세력정치의 역할을 축소하고, 보편적으로 받아들여지는 규칙을 기반으로 국제질서를 유지하려 노력해온 시대이다. 자유주의 국제질서의 핵심 원칙은 개방적 무역, 분쟁의 평화적 해결, 개인으로서 또 민족 집단의 구성원으로서의 인간의 존중 등을 포함한다. 제1차 세계대전 후 글로벌 강대국으로 부상한 미국은 국제질서의 기반으로서 자유주의 원칙을 전파하는 데 앞장섰다. 또한, 제2차 세계대전 이후 미국은 자유주의체제의 핵심 관리자이며 집행자 역할을 했다. 제7장부터 제10장까지는 자유주의 시대의 국제질서에 대해 논의한다. 아래에서는 이 국제질서의 3개 시대에 대해 보다 상세히 소개하고자 한다.

종교 시대

12세기에서 17세기에 이르기까지 서유럽 기독교권의 종교적 전통은
유럽 국제질서의 기초를 제공했다. '서유럽 기독교권'이라는 문구는
로마 가톨릭이 지배적인 종교인 지역을 지칭한다. 12세기 초 서유럽
기독교권은 서쪽으로는 아일랜드에서 포르투갈까지, 동쪽으로는 폴란
드에서 헝가리에 이르기까지 거의 모든 서유럽과 중부 유럽을 포함했
다. 이 영역 내에서 살던 사람들은, 소수 유대인과 유럽 남부에 집주하
던 무슬림을 제외하면, 로마 가톨릭교회의 종교적 권위에 복종하였다.
로마교회는 유럽사회에서 중심적인 위치를 보장하는 종교적 독점을
누렸다. 기독교 신앙과 관습은 삶의 거의 모든 측면에 관계되어, 종교
와 정치의 구분을 모호하게 만들었다. 유럽의 통치자들은 자신을 교회
의 수호자로 보았으며 대부분 그 역할로부터 그들의 정통성을 확보했
다. 교회의 종교적 독점은 종교개혁의 도전이 시작된 16세기 초까지
지속되었다. 신교와 가톨릭 교리의 충돌은 종교와 정치의 오래된 전제
를 약화시켰지만, 기독교 전통은 17세기 말에 이르기까지 유럽 국제

역자해설 2.1 종교개혁

종교개혁은 16세기 유럽의 기독교 개혁운동으로 그 결과 개신교
가 파생되었다. 이 운동은 1517년 독일의 수도승 마틴 루터(Martin
Luther)가 면죄부 판매를 비판하면서 발표한 95개조 반박문으로부
터 시작되었으며, 인쇄술 덕분에 널리 확산되어 루터교, 캘빈교 등
새로운 기독교 교파들이 형성되었다. 이들은 교황의 권위를 부정하
고 교회의 부패를 비판하였으며 개인적 신앙과 성경을 강조하였다.

질서의 주된 기반을 제공했다.

교황군주제는 종교 시대 초기인 11세기 후반에 형성되기 시작했다. 당시 대부분의 유럽에서 정치 권력은 분산되어 있었다. 군왕의 실질적 권위는 그다지 멀리 미치지 못했으며, 프랑스나 독일 같은 대규모 왕국에서 지역 영주들은 군왕이나 다른 누구에게도 별다른 책무 없이 영지를 통치했다.[8] 분절적 속성을 가진 정치권력은 교황에게 유럽사회에서 자신의 역할을 높일 수 있는 기회를 제공했다. 11세기 중반이 시작되면서 교황의 관리들은 교회의 교리, 인사, 재정에 대한 교황의 통제를 강화하는 일련의 내부 개혁을 단행했다. 이 개혁은 당시 대부분 지역에서 관리되는 교회를 로마에서 통치하는 중앙집권화된 교회로 대치하려는 의도였다. 이 개혁이 실현되면서 교황은 서유럽 기독교권에 종교적 권위를 점차 확고히 할 수 있게 되었다.[9]

교회의 종교적 독점을 고려하면, 교회의 중앙집권화는 유럽의 군왕, 군주, 기사들에 대한 교황의 권위를 강화해주었다. 유럽의 통치자들은 교회의 구성원이었으며, 교황과 협력하여 적들로부터 기독교를 지킨다고 스스로 생각했다. 따라서 교황은 이 통치자들이 교황의 종교적 심판이나 칙령을 마땅히 존중할 것으로 기대했다. 다만 교황이 서유럽 기독교권을 직접 통치하려 한 것은 아님을 명확히 할 필요가 있다. 교황의 권위는 근본적으로 정치적이 아니라 종교적인 것이며, 그는 군왕과 군주가 그들의 신민을 통치할 권리를 인정했다.[10] 그러나 교회는 종교의 영역이 정치의 영역보다 우월한 것으로 간주했기 때문에 교황은 기독교권 전체의 공동 목표를 정의할 권위를 주장했으며, 그 목표 실현에 필요한 자원을 제공하도록 군왕과 군주에 요구했다.

12세기와 13세기의 교황들은 (오래 지속된 무슬림 통치를 물리치고) 성지에 대한 기독교 통치를 재건하고 이단을 제압한다는 2개의 목표를 다른 목표보다 우선시했다. 놀랍게도 교황들은 유럽의 통치자들과 기사들이 이 목표를 받아들이고 실현하기 위해 노력하도록 설득하는 데 성공했다. 특히 기사들은 (영적인 구원뿐 아니라 개인적 영광과 부를 줄 것 같은 목표인) 성지 수복의 아이디어에 열성적이었다. 교황 우르바노(Urban) 2세는 1095년 제1차 십자군 원정을 개시하여, 서유럽 기독교권이 성지를 수복하려는 200년간의 노력의 시작을 알렸다. 12~13세기 유럽의 명성있는 군왕의 대부분은 통치 기간 중 십자군 조직을 도왔거나 이끌었다.

교황군주제의 부상은 유럽의 통치자 간 관계에 상당한 정도의 질서를 가져왔다. 12, 13세기 교황들은 기독교권이 모든 기독교인을 신의 보편적 법칙 아래 묶어주는 단일적인 공동체라는 비전을 가졌다. 교회에 대한 교황의 강력한 통제로 그러한 비전이 최소한 부분적으로 실현되었다. 교황의 리더십 아래 기독교적 정체성과 기독교 신앙에 대한 충성심은 유럽에서 이전에 비해 훨씬 더 중요해졌다.[11] 통합된 기독교라는 인식이 확산되어 십자군에 대한 사람들의 지지를 동원하는 데도 도움이 되었다. 유럽의 통치자들이 서로를 단지 경쟁자가 아니라 기독교라는 종교적 공동체 안에서 정당한 권리를 가진 자들로 보게 만들었다.

프랑스와 영국의 상황 전개는 교황군주제가 형성되던 와중에서도 그 기초를 잠식하기 시작했다. 교회는 12세기 유럽의 지배적인 제도였으며, 따라서 유럽 대륙 전역에서 많은 사람들의 1차적 충성심의 대상이 되었다. 각국의 정치 제도는 아직 잘 발전되지 않았기 때문에 국가적 정체성은 강력한 충성심의 대상이 되지 못했다. 그러나 프랑스와 영국에서 그것이 변화하기 시작했다. 프랑스와 영국의 왕들은 군사 작전에 필요한 재정 수입을 끊임없이 찾고 있었다. 수입을 올리기 위한 필요성으로 인해 그들은 신민들에게 새로운 세금을 부과했으며, 징세와 법 집행을 담당하는 상설 기관을 설치했다. 이러한 변화는 군주의 권위를 강화했으며, 왕의 존재는 피치자의 삶에 더 크게 부각이 되었다. 그 결과 프랑스와 영국 사람들의 1차적 충성심은 교회로부터 멀어져 군주에게 향하게 되었다.[12]

프랑스와 영국 왕의 국내적 권위가 강화되면서 교황의 정치적 영향력은 감소했다. 교황군주제의 정점에 달했던 시대에 교황은 유럽 전역의 귀족, 기사, 평민들에게 자기가 설정한 공동의 목표를 지지해 달라고 효과적으로 호소할 수 있었다. 왕들은 빈번히 교황의 요구를 받아들이라는 강한 압력을 받았다. 그러나 프랑스와 영국 사람들의 1차적 충성심이 군주에게로 이동하자 이들 통치자는 그들의 우선적인 목표를 결정할 수 있는 자유를 누릴 수 있게 되었다. 비록 그들이 원칙적으로 성지 수복이 바람직하다는 데 대해 교황에 동의한다고 할지라도 실제로 그들은 자기 왕국 내의 왕권과 정치적 목표를 우선시하였다.

1300년경에 이르자 교황군주제는 종언을 고했다. 프랑스와 영국에서의 강화된 군주의 권위로 인해 교황은 더 이상 기독교권 전체에 그의 우선순위를 강제할 능력이 없었다. 유럽의 문제에서 교황은 중요한 행위자로 남았지만 국제질서의 성격은 진화하고 있었다. 14세기가 시작되자 유럽의 지배 가문 간의 왕조 갈등과 경쟁이 유럽의 무대 중심으로 옮겨 왔다.

1300년부터 1700년까지 유럽정치를 지배한 세습 군주들은 무엇보다도 왕조의 문제에 관심이 있었다. 그들에게 세습된 직책을 지키고 왕가 혈통의 위신을 높이는 것보다 더 중요한 것은 없었다. 왕조 통치자들은 영광에 목말라 했으며, 더 많은 재원을 통제할 수 있게 되자 그들은 영광을 좇아 긴 전쟁을 일으킬 수 있게 되었다. 전쟁은 왕조 정치와 불가분의 관계였다.

왕조 시대에 종교와 관습은 정치 질서의 1차적 기반을 제공했다. 유럽 대부분의 주요 군주들은 세습을 통해 즉위하였으며, 그들은 자신의 직책이 신의 의지에 의해 주어진 것이라고 생각했다. 그들은 전통적 사회질서가 신에 명령에 따른 것이며, 그것을 지키는 것이 신성한 의무라고 생각했다. 결국 권력에 대한 그들의 권리는 전통적 질서로부터 나오는 것이며 그것이 지속되어야만 유지될 수 있었다.

이전에 존재했던 서유럽 기독교권을 규정했던 종교적 공동체 의식은 왕조 시대에도 지속되었고 유럽의 왕국들이 상호작용을 하는 데 영향을 미쳤다. 지배 왕가들은 통상 타 왕가의 세습 직위가 자신의 세습 권리와 충돌하지 않는 한 유효한 것으로 인정했다. 지배 가문 간의 혼인은 늘상 있었으며, 서유럽 기독교권의 종교적 교리와 예식의 공통점으로 인해 용이했다. 그러한 혼인은 관여된 가문의 지위와 직책을 묵시적으로 확인해줌으로써 정치 질서에 기여했다.

세월이 흐르면서 두 가지 상황 변화가 국제질서의 원천이던 종교와 관습을 약화시켰다. 하나는 1517년 시작된 종교개혁이다. 신교는 북부, 중부 유럽 대부분에 빠르게 확산되었으며, 신교와 구교 사이의 교리의 분열을 일으켰다. 오랜 세월 동안 유럽인들은 그러한 분열이 일시적이며 결국은 종교적 통합이 회복될 것으로 믿었다. 그러나 17세기 후반에 이르자 종교개혁으로 생겨난 분열은 영구적임을 받아들였다. 그 결과 종교적 믿음은 국제정치를 행하는 데 있어서 덜 중요하게 되었다. 일부 통치자는 신교도이고 일부는 구교도인 유럽에서 종교적 공동체는 더 이상 국제질서를 정당화하는 틀을 제공할 수 없었다.

또 다른 중요한 상황 변화는 유럽의 주요 왕국에서 부상한 상설 관료제였다. 관료제는 통치자의 지속적인 증세 및 권력 강화 노력의 결과로 탄생하였다. 관료제의 성장은 점진적으로 이루어졌으나 18세기에 이르러 직업 관료들은 정부정책을 수립하고 집행하는 데 핵심 역할을 하게 되었다. 세습 군주들은 계속해서 국가를 통치했으나, 그들의 정책 결정은 점점 더 관료제로부터의 정보와 자문에 의존하게 되었으며, 관료들은 그들이 동의하지 않는 결정에 저항할 능력이 있었다. 이러한 상황이 벌어지자 통치자들은 그들의 역할과 목적을 재정의하기 시작했다. 왕조 시대 통치자들은 일반적으로 국가가 자기들을 위해 존재하는 것처럼 행동했으나, 18세기 통치자들은 국가에 대한 봉직이 그들의 역할이라는 아이디어를 받아들이기 시작했다. 군사적 영광 자체를 목적으로 추구하기보다, 18세기의 군주들은 그들이 통치하는 나라를 보호하고 강성하게 만드는 데 우선순위를 두기 시작했다.

국가이익에 기여하도록 설계된 국제체제는 군주의 이익을 위해 설계된 체제와는 다르게 작동한다. 왕조 시대의 군주들은 전통적 사회질서를 유지하고 그들의 세습 권리를 지키려 하였다. 그러나 전통 사회의 관습이나 종교적 신념을 지키는 것은 정해진 국경과 국민을 보유한 영토적 주체로서의 국가의 본질적 이익은 아니었다. 또한, 세습통치자의 왕조적 권리를 지키는 것은 국가 본연의 이익과는 무관했다. 그보다 국가의 핵심 이익은 물리적 안보와 경제적 번영이었다. 18세기에 이르자 유럽국가의 전략적, 경제적 이익은 세습 군주의 왕조적 이익보다 우선시되기 시작하였다. 그 결과 유럽의 국제체제는 상당한 변화를 맞게 되었다.

세력정치 시대

종교 시대에서 세력정치 시대로의 전환은 17세기와 18세기에 서서히 일어났다. 이 책은 1700년을 이 두 시대의 경계선으로 사용하지만, 그보다 더 이르거나 늦은 시점을 선택해야 한다고 주장할 수도 있다. 다수 논평가들은 1648년 베스트팔렌조약을 국제정치에 있어서 하나의 분수령이자 세력정치 시대의 시발점으로 본다. 그러나 1648년 이후에도 왕조적 사고는 유럽정치의 중심에 남아있었으며, 18세기 초까지도 국익의 논리는 왕조적 논리를 압도하지 못했다고 주장할 수 있다. 한편 제1차 세계대전 후의 1919년 파리평화회의는 세력정치 시대와 자유주의 시대의 설득력 있는 경계선이라고 할 수 있다. 1919년 이후에 세력정치가 국제정치에서 사라진 것은 아니지만, 국제거버넌스에 자유주의 원칙이 주입된 것은 새로운 유형의 국제체제로의 명확한 이행을 의미했다. 따라서 이 책에서 세력정치는 대략 1700년부터 제1차 세계대전까지 지속된 것으로 규정한다.

세력정치 시대의 특징은 종교 시대보다 더 치열한 국가 간 세력 경

역자해설 2.2 베스트팔렌조약

1648년 체결된 베스트팔렌조약은 신성로마제국에서의 30년전쟁을 종결한 조약으로, 국가주권 원칙과 내정 불간섭 원칙을 수립하여 유럽 국제관계사의 분수령이 되었다. 이 조약은 구교, 신교, 캘빈교 등에 종교적 관용을 허용했으며 유럽에서 정치적 경계선을 재획정하여 신성로마제국을 약화시키고 프랑스를 강화하였다. 이 조약은 근대 국제관계와 국민국가 개념의 기초를 제공하였다.

쟁으로 규정할 수 있다. 국제체제 속의 주요 국가들은 상대방을 깊은 불신으로 바라보았고, 서로의 군사력으로부터 가해지는 위협에 대처하기 위한 국제적 합의를 형성하려 시도하였다. 그러한 합의는 관습, 법, 종교가 아니라 주로 무력의 사용 (또는 그 위협)에 의존했다. 세력정치의 핵심에는 강제력은 그 자체로 정당화될 수 있으며, 강대국은 단지 그렇게 할 수 있다는 이유만으로 약소국과 그 국민을 지배할 권리가 있다는 생각이 있다. 즉 "힘이 정의다." 세력정치의 논리는 국가 행위를 결정하는 데 도덕성이나 정의는 무시해야 한다고 주장한다. 그 대신 어떤 행위든 자신의 물질적 이익에 가장 부합하는 행동을 추구해야 한다. 국가는 오직 상대국의 세력이 그렇게 하도록 만들 때만 자제를 해야 한다. 세력정치의 논리는 국가가 군사력과 경제력을 강화하고, 적대적인 국가들이 단합하지 못하도록 외교를 이용할 것을 촉구한다.

세력정치는 18세기 유럽에서 기원한 것은 아니다. 그리스의 역사가 투키디데스는 이미 2,400년 전에 세력정치가 어떻게 고대 아테네와 스파르타의 오랜 갈등인 펠로폰네소스전쟁의 방향을 정했는지 자세히 기술한 바 있다. 세력정치에 대한 그의 예리한 분석과 비판은 오늘날에도 여전히 영향력이 있다.[13] 그러나 세력정치의 이론과 실제는 18, 19세기 유럽의 국제체제에 있어서 특히 핵심적이었다. 따라서 세력정치 시대를 그에 앞선 종교 시대 및 그 뒤를 따른 자유주의 시대와 구별하는 것은 유용하다.

영국, 러시아, 프랑스, 오스트리아, 프러시아는 세력정치 시대 유럽의 국제정치를 주도했다. 이 5개국은 통상 '강대국'으로 지칭되며, 그 명칭은 그들이 국제질서를 창출하고 유지하는 데 리더의 역할을 했음을 반영한다. 이 책은 세력정치 시대를 세력균형 국제체제로 규정되는 18세기, 1815년부터 1854년까지 유지된 유럽협조체제, 1871년부터

1914년 제1차 세계대전 발발까지의 협조체제 부활의 3개 시기로 구분한다.

　18세기에 유럽의 정치가들은 국제질서를 주로 소위 세력균형의 측면에서 이해했다. 강대국들은 경쟁국이 영토나 군사력을 충분히 확보하여 유럽의 지배력을 행사하고 자국의 독립성을 박탈할까 두려워했다. 정치가들은 그런 일을 방지하는 최선의 방법은 강대국 간 세력 분포의 균형을 유지하여 어떤 국가도 타국에 대해 결정적인 전략적 우위를 점하지 못하게 하는 것이라고 주장했다. 국가는 균형을 유지하기 위해 다양한 정책을 추구할 수 있다. 예를 들어, 그들은 위협적으로 강력한 어떤 국가 (또는 국가의 연합)에 대응하여 동맹을 결성할 수 있다. 그에 더해 국가는 자신과 동맹국을 효과적으로 지킬 수 있도록 군대의 재정과 기술을 충실히 하여 그 균형의 유지에 도움을 받을 수 있다. 필요하면 국가는 지나치게 강력한 경쟁국을 약화시키기 위해 전쟁을 함으로써 그 균형을 지킬 수 있다.

　18세기 정치가들은 법적, 도덕적 이유로는 옹호하기 어려운 행위를 정당화하기 위해 빈번히 세력균형적 사고에 의존했다. 예를 들어, 분할이나 보상과 같은 형태의 영토적 침략행위를 정당화하는 데 세력균형을 내세웠다. (제4장에서 상술한) 이러한 형태의 모의는 한 강대국의 영토 확대는 그 경쟁국의 영토 확대로 상쇄되어야 한다는 사고방식을 반영했다. 그러면 어떤 국가도 서서히 영토를 확장하여 타국을 압도하지 못할 것이다.

　개별 강대국의 입장에서 보면 세력균형체제하에서 국제질서를 유지하는 것은 다른 강대국의 전략적, 영토적 증강을 쫓아감을 의미한다. 그런 의미에서 질서는 국제평화나 안정 또는 여타 유럽국가와 지배자들의 법적 권리 존중과는 상관이 없었다. 세력균형체제의 핵심은 강제력에 있었다. 개별 강대국의 독립(즉, 국제질서)을 지키려는 노력은 종종 경쟁국과 모의하여 약소국의 영토를 탈취하거나, 자국에 유리하게 균형을 바꾸기 위한 전쟁이라는 결과로 이어졌다.

18세기를 통해 영토적 경쟁관계는 강대국들 간의 대규모, 장기간 전쟁을 초래했다. 18세기 말 프랑스혁명은 새로운 적대관계의 원천이 되었다. 혁명은 프랑스와 다른 강대국 사이에 이념으로 인한 일련의 전쟁을 촉발했으며, 엄청나게 파괴적인 나폴레옹전쟁으로 이어졌다. 1815년 드디어 이들 전쟁이 종식되었을 때 승전국들은 안정을 유지하고 전쟁을 방지할 수 있는 국제체제를 구축하려 노력했다. 그들이 만들어낸 체제는 유럽협조체제로 알려지게 되었다.

여러 면에서 유럽협조체제는 이전의 세력균형체제의 부정을 의미했다. 세력균형의 논리는 강대국들을 대립하는 동맹으로 분열시켰는데, 협조체제는 그러한 분열 방지를 목표로 했다. 그것은 협력과 합의를 통해 작동했다. 세력균형체제는 빈번히 전쟁을 초래한 데 반해 협조체제는 강대국이 갈등을 평화적으로 관리할 수 있게 했다. 그러나 협조체제는 어느 면에서 세력균형의 거부가 아니라 그것을 좀 더 안정적 기초 위에 놓으려는 시도라고 볼 수도 있다. 강대국들은 여전히 서로를 극도로 불신했으며, 각국은 자신을 약화시킬지도 모르는 어떠한 세력 분포의 변화도 막으려고 했다. 협조체제는 유럽에서 영토의 변경에 강력한 제약을 가해, 강대국의 자의적 영토 탈취를 막음으로써 균형을 유지하려는 것이었다.

유럽협조체제는 대체로 2개의 장치를 통해 국제질서를 제공했다. 첫째는 강대국 간 공동관리체제이다. 국제정치에서 '공동관리체제'는 2개 이상 국가가 특정 영토나 지역의 통치를 공동으로 하는 것이다. 어느 면에서 협조체제는 유럽의 국제정치에 대한 5개 강대국의 공동

관리체제로 작동했다. 핵심은 이들 강대국이 영토 변경을 감시하고 제한하는 공동의 책임을 받아들였다는 점이다. 그들은 1815년에 타결된 영토 획정에 대한 합의를 지키고, 유럽의 안정을 위협하는 문제에 대해 서로 협의하는 데 비공식적으로 동의했다. 유럽에서의 어떤 국경선 변경도 5대 강국의 동의가 필요했다. 실질적으로 이것은 유럽의 국제관계에서 영토 분할이나 보상의 역할이 크게 줄어듦을 의미했다.

또한, 강대국들은 세력권을 설정함으로써 국제질서를 유지했다. '세력권'은 하나의 외부 강대국이 다른 외부 강대국을 배제하고 영향력을 행사하는 영토나 지역으로 정의할 수 있다.[14] 세력권을 가진 강대국은 그 세력권 내의 국가들이 해당 강대국에 우호적이거나 강대국의 이익을 존중하도록 하는 데 있어서 통상 군사 개입(또는 개입의 위협)에 의존한다. 예를 들어, 1815년 오스트리아는 이탈리아반도에 세력권을 유지했다. 이탈리아는 수많은 소규모 공국들로 구성되어 있었으며, 오스트리아는 자신의 이익이 위협받는다고 간주될 때마다 군사 개입을 통해 우월적인 영향력을 행사했다. 다른 강대국들도 각자의 세력권을 가지고 있었다.

공동관리체제와 세력권은 협조체제에서 보완적인 기능을 했다. 가장 강력한 강대국 중 하나였던 영국은 자국의 행동의 자유를 과도하게 제약할지도 모르는 공동관리 방식에 너무 깊숙이 연계되지 않으려 했다. 그 결과 강대국 공동관리는 대체로 1815년 타결된 영토 문제나 유럽의 전반적인 안정에 대한 위협이 인식될 때 한해서 유효했다. 그러한 상황이 발생하면 강대국들은 상호 협의하고 모두에게 만족스러운 해결책을 찾으려 시도했다. 그러나 통상적인 상황에서 강대국들은 자신의 이익을 지키기 위해 서로 협의하고 타협하기보다는 단독 행동을 선호했다. 자국의 이익이 가장 직접적으로 걸려있는 지역에는 세력권을 설정함으로써, 강대국들은 자신의 사활적 이익 보호에 있어서 타국과의 평화를 위협하지 않으면서 상당한 행동의 자유를 누릴 수 있었다. 그들은 평화를 유지하려면 상대방의 세력권에 개입하지 않아야 함을 이해했으며, 대체로 그렇게 행동했다.

협조체제의 2개 핵심 장치의 보완적 기능은 다음과 같이 요약된다. 공동관리는 강대국이 유럽의 전략적 평형을 위협하는 문제 해결을 위해 필요시에 서로 협의하도록 하여 평화유지에 기여했다. 한편 세력권은 강대국들이 서로의 문제에 개입하지 않도록 하여 평화를 지켜주었다. 강대국의 공동관리와 개별 국가의 세력권은 비공식적 장치로서 존재했다. 강대국들은 새로운 상황이 발생했을 때 유연하게, 실용적으로 대응할 능력을 제약하는 공식 합의는 회피했다.

유럽협조체제는 1815년 이후 거의 40년 동안 강대국 간 평화를 유지하는 데 성공적이었다. 그러나 유럽사회 저류에서 진행된 변화는 협조체제의 기반이 된 영토적 기존 현상에 도전이 되었다. 독일인과 이탈리아인을 비롯하여 남유럽, 동유럽 민족들은 국민국가 형성을 요구하기 시작했다. 그러한 요구는 협조체제의 틀에서는 수용되기 어려웠으며, 유럽은 1850년대와 1860년대에 일련의 강대국 간 전쟁을 경험했다. 그들 전쟁은 협조체제를 무너뜨렸으며 이탈리아와 독일의 정치적 통일의 길을 열어주었다. 그러나 상황이 진정되었을 때 강대국들은 그들 사이의 관계를 안정화하기 위해 다시 협조체제의 외교로 돌아갔다.

세력정치 시대의 마지막 시기는 1871년부터 1914년까지 지속되었다. 그 시기는 부활된 협조체제라고 칭할 수 있다. 안정적 평형 상태를 만들기 위해 강대국들은 다시 유럽에서 영토 변경을 제한하는 데 합의했다. 영토 조정이 불가피한 상황에서는 그들은 상호 간의 협상과 합의를 통해 변경을 관리하고자 하였다.

18세기의 세력균형체제와 마찬가지로 19세기의 협조체제는 주로 무력 사용 또는 무력 사용의 위협을 통해 국제질서를 창출했다. 협조체제하의 강대국들은 유럽에서 자신들의 이익에 부합하는 영토적 안정을 확보했으나, 그것은 빈번히 약소국이나 약소 민족에 대한 강제력 행사를 수반했다. 유사하게 19세기 후반 유럽 강대국들이 획득한 아프리카와 아시아의 광대한 새로운 식민 제국을 건설하고 유지하는 데도 무력이 사용되었다. 협조체제의 강대국 간 관계조차도 서로의 권리에 대한 근본적인 존중보다, 각자가 필요하다면 기꺼이 전쟁을 통해 자신의 이익을 지킬 것이라는 실리적인 인식에 기반했다.

19세기를 통한 유럽사회와 전 세계적인 변화는 협조체제 외교의 방식으로 국제질서를 유지하는 강대국의 능력을 서서히 잠식했다. 그 변화의 요인에는 산업화, 유럽 여러 민족들의 민족의식 고조, 미국이나 일본 같은 비유럽 강대국의 부상 등이 있다. 유럽협조체제는 유럽 강대국 지도자들이 약소국, 비유럽국가, 자국 내 여론을 고려할 필요 없이 국제분쟁의 해결책을 논의할 수 있었기에 가능했다. 20세기 초에 이르자 그러한 세계는 빠르게 사라졌다. 1914년 제1차 세계대전 발발과 함께 유럽협조체제는 영원히 무너졌다.

자유주의 시대

제1차 세계대전 종결 후 평화 합의는 자유주의 시대의 서막이 되었다. 이 시대의 결정적 특징은 강압적 장치보다 자유주의 규범과 제도를 중심으로 국제정치의 구조를 만들려는 지속적인 노력이다. 그 노력은 자유주의 원칙에 기반한 현재 국제체제에 반영되어 있다. 전반적으로 자유주의 시대의 국제정치는 세력정치 시대의 그것과는 상당히 다르게 작동한다. 그러나 세력정치는 국제정치에서 여전히 상당한 역할을 하며 미래에도 당분간 그러할 것이 분명하다.

'자유주의적'이라는 단어를 정의하기는 쉽지 않다. 자유주의는 17, 18세기의 정치 및 경제사상에까지 거슬러 올라가는 다양한 전통들로 이루어져 있다.[15] 자유주의 전통에는 여러 사조가 있으며 서로 다른 사조를 대표하는 사상가들은 중요한 입장의 충돌이 있다. 그러나 자유주의의 핵심을 대표하는 하나의 아이디어가 있다면 그것은 개인의 자유가 최고의 정치적 가치라는 믿음이다.[16] 그러한 시각은 통치자, 민족, 또는 특정 집단의 이익을 개인의 이익보다 우선시하는 정치적 교리와 자유주의를 구별해준다. 자유주의는 정부의 최우선 목표가 그 권위 아래 있는 사람들의 자유와 존엄을 지켜주는 데 있다고 본다. 그것은 언론의 자유, 종교의 자유 등 정치적 자유를 지키고, 자의적이고 억압적인 권력 행사로부터 사람들을 보호해주는 것을 의미한다. 그것은 경제 영역이 자유 기업과 사유재산권의 기반 위에 작동함을 의미한다. 또한, 정부는 피치자들이 인간으로서의 잠재력 최대한 실현할 수 있도록 해줄 의무가 있다.[17]

국제 영역에 적용하면 자유주의 원칙은 국가 간 관계가 강대국이 그들의 의지를 강압적으로 약소국에 강제하는 장치보다 타국에 대한 주권 존중에 기반해야 함을 의미한다. 어떤 국가도 타국의 이익을 따르도록 강요된다면 자국민의 자유나 존엄을 보장하지 못할 것이다. 다시 말해 (무력의 사용보다) 상호 동의가 국제질서의 기반이어야 한다. 자유주의 원칙은 또한 모든 나라의 국민이 자기 결정의 권리가 있음을 의미한다. '자기 결정'은 외세에 의해 자신의 운명이 좌우되지 않고, 인민이 스스로 통치하고 자신의 정치적 운명을 통제할 권리를 지칭한다. 경제에 있어서 자유주의는 국가 간의 개방적 무역을 의미한다. 자유주의적 시각에서 보면 무역에 대한 과도한 제한은 자유에 대한 부당한 제약이며 불필요한 영토 침략이나 전쟁을 부추긴다고 본다.

자유주의 질서의 논리는 세력정치의 논리와 근본적으로 다르다. 자유주의 원칙하에서 세력권, 공동관리, 세력균형 등의 장치는 인간의 자유와 존엄을 침해하는 방식이기 때문에 모두 부당하다. 같은 이유로 근대 자유주의는 식민주의를 거부한다. (19세기와 20세기 초 다수 자유주의자들은 식민 제국을 지지했다. 그들은 인종차별주의에 영향을 받았으나, 후에 이들은 부정되었다.[18]) 세력정치와 강압적인 국제체제 대신 자유주의는 모든 국가가 수용하는 보편적 규칙에 의헤 관리되는 세계를 그린다. 완성된 자유주의 국제체제에서 질서는 무엇보다 국가의 자발적 자기 억제에 의존한다. 국가는 기꺼이 합의된 규칙을 준수한다. 그 규칙이 자신의 자발적 동의에 기반한 것이며, 차별적이지 않고 공정하기 때문이다.

세력정치에 기반한 국제체제에서 질서 유지 장치는 대개 타국을 희생시키는 국가들 간 합의가 수반된다. 그렇기 때문에 그러한 합의는 비공식적이고 암묵적인 경향이 있다. 또는 (예를 들어, 공식적 군사동맹 결성과 같은) 서면화된 협정이 필요한 경우 참여국들은 협정의 조건들을 비밀로 한다. 예를 들어, 18세기 군사동맹은 빈번히 참여국들이 적대국 영토를 어떻게 분할할지 명시한 비밀 조항을 포함했다. 밝혀지면 희생당하는 국가의 적대감을 불러일으키고, 동맹 참여국은 부도덕한 침략자로 보여지기 때문에, 그러한 합의는 비밀로 하는 것이 합리적이었다.

대조적으로 자유주의 국제질서를 관리하는 규칙은 명시적이다. 그것은 모든 국가의 참여를 환영하는 공식적 국제협약을 통해 설정된다.

자유주의체제의 규칙은 특정 상대를 향한 것이 아니라 모두의 독립과 안보를 지키려는 것이다. 제1차 세계대전 후에 수립된 자유주의 국제체제의 기본적 규칙은 국제연맹 규약에 규정되었다. 1945년 이후 자유주의체제의 규칙은 유엔헌장에 규정되었다. 국제연맹과 유엔의 창설자들은 그 조직이 전 세계 모든 국가가 회원국으로 참여하는 보편성을 갖길 원했다.

국제질서의 자유주의적 비전은 세월이 흐르면서 더 포용적이 되었다. 자유주의 국제체제가 처음 제시되었던 제1차 세계대전 직후 대부분의 미국과 유럽 사람들은 자유주의가 약속한 개인의 권리에 모든 사람이 포함된다고 생각하지 않았다. 미국에서 당시 만연했던 인종 차별 종식을 지지하는 미국인은 많지 않았다. 식민 제국을 가진 유럽국가들은 식민 지배를 받는 사람들의 요구와 상관없이 식민지를 지키려는 의지가 강했다. 제1차 세계대전 후 가장 강력한 국제 행위자로 부상한 미국, 영국, 프랑스는 국제연맹 규약에 그들이 지배하는 사람들에 대한 권리 부여를 의무를 포함하지 않도록 만전을 기했다. 그러나 궁극적으로 서구 사회와 국제환경의 변화로 인해 권리에 관한 더 보편적 개념이 확산되었다. 제2차 세계대전 후 수십 년 동안 모든 인간은 본연의 존엄성 면에서 인종, 성별, 신념에 상관없이 평등하며, 평등하게 대우받아야 한다는 원칙이 점점 더 인정받게 되었다. 다시 말해 각각의 개인은 모든 다른 개인과 동등하게 근원적인 인권을 가진 것으로 간주되어야 한다. 유엔총회가 의결한 1948년 세계인권선언은 구체적인 인권의 상세 목록을 제시했다. 그 권리는 후에 일련의 국제 조약을 통해 법적 실체를 갖게 되었다. 유럽의 식민 제국들은 점차 식민지 국민들이 자결권을 가진다는 관념을 받아들였다. 1970년대 말에 이르자 독립을 원했던 거의 모든 식민지들은 독립을 성취했다.

역자해설 2.3 세계인권선언

세계인권선언은 1948년 유엔이 채택한 문서로, 인종, 성별, 국적, 종교에 상관없이 모든 인간의 기본적 권리와 자유를 규정한 기본적인 문서이다. 이 선언은 평등, 언론의 자유, 종교의 자유, 교육받을 권리, 고문과 노예제로부터의 자유 등을 포함하는 30개 조항으로 구성되었다.

그렇다고 해서 인권을 실현해 가는 과정이 순조로웠던 것은 아니다. 다수의 사례에서 식민 지배국은 식민지의 독립을 저지하기 위해 길고 잔인한 전쟁을 벌였다. 그리고 대부분 국가는 주요 인권 조약을 비준했지만 모두가 그런 것은 아니며, 다수 국가는 그들이 가입한 인권 조약의 의무를 이행하지 못하거나 그럴 의사가 없었다.

자유주의 시대를 통해 국제질서에 대한 중대한 도전 중의 하나는 일부 국가가 자유주의체제에 일치하는 방식으로 외교정책을 수행할 의사가 없다는 점이다. 예를 들어, 제1차 세계대전 후 형성된 자유주의 국제체제가 붕괴된 것은 독일과 일본이 대규모 영토 팽창정책을 추구했기 때문이다. 제2차 세계대전 후 소련이 동유럽에 세력권 설정을 고집하여 전 세계의 안정을 위협하면서 미국과의 적대관계가 시작되었다. 탈냉전 시대에 (중국, 러시아 같은 강대국을 포함하여) 수많은 국가가 자유주의 질서의 핵심 요소에 반대한다.

자유주의 질서의 진화

이 책은 자유주의 시대를 전간기(1919~1939년), 냉전기(1945~1989년), 탈냉전기(1990년~현재)의 3개 시기로 구분한다. 세 시기에 모두 국제질서의 가장 중요한 설계자는 국제체제를 세력정치가 아닌 자유주의 원칙에 기반한 국제체제를 조직하려 했던 미국이었다.[19] 영토적으로 부족함이 없었고 외세 침략의 위협이 없었던 강대국으로서 미국은 세력균형의 계책에 몰입하거나 영토를 확장할 필요를 별로 느끼지 않았다. 미국은 강대국 간 전쟁으로 잃을 것은 많고 얻을 것은 별로 없다고 보았으며, 자국의 이익은 그러한 전쟁 발생을 방지하는 국제체제를 세우는 것이었다. 미국은 그 경제 규모를 고려하면 자원과 수출 시장에의 접근을 확보하는 데 중요한 이익이 걸려있었다. 그 목표는 강대국 간 경쟁으로 분절되기보다 평화롭고 자유주의적인 세계에서 더 효과적으로 추구할 수 있었다.

자유주의 국제체제의 틀은 제1차 세계대전의 결과로 형성되었다. 파리평화회의에서 자유주의 비전을 주창한 윌슨(Woodrow Wilson) 대통령의 영향으로 승전국은 국제연맹 창설에 합의했다. 연맹은 국제평화와 회원국의 안보 및 독립을 지키려는 의도였다. 새로운 국제질서의 핵심은 모든 연맹 회원국이 어떤 회원국이든 연맹 규약을 위배하고 타 회원국을 공격하면 공동으로 이를 저지해야 하는 집단안전보장 원칙이었다. 따라서 침략 국가는 국제적으로 고립되고 도덕적 비난, 경제 제재, 심지어 군사 행동에 직면하게 될 것이다. 또한, 각국의 대규모 군비 증강이 전쟁의 주요 원인 중의 하나였다는 당시 널리 퍼져있던 믿음을 반영하여, 국제연맹 규약은 국제적 군비축소 촉진을 매우 중시하였다.

얼마 지나지 않아 자유주의 국제체제는 독일, 일본을 비롯한 다수 국가의 잠재적 반대에 직면할 것이 분명해졌다. 비록 처음에는 독일, 일본정부가 새로운 자유주의 국제질서를 수용하는 정책을 채택했으나 그들 국가 내 다수는 자유주의체제를 부정했으며, 무력을 통한 영토 확장정책을 선호했다. 1918년 이후 자유주의체제에 내재된 약점은 그 것이 불만 있는 국가들의 순응을 유도할 효과적 유인책이 부재했다는 점이다. 그러한 유인책은 세계 최대 경제 대국이며 새로운 국제체제를 지탱할 능력이 있는 미국이 주로 제공했어야 했다. 미국의 정치지도자 나 여론은 글로벌 군축과 국제분쟁의 평화적 해결을 열성적으로 지지 했다. 그러나 유권자들은 미국이 타국을 군사적으로 지켜주거나, 경 제적 어려움에 직면한 타국을 도와줄 의무를 진다는 관념을 거부했다. 미국은 국제연맹에 가입하지 않았고, 집단안전보장이나 국제 경제의 안정 보장에 대한 공식적 책임을 받아들이지 않았다.

따라서 자유주의체제를 유지하는 과업은 그것을 성취할 만한 충분 한 자원이 없었던 영국과 프랑스에 전가되었다. 독일과 일본의 호전 적 국수주의자들은 국제사회의 기존 현상에 무자비하게 도전했으며, 1920년대 말 경제 상황이 악화되자 정치적 분위기는 결정적으로 그들 에게 유리하게 전개되었다. 1930년대에 독일과 일본은 영토 확장의 길을 택했으며, 이는 제2차 세계대전과 자유주의 국제체제의 붕괴를 초래했다.

궁극적으로 독일과 일본은 미국, 소련, 영국에게 패배했다. 제2차 세계대전이 종식되자 이들 국가의 지도자들은 국제연맹을 대체할 새 로운 국제기구의 핵심 요소에 대해 합의했다. 그러한 조직으로 등장한 유엔은 부활된 자유주의 질서의 기초를 수립했다. 1945년 샌프란시스 코 국제회의에서 최종본이 승인된 유엔헌장은 국가 간 주권 평등, 민

역자해설 2.4   유엔헌장

유엔헌장은 1945년 유엔이 창설되면서 회원국이 서명한 문서로, 국제사회의 평화유지, 안전보장, 국가 간 협력을 위해 창설된 유엔의 목적(국제평화와 안전유지, 인권 신장, 사회경제적 발전 추구), 원칙(주권 존중, 국내정치 불개입, 분쟁의 평화적 해결), 구조(총회, 안보리, 국제사법재판소 등 6개 주요 기구 설치), 회원 자격(헌장의 의무 준수를 받아들이는 모든 국가) 등을 규정한다.

족 자결, 국제분쟁의 평화적 해결, 침략자에 대한 집단적 방위 원칙을 국제법에 담았다. 헌장은 타국의 영토나 정치적 독립을 빼앗는 회원국의 무력 사용이나 사용 위협을 금지하였다. 헌장의 내용은 이 신설 조직을 강력히 지원한 미국의 자유주의 비전을 반영했다.

그러나 유엔에 대한 계획이 진행되던 와중에도 제2차 세계대전 이후 국제질서의 조건에 관한 미국과 소련 사이의 근본적인 이견이 부상하고 있었다. 전쟁이 끝나고 소련은 동유럽에서의 군사적 우위를 이용해서 그 지역 여러 나라에 친소련 정권을 강제했다. 소련 지도자들은 그것이 더 이상의 침략으로부터 자국을 보호하는 데 필요한 행위로 보았으나, 미국의 지도자들은 그것이 유엔헌장에 반하며 자유주의 국제체제를 위협한다고 보았다. 후에 '초강대국'이라고 불리게 된 미국과 소련은 1945년 이후 세계의 압도적 강대국이었다. 따라서 소련이 자유주의 원칙을 무시하는 방식으로 행동했다면 자유주의체제는 강제적 장치에 기반한 국제질서에 의해 무력화될 위험에 처했다. 미국은 자유주의체제의 유지를 보장할 충분한 역량을 가진 유일한 강대국이었다.

자유주의 질서를 안정시키기 위해 미국은 다른 국가들이 공산주의에 대항하는 자유주의 국제무역에 참여하도록 설득할 필요가 있었다. 그 시도에 가장 중요한 나라는 영국, 프랑스, 서독, 일본이었다. 2개 초강대국을 제외하면 이들 국가가 전후 세계에서 가장 큰 경제력을 가지게 될 것이기 때문이었다. 자유주의 질서에 대한 그들의 지지를 얻기 위해 미국은 경제, 안보 면에서 지도력을 발휘했다. 미국은 서유럽에 막대한 전후 재건 원조를 제공하여 경제 번영의 기초를 놓았다. 미국은 서독과 일본의 민주적 정치체제 수립을 도와 국내적 자유주의와 국제적 자유주의 원칙이 맞물리도록 하였다. 미국은 핵심 협력국과 안보조약을 체결하여 공산주의의 침략으로부터 지켜줄 것을 공약했다. 미국은 자본주의 국가들 사이의 무역 자유화를 목표로 다자간 협정 체결을 위한 협상을 선도하였다.

그러한 조치들이 더해져서 북미, 서유럽, 일본은 미국의 리더십 아래 자유주의 진영으로 단합했다. 이 진영은 미국과 그 동맹들 사이의 광범위한 거래 위에 세워졌다. 미국은 동맹국에 안전을 보장하고 개방된 세계 경제 속에서 미국 시장 접근을 제공했다. 그 대신 동맹국은 자유주의 가치를 지키고, 소련과 공산주의의 영향을 억제하는 미국의 노력에 동참했다. 자국의 선도 아래 자유주의 진영을 형성함으로써 미국은 이에 반하는 소련의 의도에도 불구하고 1945년 후 국제질서의 자유주의적 기초를 유지할 수 있었다.

미국 주도의 자유주의 진영이 형태를 갖추던 시기에 소련은 동유럽에서 자국의 세력권을 공고화하였다. 유럽의 분단은 강화되어, 대부분의 동유럽이 소련의 지배하에 들어갔고, 대부분의 서유럽은 미국과 관계를 긴밀히 하였다. 비록 두 초강대국 어느 쪽도 이 상황에 만족하지 않았으나 양자는 이를 받아들였으며, 이것은 냉전이 종식될 때까지 지속되었다.

유럽 밖에서 초강대국들은 아시아, 아프리카, 남미, 중동의 개발도상국을 두고 계속 영향력 경쟁을 벌였다. 개도국에 대한 자국의 영향력 확대를 위해 초강대국은 후견-피후견관계 형성에 크게 의존하였다. 국제정치에서 '후견-피후견관계'라는 문구는 강대국(후견)이 약소국(피후견) 정권의 권력 유지를 도와주는 설정을 지칭한다. 냉전기에 미국은 단지 제3세계 정권이 소련의 영향권 아래 들어갈 가능성을 차단하기 위해 그들을 피후견인으로 받아들여 후견인이 되었다.[20] 미국만큼은 아니었지만 소련도 상당한 수의 제3세계 국가를 피후견인으로 확보했다. 일부 유럽국가(특히 프랑스)도 과거 식민지였던 국가와 후견-피후견관계를 맺었다.

미국이 제3세계 피후견인들과 맺은 관계는 미국이 서유럽 동맹국과 유지한 관계와 매우 달랐다. 대부분의 서유럽 동맹국은 민주주의였으나, 미국의 피후견국가들은 전부 권위주의 정권이었다. 미국은 대체로 그들이 민주주의가 되도록 독려하지 않았다. 미국 지도자들은 제3세계 국가들이 민주주의 제도를 유지할 능력이 없으며, 민주주의를 너무 강요하면 정권이 불안정해질 것으로 보았다. 그보다 미국은 후견-피후견관계를 이용해서 공산주의 확산을 저지하는 제한적인 목표에 초점을 맞추었다.

후견-피후견관계는 냉전기 국제질서의 중요한 요소가 되었다. 그것은 강대국이 개발도상지역에서 경제적, 전략적 이익을 확보하는 수단을 제공했다. 그런 의미에서 후견-피후견관계는 해체된 제국주의 통치의 대체재로 기능했다. 전반적으로 후견-피후견관계는 식민 통치보다 덜 강압적이었다. 식민 지배와 달리 피후견국가는 스스로 통치했으며, 대부분의 경우 그들은 자국 외교정책의 방향을 선택할 자유를 가졌다. 따라서 냉전기에 부상한 후견-피후견관계체제는 식민 제국주의 시대에 비해 더 자유주의적인 형태의 질서였다. 그러나 중요한 측면에서 후견-피후견관계는 유엔헌장이나 세계인권선언이 규정한 자유주의 원칙과 온전히 일치하지는 않았다. 피후견국가 통치자들은 강력한 외국의 지원을 받았기 때문에 그들이 통치하는 국민들의 지지가 없거나 조직적인 인권 침해를 저질러도 권좌를 유지할 수 있었다.

요약하자면 제2차 세계대전 이후 수십 년간 부상한 국제체제는 자유주의적 제도와 강압적 장치의 조합을 통해 질서를 구축했다. 그 체제의 근본적인 원칙은 유엔헌장과 세계인권선언이 규정한 자유주의였다. 제2차 세계대전 후 세계 최강의 경제, 군사 강국으로 부상한 미국은 다른 자유주의 국가에 안보와 경제적 보장을 제공함으로써 자유주의체제를 안정화하였다. 그러나 1945년 이후 국제체제는 직접, 간접적으로 강압적인 장치를 포함했다. 그중 가장 중요한 것은 긍정적 협력보다 상호 협박에 의존했던 미소관계였다. 소련의 세력권이 군사 개입 위협을 통해 유지되었던 동유럽도 강압적 방식이었다. 한편 강대국과 제3세계 정부 사이의 후견-피후견관계는 그 속성이 간접적으로 강압적이었다. 표면상으로 그러한 관계는 후견국과 피후견 정권 사이의 자발적 합의를 통해 만들어졌기 때문에 합의적인 것처럼 보였다. 그러나 그것은 피후견 정권이 국민을 민주적 책무성 없이 통치할 능력을 강화해주었기 때문에 후견-피후견관계 저류의 논리는 강압적인 것이었다.

냉전 종식은 자유주의 시대 제3기의 막을 열었다. 공산주의 붕괴와 소련 해체는 자유주의 원칙이 국제체제 전반에 보다 더 중심에 자리하는 국제질서로의 중대한 변화를 가져올 듯했다. 더 이상 소련의 강제력이나 공산주의 이념에 잡혀있지 않은 동유럽국가들은 민주주의 정치 제도를 자유롭게 채택하였고, 서유럽국가들 사이에 존재했던 자유화된 무역체제에 가입하려 했다. 대부분은 그렇게 했다. 냉전 종식은

2장 ● 국제질서의 역사적 진화 **43**

개발도상 지역에서도 자유주의 확산의 문을 열었다. 공산주의가 부정되고 소련이 해체되자, 미국은 개도국에서 자유주의를 지지하면 그 역효과로 친소련 공산주의 세력이 권력을 잡게 되는 일을 더 이상 걱정할 필요가 없었다. 냉전 종식 이전에도 미국 지도자들은 제3세계 국가에 외교적, 재정적 지렛대를 사용해서 자유주의를 촉진하려 했었다. 비록 미국이 그러한 목표를 항상 일관되게 추구하지는 않았지만, 미국의 전반적인 정책 방향은 개발도상 지역을 서구 자유주의 가치와 좀 더 일치시키려 하였다. 미국의 정책은 특히 제3세계 정부들이 국가 주도 경제성장 전략을 포기하고, 시장 자본주의를 채택하고 국제무역 참여 증진을 위해 국가를 개방하도록 독려했다.

냉전기 국제질서의 자유주의 비전에 대한 주요 장애물 중의 하나는 자유주의 원칙에 대한 소련의 이념적 도전이었다. 미국 자유주의와 소련 공산주의 사이의 근본적인 양립불가로 초강대국 사이의 안정적 평화는 불가능했으며, 양자 사이에 긍정적인 협력이 매우 어려웠다. 그러나 자유주의의 대안으로서의 공산주의가 붕괴되자, 소련 이후 러시아가 자유주의 가치를 채택하고, 미국-러시아 사이의 진정한, 지속적인 평화를 희망할만한 근거가 있었다. 또한, 중국이 궁극적으로 자유주의를 수용하리라는 희망도 근거가 있었다. 중국은 1980년대에 대체로 공산주의 교리를 버렸으며 자본주의 경제를 채택하는 과정에 있었다. 비록 중국정부가 1989년 반정부 움직임을 폭력 진압했으나, 미국 지도자들은 중국을 글로벌 무역에 편입시키면 중국이 자유화할 만한 강한 경제적 유인을 만들 것으로 기대했다.

시간이 흐르면서 러시아, 중국, 여타 비서구 세계에서 자유주의에 대한 저항이 강하게 지속되었음이 분명해졌다. 푸틴(Vladimir Putin) 하에서 러시아는 서구의 단합을 잠식하고 서구식 민주주의를 전복하고 세계적 강대국 지위를 회복하려는 정책을 추구했다. 한편 중국은 중국 내 자유주의 사고 확산과 개발도상 지역의 자유주의의 성장을 저지하는 정책을 폈다. 러시아와 중국은 미국이 자신들을 약화시키고 지배하려 한다고 믿으며, 여전히 미국을 극도로 불신한다. 미국의 자유주의 의제는 다른 권위주의 정권으로부터도 저항을 받았다. 그 저항의 뿌리에는 권위주의 통치와 자유주의 가치 사이의 근본적인 상충이다. 자유주의 원칙에 기반한 국제체제는 그 속성상 권위주의 정치체제의 정통성에 의문을 제기한다. 따라서 권위주의 국가의 통치 엘리트는 자유주의 질서를 권력 유지에 대한 위협으로, 미국의 자유주의 가치 주장은 자신들에 대한 음모로 간주한다. 그들은 자유주의 사고가 글로벌한 우위를 점하는 것을 방지하고, 국제체제가 권위주의 통치에 도전하지 않도록 만들려고 노력한다. 세계 주요 국가들 중에 자유민주주의와 권위주의 국가가 모두 존재하는 한 국제질서를 구축하는 데 있어서 자유주의 원칙의 역할은 계속해서 도전을 받을 것이다.

▌주

1) Ikenberry, *After Victory*, 23–37 참조.
2) 예를 들어, S. Anderson, "Metternich, Bismarck, and the Myth of the 'Long Peace.'"
3) Bull, *The Anarchical Society*, 77–98.
4) Trachtenberg, "The Question of Realism"과 "The Problem of International Order"; Glaser, "Realists as Optimists"; Ikenberry, *After Victory*, 52–53.
5) 이 책에서 기술된 국제체제에 대한 논의 이외에 추가적으로 다음을 참조. Kang, *East Asia before the West*; Buzan and Little, *International Systems in World History*; Kaufman, Little, and Wohlforth, eds., *The Balance of Power in*

World History; Wight, *Systems of States*; and Watson, *The Evolution of International Society*.

6) Bull and Watson, *The Expansion of International Society* 참조.

7) 예를 들어, Ikenberry, *After Victory*, and Holsti, *Peace and War*.

8) Osiander, "Before Sovereignty," 122–123; Barber, *The Two Cities*, 195–197, 274–275.

9) Barraclough, *The Medieval Papacy*, 74–117, Lynch, *The Medieval Church*, 136–182 참조.

10) Brooke, *Europe in the Central Middle Ages*, 355–358.

11) Lynch, *The Medieval Church*, 158–164.

12) Strayer, *On the Medieval Origins of the Modern State*, 45, 54.

13) 예를 들어, Rahe, "Thucydides' Critique of Realpolitik"; Garst, "Thucydides and Neorealism"; Johnson Bagby, "The Use and Abuse of Thucydides in International Relations."

14) Keal, *Unspoken Rules and Superpower Dominance*.

15) Arblaster, *The Rise and Decline of Western Liberalism*.

16) Ryan, *The Making of Modern Liberalism*, 23.

17) Ryan, *The Making of Modern Liberalism*, chap. 1, and Kelly, *Liberalism* 참조.

18) Hobson and Hall, "Imperialism and Anti-Imperialism."

19) Ikenberry, "Liberal Internationalism 3.0."

20) Sylvan and Majeski, *U.S. Foreign Policy in Perspective*, 48.

3장

왕조체제,
1300~1700년

▎ 왕권 강화
▎ 왕조 시대 유럽의 주요 정치 단위
▎ 왕조 시대 국제질서
▎ 왕조혼과 국제정치
▎ 왕조주의와 영광의 추구
▎ 국제질서와 30년전쟁
▎ 결론

대략 1300년부터 1700년 사이의 시기는 유럽 국제정치에서 왕조 시대에 해당한다. 이 시기 유럽에서는 왕좌를 세습한 통치자인 왕조 군주들이 주된 국제 행위자였다. 왕조 군주들은 무엇보다 우선 자신의 세습 권리와 직위를 지키는 데 전념하였으며, 가능할 때마다 그것을 강화했다. 그 결과 이 시대 유럽의 국제정치는 주로 자신의 위신을 높이고 통치권에 대한 주장을 강화하기 위해 세습 군주들이 사용한 주된 국제관계의 방식인 왕조 간 전쟁과 결혼을 중심으로 이루어졌다. 글상자 3.1은 왕조 국제체제의 주요 특징을 요약하였다.

왕조 시대에는 종교가 국제질서의 저류에 있는 기초를 제공했다. 전통적으로 서유럽 기독교권의 통치자나 사람들은 스스로를 영원한 신의 법칙 아래 통합된 종교적 공동체로 생각했다. 그러한 세계관에 의하면 군주의 통치 권리는 자신의 왕국이나 공국에 정해진 세습 법률뿐 아니라 로마교회의 구성원으로서 주어진다는 것을 의미했다. 기독교 종교 공동체 안에서의 권리 보유자로서 그들은 교회를 보호하고 신이 정해준 전통 사회질서를 지킬 의무가 있었다. 어떤 면에서 종교 공동체로서의 서유럽 기독교권이라는 개념은 군주에게는 제약을 가했다. 그것은 군주가 다른 기독교 지배자나 교인들의 권리를 보호할 의무를 부과했다. 그러나 그것은 상호 결혼을 통해 추가적인 통치자 직

🖋 글상자 3.1 왕조체제

기간: 약 1300년부터 1700년

주요 행위자: 잉글랜드, 프랑스, 합스부르크 군주. 16~17세기 동안 프랑스와 합스부르크 사이의 경쟁관계는 유럽정치의 중심에 있었다. 1556년 합스부르크 군주국은 자신을 스페인 왕가와 오스트리아 왕가로 분할하였다. 그 결과 오스트리아 왕가보다 훨씬 풍요한 영토를 가진 스페인 왕가는 프랑스의 주요 경쟁자가 되었다. 이 시기 다른 중요한 행위자로는 포르투갈, 덴마크, 스웨덴, 베네치아, 사보이-피에몬테, 네덜란드공화국, 교황, 오스만제국 등이 있었다. 오스만제국은 오스트리아 합스부르크의 중요한 군사적 적대국이었으나, 이슬람교 강국으로서 오스만제국은 많은 주요 영역에서 왕조체제 밖에 있었다.

왕조체제가 어떻게 국제질서를 형성했는가? 왕조체제는 유럽 세습 군주와 귀족의 권력과 지위를 지켜줌으로써 질서를 형성했다. 이 체제는 통치자의 세습 권리 존중 원칙에 기반을 두었다. 서유럽 기독교권 종교 공동체의 구성원으로서 유럽 군주들은 대체로 다른 군주들의 세습 지위가 정당한 것으로 받아들였다. 그들은 타 통치자 가문과 상호 혼인이나 세습 권리 수호를 위한 전쟁을 통해 체제를 지켰다. 그 과정에서 그들은 위신을 더했고, 통치권자 지위와 관련된 분쟁을 기득권을 가진 가문들 사이에서 해결하였다.

위를 얻을 수 있도록 해주었다.

　대부분의 유럽 왕국에서 왕위 세습에 관한 법칙은 종교개혁 훨씬 전에 형성되었다.[1] 다시 말해 그들 법칙은 서유럽 기독교권의 종교적 단일성이 아직 온전했던 시대에 만들어졌다. 종교적 통일성은 왕조 국제체제 형성의 전제조건이었다. 그것은 서유럽 기독교권 사람들이 어디에서든 그들의 왕국이나 공국에 대한 통치권이 외국 출신 군주에 의해 세습되어도, 그 군주가 자기들과 동일 종교를 가진다고 확신할 수 있었음을 의미했다. 그렇지 않았다면 유럽 전역의 왕국들은 그들에 대한 통치권을 외국의 군주가 세습하는 것을 허용하지 않았을 것이며, 왕조 국제체제는 형성되지 않았을 것이다.

왕조체제는 기독교권의 종교적 통일성이라는 존재 위에 세워졌기 때문에 16세기 신교의 부상은 그 체제의 지속성에 중대한 도전이 되었다. 더욱이 유럽의 세습통치자들은 그들의 이익을 매우 잘 지켜준 국제체제를 포기할 준비가 되어있지 않았다. 왕조체제는 17세기 말 세력정치의 논리에 의해 무력화되기 시작할 때까지 유럽 국제질서의 주된 틀로서 계속해서 작동했다.

왕조체제는 오늘날 우리가 국제질서라고 생각하는 것과는 매우 다른 유형의 질서였다. 현재 국제질서 개념은 평화의 유지와 긴밀히 연관되어 있다. 그러나 왕조 시대 유럽에서 군주는 군사 지도자로서의 능력을 보여줌으로써 지위와 명성을 갖게 되었다. 그들은 군사적 영광 추구를 성공적 통치자의 핵심적 요소로 보았다. 이 시각에서 보면 전쟁은 정치 질서의 정상적이고 바람직한 요소였다. 군주가 세습된 통치 권리를 지키고 개인적 영광과 명성을 얻기 위해 싸우면서 빈번한 전쟁은 왕조체제의 속성이 되었다. 어떤 군주는 통치 기간 중 거의 끊임없이 전쟁을 일으켰다. 왕조의 목표를 위해 전쟁함으로써 통치자들은 권좌를 공고히 하고 정당화했다. 그런 방식으로 전쟁은 기존의 정치적 권위 구조를 영속화하고 왕조체제를 유지했다.

전쟁을 국제질서의 한 속성이라고 말하는 것은 모순적으로 보이지만, 모든 국제체제는 그것을 창출한 행위자들의 이익을 위한 것임을 인식해야 한다. 세습 군주는 왕조체제의 주요 행위자였으며, 그 통치 아래 대부분의 사람들은 그렇지 못했지만 군주들은 왕조전쟁으로 이득을 보았다. 실로 그러한 전쟁은 엄청나게 파괴적이었다. 그러나 평민은 통치자에게 책임을 물을 효과적인 수단이 없었기 때문에 통치자는 피치자들이 입을 피해를 그다지 걱정하지 않고 전쟁을 일으킬 수 있었다.

이 장은 먼저 왕조 시대 유럽 군주제 내부 정치의 주요 속성을 간단히 서술한다. 그리고 이 시대 유럽의 주요 정치 단위들을 설명하고, 군주가 자신의 위신을 더 높이고 권위를 강화하는 데 결혼과 전쟁을 어떻게 이용했는지를 보여준다. 끝으로 이 장은 종교개혁과 30년전쟁이 왕조체제에 미친 영향을 논의하면서 결론을 맺는다.

왕권 강화

왕조 시대는 수 세기에 걸쳐 지속되었으며, 유럽사회는 그 세월 동안 많은 변화를 경험했다. 정치, 법, 사법 제도는 더 정교화되고 효과적이 되었다. 조세는 더 규칙적이 되고, 더 널리 받아들여졌다. 영토 경계는 더 안정되었다. 이러한 변화는 유럽의 특정 지역에서 다른 지역보다 더 현저하게 나타났으며, 일정하지 않은 양상으로 발전하였다. 그러나 변화가 축적되면서 그들은 정치 권력의 행사에도 변화를 가져왔다.

전반적으로 유럽사회의 변화는 귀족이나 성직자 등 다른 권력자보다 군주의 권위를 강화하는 경향이 있었다.[2] 왕조 시대 초기 유럽 왕국들의 권력 행사는 그 이후와 비교하면 더 유동적이고 법적 제약에 덜 구애받았다. 14세기 유럽 왕국의 사법, 입법, 행정 제도는 왕국의 국내정치적 완결성을 보장하는 데 부족했다. 군주들은 왕의 권위를 강화하는 데 진력했으나 그러한 노력은 종종 강력한 귀족의 격렬한 저항을 불렀다. 그러한 상황에서 14세기 군주들은 자신의 왕국을 유지하는 문제에 몰두하는 경향이 있었다. 그들의 군사 행동이나 왕조 간 혼인은 빈번히 자신의 왕국 내에서 이루어졌다. 그들의 직위에 대한 도전은 외세보다는 주로 내부의 적으로부터 나타났기 때문이다.

왕조 시대의 중반에 해당하는 16세기 초에 이르자 상황은 상당히 변화했다. 대부분의 유럽에서 왕의 권위는 이전보다 더 공고히 확립되었다. 그것은 더 발전된 입법, 사법, 행정 제도에 의해 지지되었다. 왕의 권한에 관련된 이들 도구가 더 효과적이 되자, 강력한 귀족들은 국왕에 무력 저항하기보다 환심을 사는 편이 더 유리함을 깨닫게 되었다. 그 결과 군주들은 자기 왕국을 온전히 유지하기 위한 내부적인 무력 사용에 덜 의존하게 되었다. 군주는 고위직 임명, 토지나 금품 하사, 전쟁에서 명성을 떨칠 기회 제공 등 후견-피후견관계를 이용해서 강력한 귀족을 더 잘 관리할 수 있었다.[3]

유럽 왕국에서의 이러한 내적 상황 전개는 유럽 왕조 정치의 전반적 속성에 영향을 미쳤다. 14, 15세기에 왕조 갈등은 주로 군주가 권위 확대를 시도하거나 왕좌를 놓고 경쟁 파벌이 충돌하면서 촉발되는 등 내부적인 성격을 띠었다. 프랑스와 잉글랜드가 개입된 주요 국제분쟁인 100년전쟁(1337~1453년)조차도 부분적으로는 프랑스의 내전이었다. 그러나 16, 17세기에는 왕조전쟁의 국제적 차원이 부각되었다. 왕조전쟁은 군주국 내의 갈등이 아니라 군주국 간 충돌의 형태를 띠게 되었다. 이 책의 목적상 우리는 왕조 시대 전반기보다 후반기에 더 관심이 있다. 이 장의 남은 부분은 16, 17세기에 왕조체제가 어떻게 작동했는지에 초점을 맞춘다.

왕조 시대 유럽의 주요 정치 단위

16, 17세기 유럽의 가장 강력한 행위자들은 합스부르크 왕가와 프랑스 왕국이었다. 합스부르크 왕가는 오스트리아 대공국 및 수 개의 남부 독일 공국의 오랜 통치자였다. 일련의 혼인을 통해 합스부르크는 영토를 추가했고 궁극적으로 그들이 대부분의 유럽을 통치할 수 있게 해주었다. 합스부르크 왕가는 카를 5세 시기에 정점에 달하여, 1519년에 이르자 스페인, 오스트리아, 네덜란드, 시칠리아, 사르디니아, 남부 이탈리아, 스위스 북부 및 서부의 여러 영토, 미 대륙의 스페인 식민지의 통치자가 되었다. 또한, 그는 신성로마제국의 황제가 되었으며, 합스부르크가는 1438년부터 1806년까지 거의 계속해서 그 지위를 유지했다. 카를 5세의 동생 페르디난드가 보헤미아(대략 오늘날 체코공화국에 해당)와 헝가리의 왕으로 선출된 1526년에는 또 다른 영토가 추가되었다. 그 두 왕국은 후에 오스트리아와 함께 합스부르크가의 세습 왕국이 되어 1918년까지 통치되었다.

카를 5세의 영토는 혼자 통치하기에는 너무나 크고 지리적으로 분산되어 있었기 때문에 그는 가문 구성원의 도움에 크게 의존했다. 그는 독일에 있는 합스부르크 영토를 페르디난드에 맡겼고, 네덜란드의 영토는 그의 숙모 마르가레트가 대리로 통치했다.[4] 카를 5세의 말년에 가까운 1556년 합스부르크 왕가는 그 영토를 스페인 왕가와 오스트리아 왕가로 분할하였다 (도표 3.1 참조). 이 분할은 영구적인 것이 되었다. 훨씬 더 부유했던 스페인 왕가는 스페인, 네덜란드, 이탈리아의 합스부르크 영토, 미주 대륙을 포함하였다. 오스트리아 왕가는 독일의 합스부르크 영토와 헝가리 및 보헤미아 왕국을 포함했다. 분할 이후 두 왕가는 그들의 정치적 관계를 유지하기 위해 상호 간의 결혼에 매

도표 3.1 1556년의 유럽

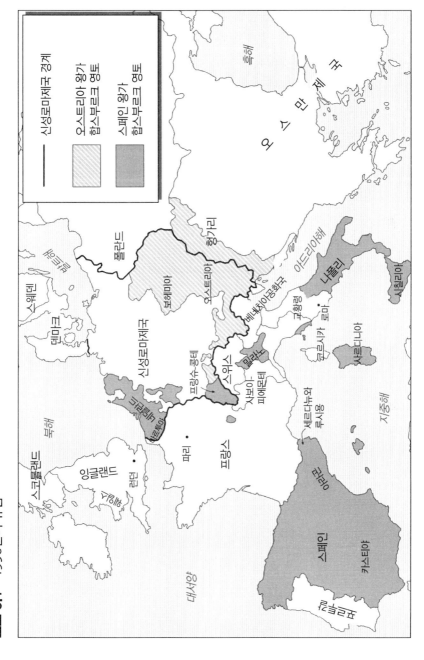

우 크게 의존했다. 그러한 혼인은 대가를 치르게 되는데, 계속된 근친 결혼으로 합스부르크 왕가의 유전적 조성이 손상되어 스페인계 합스 부르크 왕가는 1700년에 단절되었다.

프랑스 왕국은 왕조 시대 유럽의 또 다른 유력 행위자였다. 프랑스 인구는 1500년에 약 1,600만 명으로 추정되며 이는 스페인의 2배, 잉글랜드의 6배 정도였다. 프랑스 국왕은 유럽 군주 중 가장 수입이 많았기에 자신 있는 외교정책을 추구할 수 있는 강력한 위치에 있었다.[5]

유럽의 중앙에는 근대 독일의 전신인 신성로마제국이 있었다. 영토적으로 이 제국은 독일뿐 아니라 오늘날 오스트리아, 체코공화국, 벨기에, 네덜란드, 북부 이탈리아 일부, 동부 프랑스, 서부 폴란드를 포함했다. 군주의 권위가 확립되고 강력해지던 프랑스나 잉글랜드와 대조적으로 신성로마제국은 강력한 군주가 부재했다. 제국은 수백 개의 자치적인, 정치적으로 독자적인 도시나 공국의 집합으로서 중세에 형성되었다. 신성로마 황제는 중요한 권력을 행사했으나 그의 세습 영지밖에 있는 지역에는 실질적인 권위를 갖지 못했다. 제국은 기본적으로 공동의 이익이 걸린 문제를 그 자치적 정치 단위들이 조정할 수 있게 해주는 법적 틀로서 기능했다.

비록 인구가 프랑스만큼 많았음에도 신성로마제국은 국제정치에서 매우 다르게 행동했다. 프랑스와 오스만제국 사이에 낀 신성로마제국은 인접국으로부터 끊임없는 군사적 위협을 받았다. 그러나 제국은 분권적 정치 구조로 인해 외세의 공격에 기민하게 대응할 수 없었다.[6] 그러한 이유로 제국의 황제 선출권을 가진 7개 선출인단 군주들은 일관되게 합스부르크 왕가의 수장을 황제로 선택했다. 합스부르크 왕가는 많은 군주 왕가 중에 가장 강력했으며 외부 위협에 대응해 제국을 지킬 능력도 가장 잘 갖추었다.[7] 제국의 각 정치 단위들은 위기의 순간에 황제가 집단적 자위를 조직하고 이끌어주기를 기대했다. 그러나 동시에 그들 정치 단위의 지도자들은 자신의 독립 유지를 원했기 때문에 황제가 너무 강력해지는 것도 원하지 않았다. 따라서 그들은 대체로 외세 침략의 긴박한 위협이 있는 경우에는 제국의 방어를 위해 자금과 군대를 제공하기로 동의했다. 다시 말해 제국 자체는 외교정책이라고 할 만한 것을 갖고 있지 않았으나, 긴급한 필요가 있을 시에 작동될 수 있는 자위 능력을 가지고 있었다.[8] 합스부르크 왕가는 자체 외교정책을 추구했으나 그들의 이익과 제국 전체의 이익은 단지 부분적으로만 일치하였다.

16, 17세기 유럽 왕조체제의 다른 주요 행위자들은 잉글랜드, 포르투갈, 폴란드, 덴마크, 스웨덴, 베네치아, 사보이-피에몬테, 교황령 등이 있다. 네덜란드공화국은 16세기 말에 중요한 무역 및 해상 강국으로 부상하였다.

끝으로 유럽정치에서 오스만제국의 특이한 위치에 대해 언급할 필요가 있다. 오늘날 북부 튀르키예에서 기원한 오스만제국은 16세기 초 아나톨리아, 북아프리카 및 중동 일부, 남동유럽 대부분을 포함하는 광대한 제국을 형성했다. 1453년 튀르키예 군대는 콘스탄티노플을 점령하고 그곳을 오스만의 수도로 정했다. 튀르크인들이 북쪽 헝가리로 팽창하고, 해군이 지중해에도 진출하면서 16세기에는 합스부르크 왕가와 끊임없는 군사 충돌이 일어났다. 정치, 경제적으로 오스만제국은 부분적으로 유럽과 통합되었다. 기독교권과 오스만제국이 통제한 영역 사이의 무역은 규모가 컸으며, 기독교 통치자들은 종종 튀르크인들과 느슨한 동맹을 맺었다. 프랑스 왕국은 특히 그러했다. 프랑스 왕국은 합스부르크 영토를 공격하도록 오스만제국을 부추기면서 강력한 경쟁국인 합스부르크왕국을 약화시키려 항상 시도했다. 기독교와 이슬람의 종교적 신념은 양자가 서로를 전적으로 받아들이는 데 장애가 되었다. 기독교인들은 계속해서 이슬람 교도를 기독교권의 영원한 적으로 보았으며, 1544년 오스만제국 해군이 합스부르크 선박을 공격하는 데 프랑스의 툴롱 항을 사용하도록 프랑스 국왕이 허용했을 때 분노하였다.[9] 오스만의 재판소도 이슬람교도와 기독교도가 동등하다는 관념을 부정했다. 술탄은 기독교 국가들이 콘스탄티노플로 외교 사절을 보내는 것은 허용했으나, 자신의 관료들이 기독교 국가를 방문하거나 기독교 군주에 사절로 파견되는 것은 적절하지 않다고 보았다. 18세기 말에 이르기까지 오스만제국은 기독교 국가들과 외교관계를 수립하지 않았다.[10]

왕조 시대 국제질서

유럽의 세습 군주들은 통치자의 지위를 사유재산의 한 형태로 소유했으며, 세대를 거쳐 물려주었다. 왕조 통치자들의 최고 우선순위는 세습 받은 지위와 영토를 유지하고 그것을 후계자에게 온전히 물려주는 것이었다. 그들의 눈에 이것은 단지 선호의 문제가 아니라 그들을 권좌에 앉힌 신의 섭리의 의해 부과된 의무였다.[11] 따라서 통치자들은 단지 형식상 존재하는 것들을 포함해서 그들의 세습 직위나 권리를 포기하는 것을 혐오했다. 어느 통치자가 자기 생전에 특정 권리를 지키지 못했다 하더라도, 미래에 어떤 가능성이 있을지는 알 수 없었다. 따라서 절대적으로 필요한 경우를 제외하면, 어떤 권리를 포기한다는 것은 자기 후손의 정당한 유산을 빼앗는 행위였다. 세습 군주가 왜 세습된 권리를 최우선적으로 중시하는지 쉽게 이해할 수 있다. 그들의 권위는 개인의 성과에 근거하는 것이 아니라 그들을 권좌에 오르게 한 세습에 관한 법칙에 기반하였다. 만일 세습된 권리가 존중되지 않는다면 왕조 통치자들은 모든 것을 잃을 것이다. 따라서 세습 군주는 왕가의 권리를 둘러싼 분쟁에 대해 대체로 타협 없는, 법률지상주의적인 입장을 취했다.

어느 면에서 왕조 통치자들의 세습 권리 강조는 국제분쟁을 부추겼다. 유럽의 지배 가문들은 수 세기 동안 서로 혼인했기 때문에 그들은 긴밀한 혈연관계로 연결되었다. 따라서 한 통치 가문이 끊어지면 그 직위와 소유물에 대한 법적 권리를 주장하는 여러 왕가가 있을 수 있다. 그러한 상황은 전쟁으로 이어질 가능성이 높았다. 이러한 유형의 분쟁 중 가장 유명한 사례 중의 하나는 1328년에 프랑스 국왕이 직계 후계자 없이 사망했을 때 발생했다. 비어있는 왕좌에 대해 가장 강력한 권리를 주장한 두 사람은 프랑스 왕자 발로아의 필립과 잉글랜드 플란태저네트의 왕 에드워드 3세였다. 왕좌에 대한 이들의 주장이 충돌하면서 100년전쟁으로 알려지게 된 일련의 긴 전쟁이 1337년 시작되었다. 1453년 잉글랜드의 패배로 이 전쟁이 끝났으나 잉글랜드 군주는 프랑스 왕좌에 대한 권리 주장을 포기하지 않았다. 1485년 왕위에 오른 헨리 7세는 공식적으로 자신의 직책을 '잉글랜드 및 프랑스 국왕'이라고 칭했다. 그 아들 헨리 8세는 프랑스 왕좌가 정당하게 자신에 속한다는 근거로 프랑스에 대한 반복적인 공격을 정당화했다.[12]

왕조의 권리를 지키려다 보면 빈번히 전쟁이 벌어졌으나, 그것이 무차별적 침략을 의미한 것은 아니다. 통치자들은 자신의 주장이 유럽의 다른 통치자들에게 인정되고 받아들여지도록 노력했으며, 일반적으로 법적 권리를 갖지 못한 토지나 왕좌를 강탈하는 것은 주저했다. 자신의 정당한 세습 권리를 불필요하게 포기하는 것이 신의 섭리 위배

로 보여질 수 있었듯이, 다른 통치자의 정당한 세습 권리를 빼앗으려
는 시도도 마찬가지였다. 따라서 통치 왕조가 이미 확고히 자리 잡은
왕국이나 공국에서 세습에 의한 권리 승계는 국제적 갈등을 초래하지
않았다. 왕조 시대 유럽에서 평화 협정은 대체로 전쟁 중 부수적으로
장악되거나 점령된 약소국가를 단순히 더 강력한 인접국에 흡수되도
록 하기보다, 합법적인 통치자에게 반환하도록 합의해 주었음에 주목
할 필요가 있다. 세습 권리에 대한 국제적인 존중은 자신을 지킬 능력
이 없는 많은 약소 공국들이 그럼에도 어떻게 계속 생존했는지를 설명
하는 데 도움이 된다.

왕조 군주는 그들 왕국의 강력한 귀족 가문들의 지지를 유지할 필
요가 있었기 때문에 권위에 제약을 받았다. 권좌에 오르면 군주는 왕
국의 기존 법률이나 관습에 따라 통치할 것임을 맹세하였다.[13] 그 맹세
는 귀족들이 전통적 법적 특권과 면세권을 계속 누릴 수 있도록 보장
해주면서 귀족들에게 혜택을 주었다. 왕조체제는 전반적으로 세습통
치자와 귀족 사이의 암묵적 거래에 의존했다. 세습통치자는 귀족의 관
습적 권리와 지위를 지켜주었고, 그 대가로 귀족은 세습통치의 원칙을
받아들였다.[14] 따라서 다수 왕국과 공국에 대해 통치권을 가진 군주는
각각을 그들의 법률과 관습에 맞게 통치해야만 했다. 하나의 왕국 안
에서도 일반적으로 군주는 관습의 지역적 차이를 수용할 필요가 있었
다. 유사하게, 결혼이나 전쟁으로 영토를 추가한 통치자는 새로이 획
득한 지역의 법률이나 관습을 지켜줄 것으로 기대되었다.

왕조 시대 유럽 사람들은 세습 권리를 위해 싸운 전쟁(즉, 왕조전
쟁)과 정복전쟁을 개념적으로 중요하게 구분했다. 왕조전쟁에 임하는
통치자는 자신이 정복 행위를 하는 것으로 생각하지 않았다. 그의 시
각에서 자신은 단지 세습을 통해 적법하게 획득한 통치자의 권리를 행

사하려는 것이었다. 따라서 왕조전쟁의 승리는 승자가 새로 획득한 신민에게 어떤 조건이든 강요할 수 있는 자격을 부여한 것은 아니었다. 통상적으로 그것은 단지 승자에게 새 영토의 법률과 관습에 따라 그 구성원을 통치할 권리를 부여한 것이다. 이러한 이유로 왕조전쟁은 유럽사회의 근본적인 구조를 위협하지는 않았다. 왕조전쟁은 종종 인명과 재산에 엄청나게 파괴적이었으나 모두가 이해하고 수용한 규범적 틀 내에서 행해졌다. 왕조 시대 서유럽 기독교권에서 노골적인 정복전쟁은 드물었다.[15] 유럽의 통치자들은 자신들을 여러 기독교 통치자와 왕국으로 구성된 종교적 공동체의 일부라고 생각했다. 이러한 시각에서 보면, 동료 기독교 통치자들은 그들의 지위를 신의 은총으로 받은 것이며, 합법적으로 그 자격이 주어진 것으로 보았다. 정복을 통한 기독교 영토의 획득은 자기 자신의 통치자 자격의 근거가 되는 세습 권리체제 전체를 위협하는 일이었다.[16]

그러나 기독교 통치자들이 서로를 상대하는 데 있어서 받아들인 제약은 서유럽 기독교 세계와 비기독교 세계와 사이의 상호작용에는 적용되지 않았다. 일반적으로 서유럽 기독교권의 통치자나 일반인들은 비기독교 통치자의 지위나 비기독교 지역의 법률을 존중할 의무감을 느끼지 않았다. 오히려 그들은 정복을 통해 비기독교 지역을 정복하고, 정복된 영토를 마음대로 통치할 정당한 자격이 있다고 생각했다.[17] 16, 17세기 미 대륙에 유입된 유럽의 탐험가나 정착민들은 그 지역 통치자들을 몰아내고, 유럽 군주들을 대리해 정복 영토의 소유권을 주장하고, 원주민을 살해하거나 노예로 만드는 데 별로 주저하지 않았다.

왕조혼과 국제정치

왕가들 사이의 혼인은 유럽 세습통치자들의 권좌 유지에 도움을 주는 중요한 요소였다. 다른 통치 가문들과 상호 혼인으로 세습 군주는 자신의 군왕 또는 군주 지위를 확인 받았다. 간접적으로라도 두 통치 가문 사이의 혼인은 서로 상대방이 적법한 통치자 지위를 보유한 것으로 인정함을 의미했다. 따라서 왕조 간 혼인은 통치 가문이 내부 또는 외부의 도전에 대해 자신의 지위를 강화하는 데 도움이 되었다. 왕조혼에는 대단히 많은 것이 걸려있었기 때문에 정치적 고려가 낭만적 감상보다 앞섰으며, 그러한 혼인에서 빈번히 신랑, 신부는 정치적 목적 이외는 결코 서로 어울리지 않았다.

많은 왕국과 공국에서 통치자의 세습 권리는 아들뿐 아니라 딸에게도 넘겨졌기 때문에, 왕조 가문들은 혼인을 통해 통치자 지위를 추가하는 것이 가능했다. 어떤 경우에 왕조 가문들 사이의 혼인은 중요한 영토 조정을 수반했다. 근대적 시각에서 보면 이것은 왕조 시대의 가장 이상한 특징 중의 하나로 보인다. 왕국의 정치적 운명이 통째로 혼인의 결과에 좌우될 수 있었다. 예를 들어, 아라곤의 페르디난드와 카스티야의 이사벨라 사이의 결혼은 이전 수 세기 동안 별개의 독립체로 존재했던 두 스페인 왕국의 영구적 통합으로 이어졌다. 헨리 8세의 누나 마가렛 튜더와 스코틀랜드 제임스 4세의 1503년 결혼은 2세기 후에 잉글랜드와 스코틀랜드가 통합되는 기초가 되었다.[18] 왕조혼은 또한 카를 5세의 광대한 유럽 제국을 만들었다. 페르디난드와 이사벨라는 카를의 외조부모였으며, 그들로부터 카를은 아라곤, 카스티야, 미대륙의 스페인 식민지 영토, 이탈리아와 지중해의 아라곤 영토를 물려받았다. 카를은 조모 부귀공 마리로부터 네덜란드와 오늘날의 동부 프랑스의 영토를 받았다. 그는 부친 막시밀리안으로부터 신성로마제국 내에서 오스트리아를 포함하는 합스부르크 영토를 세습했다.

대부분의 경우 통치 가문 간 혼인은 영토 소유권 변화를 가져오지 않았으며, 그것을 의도하지도 않았다. 왕조혼은 다양한 정치적, 외교적 목적에 부합했으며, 많은 경우 영토 획득과는 관계가 없었다. 이미 지적했듯이 통치 가문 간 혼인은 그들에게 위신과 정통성을 더해주었다. 어떤 경우에 혼인은 정치적, 군사적 동맹을 공고히 하는 데 도움이 되었다. 다른 경우에 혼인은 이전에 서로 전쟁을 했던 통치자들 사이의 평화 협정의 일부로서 합의되었다.

유럽 통치 왕조 사이의 혼인은 왕조 국제체제의 경계를 확정하고 강화하는 데 도움이 되었다. 유럽의 왕조 가문들은 거의 절대로 서유럽 기독교권 밖의 가문과 혼인하지 않았다. 예를 들어, 서유럽의 기독교 왕조가 오스만제국의 통치 왕가와 혼인을 통한 동맹을 맺는 건 생각할 수 없는 일이었다. 이슬람교도인 튀르크인들은 결혼 상대로서 수용 불가로 간주되었다. 더욱이 오스만 황가의 문화적 관습은 서유럽 기독교 왕조의 그것과는 양립할 수 없었다.[19] 비슷한 이유로 서유럽 왕가들은 러시아의 통치 왕조와도 혼인관계를 맺지 않았다. 러시아인들도 기독교도였으나 러시아 정교는 로마 교황의 권위 아래 들어온 적이 없었으며, 따라서 서유럽 기독교권의 일부가 된 적이 결코 없었다. 문화적으로 서유럽 통치자들은 러시아를 야만 국가로 보았다. 18세기 이후 러시아 왕가가 개혁을 추진하여 서유럽의 왕가와 비슷하게 닮아가기 전까지는 서유럽 왕가와 러시아 왕가와의 혼인은 없었다.

질병, 출산, 사고 등으로 사망률이 현재보다 훨씬 높던 시대에 왕조혼을 통한 동맹이 예상치 않았거나 원치 않았던 결과를 초래하는 일은 드물지 않았다. 영토 통합은 바람직해서가 아니라, 후계자가 없거나 일찍 사망한 결과로 인해 이루어지는 경우가 많았다. 예를 들어, 아라곤의 페르디난드는 (이미 합스부르크와 부르고뉴 영토 상속 순위에 있었던) 손자 카를 5세에게 스페인과 그 부속 영토를 물려줄 의사가 없었다. 카를은 상속 순위에 앞서 있던 사람들이 일찍 죽거나 정신 질환으로 통치할 수 없게 되면서 우연히 스페인 왕조 계승자의 지위를 얻게 되었다.

카를 5세가 물려받은 무질서하게 엉망으로 확장된 영토에 전략적 일관성은 거의 없었다. 그가 소유한 멀리 떨어진 영토는 여기저기서 프랑스가 공격하였고, 동쪽으로는 오스만제국의 침략을 불렀다. 말년에 카를은 그의 광대한 영토는 한 사람의 통치자가 통치하기 어려움을 인정하였고, 스페인, 오스트리아 왕가로의 분할을 받아들였다. 이 분할로 스페인 왕가 합스부르크는 동유럽에서 오스만제국을 상대로 방어하는 부담을 덜었지만, 네덜란드와 이탈리아 일부를 계속해서 소유한 것도 득 될 것이 없었다.[20] 네덜란드는 1560년대에 스페인에 저항해 반란을 일으켜, 80년간 지속된 처참한 전쟁이 시작되었다. 스페인에서 카를 5세을 계승한 왕들은 어떤 대가를 치르든 물려받은 권리를 지키려 했다.[21] 그들은 네덜란드의 반란 진압을 위해 계속해서 군대를 파견했으며, 이 정책으로 인해 스페인 왕가는 되풀이해서 재정 위기를 맞았다.[22] 이 갈등은 네덜란드공화국 또는 연합주로 알려진 북부 네덜란드 지역이 완전히 독립하게 된 1648년까지 계속되었다. 남네덜란드(오늘날의 벨기에)는 스페인의 통제하에 남았다.

왕조혼은 종종 평화 협정을 종결하기 위해 사용되었기 때문에, 역설적으로 국가들이 오랜 경쟁국의 영토에 대한 권리를 획득할 수 있게 해주기도 하였다. 여기서도 왕조혼의 궁극적인 결과는 전략적 논리와는 상충할 수 있었다. 1635~1659년 프랑스-스페인전쟁을 종결하는 협상의 일부로서 합의된 프랑스 루이 14세와 스페인 국왕 펠리페 4세의 딸과의 결혼은 그 중요한 사례이다. 유럽의 가장 강력한 통치 왕조들을 맺어준 이러한 형태의 혼인은 계약 당사자들의 위신을 높이려는 의도로 추진되었다. 그러나 1670년대에 이르러 스페인 왕가 합스부르크의 혈통이 펠리페의 계승자인 병약한 카를로스 2세의 죽음과 함께 단절될 것이 확실해졌을 때, 이 결혼이 초래할 바람직하지 않은 결과가 유럽 전역에 명백해졌다. 그 결혼으로 인해 루이의 자손들은 스페인과 기타 그 부속 영토에 대한 권리를 획득하게 되는 것이었다. 프랑스가 유럽의 지배적인 세력이 될 가능성이 높아지면서, 그것은 유럽의 여타 통치자들의 강력한 저항을 촉발할 것이 확실했다. 카를로스 2세가 죽기 수년 전부터 루이는 다가오는 위기에 대한 외교적 해결책을 열심히 찾았다. 결국 스페인 왕위 계승 문제는 프랑스를 엄청난 비용을 치른 오랜 전쟁으로 끌어들였으며, 그 전쟁은 프랑스를 재정적으로 탈진시켰고, 그 후 수십 년 동안 유럽에서의 프랑스의 위치를 약화시켰다.

왕조주의와 영광의 추구

왕조 통치는 대단히 개인적 속성을 가졌기 때문에 유럽 군주들은 위신과 명성 문제에 집착했다. 군주들은 권위를 효과적으로 행사하기 위해 귀족의 충성심을 유지해야 했으나 그것은 어렵고 까다로운 일이었다. 그들은 부분적으로는 왕국 내의 유력 귀족 가문에게 직위, 토지, 선물을 나누어 주는 후견-피후견관계를 활용했다. 너그럽고 신중한 후견-피후견관계는 통치자의 명성에 크게 기여할 수 있었다. 그러나 통치자에게 무엇보다 중요한 위신의 원천은 전쟁에서의 성공이었다. 전쟁을 통한 왕조의 권리 추구는 중요한 실질적인 기능이 있었다. 그것은 귀족들의 입장에서 본 통치자의 지위를 높여주었고, 다른 군주들로부터 존경심을 얻게 해주었다.[23] 그리하여 전쟁은 군주의 지위에 대한 내외의 도전을 미연에 제압했다. 또한, 왕조 통치자들은 역사의 심판을 매우 민감히 의식했으며, 적법한 직위와 영토에 대한 권리를 지키기 위한 정의로운 전쟁을 수행한 통치자들이 누린 영광과 명성을 갈망했다.[24] 따라서 왕조 시대에 전쟁은 국제정치에 내재된 본질이었다.

왕조의 이익을 위한 전쟁은 대부분 평민에게는 혜택을 주지 않았다. 예를 들어, 스페인 왕국이 수행한 완강하고 끝이 없는 듯한 네덜란드 독립전쟁은 네덜란드 사람들뿐 아니라 스페인 사람들에게도 재난이었다. 유사하게 프랑스 왕들이 이탈리아 영토 획득을 통해 자신의 명성을 높이려는 야심으로 벌인 길고 파괴적인 일련의 대이탈리아전쟁이 일반 프랑스인들에게 득이 된 건 없다. 이 전쟁은 남부 이탈리아 나폴리 왕국에 대한 권리를 물려받은 프랑스의 샤를 8세에 의해 시작되었다. 그 권리를 주장하기에 조건이 유리하다고 믿은 샤를은 1494년 대규모 군사를 일으켜 이탈리아를 침공했다. 이것이 60년 이상 지속된 전쟁의 시작이었다. 샤를 8세에 이어 왕위를 계승한 그의 사촌 루이 12세는 북부 이탈리아 밀라노 왕국에 대한 권리를 물려받았다. 따라서 루이는 나폴리뿐 아니라 밀라노에 대한 권리를 주장했다. 1515년 루이가 사망하자 전쟁은 그 계승자인 프랑수아 1세가 계속했고, 그 뒤를 앙리 2세가 이어받았다. 이탈리아전쟁은 1494년부터 1529년 사이에 끊임없이, 그 이후에 간헐적으로 전투가 벌어진 북부 및 중부 이탈리아를 폐허로 만들었다. 군대가 도시를 약탈, 방화하고 전염병을 퍼뜨렸던 대단히 야만적인 전쟁이었다.[25]

이탈리아전쟁에서 프랑스의 가장 끈질긴 적은 스페인이었다. 아라

3장 • 왕조체제, 1300~1700년 **67**

곤의 페르디난드도 나폴리의 권리를 주장했으며 그는 프랑스에 대항해서 이탈리아에 스페인군을 파견했다.[26] 프랑스는 교황을 비롯한 다른 적들도 마주했다. 1516년 카를 5세가 스페인 왕이 되었을 때 그는 페르디난드의 이탈리아 영토를 물려받았으며, 그로 인해 프랑스와 계속해서 갈등을 빚었다. 그러나 카를은 프랑스와 북, 남, 동으로 경계가 맞닿은 영토를 세습하여, 프랑스의 공격에 노출되었다. 1520년대 초 이탈리아전쟁은 프랑스 왕국과 합스부르크 왕국이 대립하는 전면적 충돌로 확대되었다. 양측 모두에 이 전쟁은 득보다는 실이 훨씬 더 컸으며, 수년간의 전쟁에 뒤이은 조약 체결, 재정적 고갈에서 수년간 회복, 이어서 새로운 전쟁이라는 패턴이 생겨났다. 결국 앙리 2세가 이탈리아에 대한 모든 권리를 포기하면서 1559년 드디어 평화가 찾아왔다. 60년간의 전쟁으로 프랑스 국왕이 이탈리아에서 얻은 것은 아무것도 없었다. 어느 면에서 봐도 이탈리아전쟁이 프랑스 사람들, 특히 전쟁을 위한 비용 대부분을 감당한 농민들의 이익에 도움이 되었다고 보기는 어렵다.

나폴리 공격을 준비하면서 샤를 8세는 (성공하지는 못했지만) 이탈리아전쟁 중 다른 주변국 통치자들이 프랑스를 공격하지 않도록 그들과 우호적 관계를 맺으려 했다. 프랑스는 오랜 세월 세르다뉴 및 루시용 지방의 경계를 놓고 스페인과 갈등했고, 아르투아 및 프랑슈-콩테 지방을 놓고 신성로마제국과 분쟁 중이었다. 샤를은 이들 분쟁 영토를 스페인과 신성로마제국 황제에 이양하고 1493년 분쟁을 종결지었다 (도표 3.1 참조).[27] 머나먼 나폴리에서 왕조의 영광을 쫓을 기회와 맞바꾸어 프랑스 국경의 전략적 가치가 있는 영토를 희생한 것은 왕조의 논리가 전략적 고려와 상충한 전형적 사례를 보여준다. 샤를의 이러한 행동의 결과는 수세대에 걸쳐 영향을 미쳤으며, 프랑스가 이때 포기한 영토를 다시 회복하는 데 150년 이상이 걸렸다. 샤를이 나폴리를 차지했다고 해도 그것을 지키는 비용이 거기서 나온 이득보다 컸을 것이다.[28] 루이 12세와 그 계승자들이 나폴리보다 부유하고 지리적으로 프랑스에서 그리 멀지 않았던 밀라노를 차지하려 했던 것이 더 현명한 선택이었다고 주장할 수 있다. 그러나 이탈리아전쟁이 수십 년간 이어지면서 그 비용은 승전으로 들어올 혜택보다 훨씬 컸다. 왕조 통치자들은 그들의 세습 권리를 주장할 때 경제적 득실 면에서 계산하지 않았다. 샤를 5세가 설파했듯이, "영웅적 행동에 임할 때 돈을 생각하는 것은 군주답지 않다."[29]

유사하게 헨리 8세가 반복해서 프랑스를 침공한 것도 경제적 전략적 고려보다 왕조의 위신이 앞섰던 사례이다. 1509년 국왕에 즉위하고 얼마 되지 않아 헨리는 프랑스 왕위에 대한 잉글랜드 왕조의 오랜 권리를 다시 주장했다. 그는 1513, 1523, 1543년 프랑스를 공격했으며, 제1차와 제3차 침공을 본인이 직접 이끌었다. 그가 프랑스 왕위를 빼앗을 가능성은 거의 없었으며, 그가 점령한 프랑스 영토는 최소한에 그쳤다. 그러나 이 전쟁은 영광을 얻고, 자신을 전사라고 증명하려는 헨리의 강렬한 욕심을 만족시켜 주었다.[30] 프랑스와의 제1차 전쟁에서 헨리는 투르네 시를 점령했으나, 몇 년 뒤 프랑스 왕에게 배상금을 받고 반환했다. 제3차 전쟁에서 그는 불로뉴 시를 점령했다. 이번에는 평화 협정이 쉽지 않았다. 헨리가 이 도시를 점령하여 얻은 위신을 결코 포기하지 않으려 했기 때문이다. 그러나 프랑스 왕 프랑수아 1세도 그 도시를 잃은 수치를 반드시 만회하려 했다. 결국 8년 후에 잉글랜드가 그 도시를 프랑스에 팔기로 합의함으로써 양측의 체면은 유지되었다.[31] 막대한 비용에도 불구하고 헨리의 프랑스 원정은 잉글랜드에 어떤 가시적 이익도 가져다주지 못했다. 투르네와 불로뉴를 되찾기 위해 프랑스가 지불한 배상금은 헨리가 그 도시들을 점령하기 위해 지출한 비용의 근처에도 미치지 못했다.

현대적 시각에서 보면 왕조전쟁은 낭비적이고 전략적으로 불합리하다. 그러한 전쟁은 무거운 세금으로 전쟁 비용을 부담하고, 약탈적인 병사들에 의해 희생된 평민에게 매우 높은 대가를 치르게 했다. 군주는 병사들에게 넉넉히 양식을 공급하지 못했기 때문에 군대는 마을을 통과하면서 빈번히 가축과 곡식을 훔치면서 스스로를 지탱했다. 지역 민간인들은 기아에 허덕이거나, 배고픔으로 쇠약해지거나, 질병에 스러졌다. 따라서 군대가 가는 곳마다 수많은 민간인의 희생이 뒤따르게 마련이었다. 군주가 전쟁 중에 돈이 떨어지면 민간인들은 더욱 고통을 받았다. 이 시기에는 용병이 군대의 대부분을 이루었으며, 그들은 봉급을 받지 못하면 어디든 자신들이 장악하는 지역을 약탈, 방화했다. 전장에 가까운 지역에 사는 불운한 사람들에게 왕조전쟁은 상상하기 힘든 고난을 가져다주었다.[32]

세습통치자의 시각에서 왕조전쟁은 개인적 명성과 위신의 원천이 되었다. 그러한 전쟁은 아마 통치자가 신민의 희생을 통해 얻는 '사치재'로 가장 잘 이해될 수 있다. 평민이 군주의 궁전과 화려한 궁중 생활을 위해 세금을 냈던 것과 마찬가지로, 그들은 군주의 군사적 행위를 통한 영광의 추구에 비용을 부담했다. 왕조전쟁이 왕국의 평민에게 간접적으로라도 이익을 준 경우는 드물다. 그것은 왕조전쟁의 목적이 아니었다.

국제질서와 30년전쟁

16, 17세기 유럽은 종교적 격변의 시대였다. 전통적으로 서유럽 기독교권에서 통치자와 신민은 공통의 신념으로 뭉친 종교 공동체라고 스스로 자처했다. 그러나 1517년 시작된 종교개혁은 기독교권의 종교적 통일성에 종언을 고했다. 16세기가 진행되면서 신교는 중부, 북부 유럽에서 광범위하게 추종자들을 늘려갔다. 잉글랜드, 스웨덴, 덴마크 등 일부 왕국에서는 군주가 신교를 받아들였다. 유럽 전체가 교리에 관한 최종적 권위로서 교황을 계속 인정하는 구교와 성경으로부터 직접 교리적 믿음을 가져오고 교황의 종교적 권위를 부정한 신교로 분열되었다.

신교의 확산은 유럽사회에 깊고 오래 지속된 위기를 초래했다. 위기의 뿌리는 서유럽 기독교권이 종교적 관용의 전통을 결여했다는 사실이었다. 수백 년간 교황은 교회가 허가한 교리적 믿음에서 벗어나는 이단은 어떤 경우에도 용납될 수 없다고 고집했다. 전통적으로 유럽의 군왕과 군주들은 교황을 도와 이단의 확산을 저지했다. 그들은 자신들을 교회의 보호자로 보았고, 이단의 억제가 자기 의무 중의 하나라고 보았다. 종교적 순응을 철저히 유지했던 역사를 가진 유럽사회는 종교개혁이 초래한 교리의 분열에 적응하기가 어려웠다. 구교, 신교 통치자들 모두가 신민이 자신과 동일한 종교적 교리를 받아들이도록 요구했으며, 왕국이나 공국 내의 교회가 자신의 종교적 신념과 일치하도록 만들었다. 그러나 군주는 구교를 유지했으나 대부분의 귀족들은 신교를 받아들인 프랑스와 같은 왕국에서는 종교적 통일성을 계속 유지하려는 시도는 폭력적인 충돌을 야기했다. 1562년부터 1598년 사이 프랑스는 일련의 파괴적인 종교 내전을 겪었다.

유럽에서 종교적 통일성이 사라진 것은 유럽 국제체제에 심대한 영향을 끼쳤다. 전통적으로 유럽의 왕조 통치자들은 기독교권 다른 통치자들의 정통성(따라서 왕좌와 영토의 정당한 세습 권리)을 인정했다. 모두가 서유럽 기독교권 종교 공동체의 구성원이기 때문이다. 따라서 신교와 구교 진영으로의 분열은 유럽의 국제질서가 세워진 기저의 전제를 흔들었다. 그러나 신교와 구교는 모두 언젠가는 교리의 통일성이 회복되리라는 희망을 가졌다.[33] 교리의 차이로 인한 일시적 분열에도 불구하고, 통치자들은 모든 서유럽 기독교권을 포함하는 종교 공동체 내에서 권리를 가진다고 여전히 생각했다. 따라서 유럽 국제질서의 저류에 있는 종교적 틀은 종교개혁에도 불구하고 유지되었다. 그러나 종교적 통일성 회복은 불가능해졌다. 얼마 지나지 않아 유럽의 통치자들은 종교적 신념의 통일성에 의존하지 않는 국제질서의 근거를 찾아야만 했다.

1618년에 시작해서 1648년 베스트팔렌조약으로 끝난 30년전쟁은 새로운 국제질서의 기초를 놓았다. 30년전쟁은 왕조 시대 유럽의 가장 파괴적인 군사 충돌이었다. 비록 대부분의 주요 전투는 신성로마제국 경계 내에서 벌어졌지만, 이 전쟁은 스페인, 스웨덴, 프랑스 등 여타 강대국의 대규모 개입을 불러들였다. 그러한 개입으로 전쟁은 장기화되고 그 국제적 중요성이 부각되었다. 전쟁은 부분적으로는 구교와 신교 사이의 종교적 갈등의 결과였지만, 그 핵심은 종교전쟁이 아니었다.[34] 왕조적, 전략적 고려가 전쟁의 양상에 강하게 영향을 미쳤다.

30년전쟁이 시작되었을 때 종교개혁은 이미 100년 이상 진행되었다. 16세기에 신성로마제국 내 다수의 도시나 공국은 종교개혁을 단행했으며 구교의 관행을 제한하거나 불법화했다. 그 결과 제국은 신교 주류 지역과 구교 주류 지역이 뒤섞이게 되었다. 신교는 제국의 가장 강력한 왕조인 오스트리아 합스부르크 세습 영토에서 많은 추종자를 얻었다. 그러나 합스부르크 왕가는 확고한 구교도로 남았고 합스부르크 지도자들은 계속해서 자기 영토 내에서 구교의 통일성을 회복할 기회를 엿보았다. 30년전쟁은 합스부르크 왕국이 구교를 강요할 것이라고 믿었던 보헤미아의 신교도들이 무력 봉기를 일으키면서 시작되었다. 그로 인한 충돌은 결국 제국 전체의 내전으로 확대되었다. 양측의 대립은 대체로 종교로 결정되었다. 한편은 오스트리아 합스부르크가 이끄는 대체로 구교 세력의 연합이었다. 다른 편은 제국 내 신교 통치자들의 지원을 받는 신교 연합이었다.

이 전쟁의 결과가 자신의 왕조적, 전략적 이익에 큰 영향을 미칠 것으로 생각한 외부 강대국들이 전쟁에 개입했다.[35] 예를 들어, 스페인 왕국은 오스트리아 합스부르크가 패배하면 네덜란드와 북부 이탈리아에 있는 자국의 이익이 손상될 것으로 믿었다. 이를 막기 위해 스페인은 오스트리아 합스부르크에 광범위한 군사 지원을 제공했다. 반대로 스웨덴의 신교도 국왕은 합스부르크의 승리가 스웨덴의 독립과 신교 국가 지위를 위협할 것을 두려워했다. 따라서 그는 합스부르크 군과 전투하기 위해 군대를 이끌고 제국에 침입했다. 프랑스의 지도자들은 오스트리아 합스부르크에 적대적이었다. 전쟁을 보는 프랑스의 입장은 스페인에 대한 강렬한 경쟁심에 영향을 받았다. 오스트리아와 스페인 왕가 합스부르크의 긴밀한 협력을 보면서 프랑스 지도자들은 오스트리아가 승리하여 스페인이 프랑스보다 우위를 점하게 될 것을 우려했다. 따라서 프랑스 왕국은 구교 국가였지만 스웨덴을 비롯한 제국 내 신교 국가에 군사 지원을 했으며, 결국 오스트리아 합스부르크에 선전포고를 하였다.

1648년 체결된 베스트팔렌조약은 드디어 전쟁을 종식시켰다. 수십 년의 전쟁은 신성로마제국의 종교적 지형을 결정적으로 바꾸지 못했으며, 베스트팔렌조약은 기본적으로 제국을 구교와 신교 영토로 영구 분할함을 모든 당사자들이 인정한 것이었다. 조약의 조건에 따라 제국의 구교, 신교 군주들은 서로 상대방의 정통성을 온전히 인정했다. 조약 체결 당사국이었던 프랑스와 스웨덴은 이 조건의 보증자 역할을 했다.

베스트팔렌조약은 유럽이 국제질서의 기반이 되었던 종교로부터 탈피하는 중요한 변화를 의미하였다. 전통적으로 유럽의 통치자들은 이단자로 간주되는 사람들을 법적으로 동등하게 취급하는 것을 주저했다. 그들은 이단을 정당화하기보다 억제하는 것이 의무라고 생각했다. 그러나 신성로마제국 내 구교도와 신교도에 법적 평등을 부여한 조약을 수용하면서 그 조약에 참여한 통치자들은 자신의 종교적 원칙보다 정치적 현실을 선순위에 두었다. 그들은 조약이 제국 내 종교적 통일성 회복이라는 목표를 사실상 포기했음에도 불구하고 조약을 지지했다. 유럽 통치자들은 국제 영역이 권력과 물질적 자기 이익의 논리에 움직이며, 따라서 종교적 교리가 반드시 적용되는 영역은 아닌 것으로 생각하기 시작했다.[36] 베스트팔렌조약은 국가 간 조약은 단지 관련 국가들이 동의했기 때문에 유효한 것으로 간주하는, 다가오는 세력정치 시대와 일치하는 새로운 사고를 반영했다. 그것은 조약이 신의 의지와 일치하는 경우에만 유효하다는 전통적 믿음, 종교 시대의 속성에 중대한 변화가 있음을 의미했다.

베스트팔렌조약이 왕조 국제체제와 그 후속 체제 사이의 명확한 경계를 그은 것은 아니다. 왕조체제는 서유럽 기독교권의 공유하는 종교적 전통뿐 아니라, 세습 군주가 행사한 정치 권력에도 의존하였다. 군주들은 정치 영역을 계속 지배했고 다른 행위자보다 자신의 이익을 우선시했기 때문에, 국제정치는 여전히 세력정치의 논리보다 왕조의 필요에 의해 결정되었다. 이러한 현실을 반영하여 베스트팔렌조약은 대부분 신성로마제국 내 특정 왕가의 법적, 영토적 권리 회복이나, 특정 통치권을 한 왕조에서 다른 왕조로 이양하는 문제를 다루었다. 그런 의미에서 웨스트팔리아체제는 왕조 질서의 전제와 관행에 기반을 두 었다.[37]

결론

국제체제는 그것을 구성하는 행위자들의 정체성과 이익을 반영한다. 1300년부터 1700년 사이의 시기에 유럽정치의 주요 행위자는 왕조 군주였으며 그들의 영향력 아래 형성된 국제체제는 세습 권리를 강조 했다. 이 체제는 세습통치자의 이익을 위해, 그들이 권력을 강화하고 개인적 영광을 추구하는 데 열중할 수 있게 작동하였다. 또한, 왕조체 제는 왕조의 후견을 통해 토지, 부, 위신을 얻었던 유력 귀족 가문에 이익을 가져다주었다. 그에 더해 많은 귀족들은 세금이 면제되어 군 주의 전쟁을 위한 재정 부담도 피할 수 있었다. 그 대신 전쟁의 비용은 자신의 희생으로 거의 이득을 보지 못한 평민들에게 주로 부과되었다.

전쟁은 왕조 국제체제의 필수 요소였다. 자신의 세습 권리를 지키 기 위해 전쟁을 벌임으로써 세습 군주들은 통치자로서의 적합성을 과 시하고, 분쟁의 대상이 된 권리들이 기존 통치 가문들의 통제하에 남 아있도록 하였다. 전쟁은 왕조체제를 붕괴시키기는커녕 그것을 유지 하고 영속화해주었다.

왕조 국제체제는 종교적 기초 위에 세워졌다. 유럽의 통치자들은 그들의 권위가 직접 신으로부터 왔다고 믿었으며, 서유럽 기독교권의 종교 공동체를 공유했기 때문에 유럽의 다른 통치자들도 인정했다. 그러나 종교개혁은 교리의 통일성에 종언을 고했고, 왕조체제 유지를 어렵게 만들었다. 베스트팔렌조약을 시작으로 유럽의 신교, 구교 통치자들은 상호 외교관계에 있어서 종교적 차이를 점차 무시하게 되었다.

17세기가 끝나면서 영광과 명성을 좇는 유럽 통치자들 사이의 경쟁은 국가 간 세력 및 안보 경쟁으로 대체되기 시작했다. 국가이익의 논리는 통치자의 왕조적 이익보다 우선시되기 시작했다. 왕조적 고려는 18세기 중반까지 유럽의 국제정치에서 계속 중요한 역할을 했으며, 제1차 세계대전 종식까지도 중요한 요인으로서 완전히 사라지지 않았다. 그러나 대체로 1700년 이후 왕조적 고려는 유럽에서 전쟁의 원인이나 결과에 결정적 요인이 되지 못했다.

주

1) Sharma, "Kinship, Property, and Authority," 165–168 참조.
2) 유용한 개관은 Watts, *The Making of Polities*; Nicholas, *The Transformation of Europe* 참조.
3) Richardson, *Renaissance Monarchy*, 32–34, 145–171; Kaiser, *Politics and War*, 14–19.
4) Pettegree, *Europe in the Sixteenth Century*, 125–126; Blockmans, *Emperor Charles V*, 28; Bonney, *The European Dynastic States*, 114.
5) Bonney, *The European Dynastic States*, 81, 365.
6) Ingrao, *The Habsburg Monarchy*, 19–20 참조.
7) Ingrao, *The Habsburg Monarchy*, 16.
8) Wilson, *From Reich to Revolution*, 162–169.
9) Bonney, *The European Dynastic States*, 106; Anderson, *The Origins of the Modern European State System*, 115–116.
10) Scott, *The Birth of a Great Power System*, 127–128.
11) Hatton, "Louis XIV and His Fellow Monarchs," 160–161; Holsti, *Peace and War*, 55.
12) 잉글랜드 왕국은 1802년까지 프랑스 왕위에 대한 권리 주장을 공식적으로 포

기하지 않았다. Seward, *The Hundred Years War*, 264.

13) Hinsley, *Sovereignty*, 102-107.

14) 예를 들어, Elliott, "A Europe of Composite Monarchies"; Nexon, *The Struggle for Power*, 138-149 참조.

15) Hale, *War and Society in Renaissance Europe*, 23; Wight, *Systems of States*, 159.

16) Sharma, "Kinship, Property, and Authority," 158-159 참조.

17) Korman, *The Right of Conquest*, 42-47의 논의 참조.

18) 잉글랜드와 스코틀랜드는 1603년 초부터 동일 군주를 가졌으며, 1707년 정치적으로 통합하여 대브리튼왕국을 형성하였다.

19) Sharma, "Kinship, Property, and Authority," 162-163 참조.

20) Parrott, "The Causes of the Franco-Spanish War," 82.

21) 예를 들어, Williams, *Philip II*, 121 참조.

22) Kaiser, *Politics and War*, 33-45; Porter, *War and the Rise of the State*, 85.

23) Richardson, *Renaissance Monarchy*, 27-28.

24) Hatton, "Louis XIV and His Fellow Monarchs," 160-161 참조.

25) Pettegree, *Europe in the Sixteenth Century*, 60; Blockmans, *Emperor Charles V*, 65 참조.

26) Edwards, *Ferdinand and Isabella*, 112-114 참조.

27) Anderson, *The Origins of the Modern European State System*, 75.

28) Potter, *A History of France*, 260.

29) Blockmans, *Emperor Charles V*, 148.

30) Gunn, "The French Wars of Henry VIII" 참조. 헨리는 개인적으로 직접 전투에 나서지 않았으나, 1513년과 1543년에는 군대와 함께 프랑스에 갔고 그 작전을 직접 감독했기 때문에 전쟁을 이끌었다고 볼 수 있다.

31) Richardson, *Renaissance Monarchy*, 78.

32) Hale, *War and Society in Renaissance Europe*, 179-191; Tallett, *War and Society in Early-Modern Europe*, 148-166; Anderson, *War and Society in Europe of the Old Regime*, 54-69 참조.

33) Upton, *Europe*, 45.

34) Wilson, *The Thirty Years War*, 9.

35) 전쟁에 개입한 스페인의 동기에 대한 논의는 Brightwell, "The Spanish Origins of the Thirty Years' War," 419-420 참조. 스웨덴의 동기에 대해서는 Asch, *The Thirty Years War*, 101-104; Ringmar, *Identity, Interest and Action*, 162-186; Wilson, *The Thirty Years War*, 461-463 참조. 프랑스의 목적에 대한 논의는 Parker, ed., *The Thirty Years' War*, 129-137 참조.

36) 이 점에 대한 통찰력 있는 논의는 Phillips, *War, Religion and Empire*, 141-145; Jackson, *Sovereignty*, 50-53; Mitzen, *Power in Concert*, 66-72 참조.

37) Reus-Smit, *The Moral Purpose of the State*, 114.

4장

세력균형체제,
1700~1815년

▌ 국가의 부상
▌ 국가이익
▌ 약탈 정치
▌ 강대국
▌ 전략적 계산과 전쟁
▌ 프리드리히 대왕의 영향
▌ 폴란드 분할
▌ 혁명전쟁과 나폴레옹전쟁
▌ 국제체제로서의 세력균형

18세기에 유럽의 국제정치는 종교 시대에서 세력정치 시대로 전환하였다. 주요 국제 행위자로서 주권국가가 부상하였고, 세력과 국가이익에 관한 계산이 국제체제의 중심이 되었다. 국가는 독립 유지와 경제적 복리 증진을 우선시하였다. 그러한 목표는 전통적으로 유럽을 지배했던 종교적, 왕조적 관심으로부터 상당히 벗어난 것이다.

따라서 18세기에 유럽의 국제정치는 이전의 시대와 비교해서 다른 형태를 띠었다. 국가들이 전략적으로 가치 있는 영토 획득에 관심을 집중하게 되면서 세력 경쟁이 격화되었다. 국제정치는 더 약탈적이 되었다. 국가들은 타국을 공격하고 영토를 분할하려는 목적으로 동맹을 결성했다. 정치인들은 새로운 국제질서를 설명하는 데 세력균형 개념을 이용했다. 그들은 균형을 유지하고 어떤 국가도 유럽 전역에서 지배적인 위치를 점하지 못하게 하는 효과적 방법으로서 영토 분할을 정당화했다. 세력균형의 사고는 이전의 왕조적 권리 존중 원칙을 대체하는 국제 안보의 새로운 기반을 찾으려는 노력이었다. 그러나 영토 약탈을 조장함으로써 세력균형의 역학은 안보 불안의 새로운 원천이 되었다. 강대국 간 세력균형을 유지하려는 노력은 나폴레옹의 프랑스가 서유럽 대부분을 정복한 19세기 초에 처참히 실패했다. 글상자 4.1은 세력균형체제의 핵심적 특징을 요약한다.

이 장은 왜 왕조 국제체제가 쇠퇴하고 세력균형체제가 부상했는지를 검토한다. 여기서는 유럽의 주요 국제 행위자로서의 강대국의 부상, 그리고 그들이 어떻게 전쟁과 영토 확장을 통해 자국의 이익을 추구했는지에 대해 논의한다. 이 장은 18세기 국제정치의 특징인 영토 분할과 보상에 관해 검토한다. 끝으로 이 장은 프랑스혁명과 나폴레옹에 의해 촉발된 전쟁의 시대와 세력균형체제에 대해 전반적으로 평가한다.

글상자 4.1   세력균형체제

시기: 대략 1700년부터 1815년

주요 행위자: 프랑스, 영국, 러시아, 오스트리아, 프러시아. 이 5개국은 통칭 강대국으로 알려졌다.

이 체제는 어떻게 국제질서를 창출했는가? 각각의 강대국은 자신의 독립을 지키고 다른 강대국의 지배를 피하려 노력했다. 이 체제는 강대국 간 '균형'을 유지함으로써 그 목적에 기여했으며, 어느 한 국가도 다른 국가들을 압도할 만큼 강력하지 않았다. 강대국들이 균형을 유지한 한 방법은 약소국의 영토 침탈에 협력한 것이다. 보상이나 분할 방식으로 전리품을 자기들끼리 배분함으로써 강대국들은 원치 않는 갈등을 피하면서 타국의 영토 획득을 따라갔다. 또한, 강대국들은 서로 적대적인 군사동맹을 결성하고, 전쟁이 자기 이익 실현에 더 효과적인 방법이라고 생각될 때는 전쟁을 통해서 균형을 유지했다. 강대국 간 전쟁은 체제의 붕괴를 촉발하지 않았다. 그 체제는 나폴레옹의 프랑스가 유럽을 압도하는 것을 막지 못했을 때 붕괴되었다.

국가의 부상

이 장은 유럽에서 국가의 부상이 유럽 국제체제에 어떻게 영향을 미쳤는지에 관해 주로 분석한다. 국제정치에서 '국가'는 확정된 영토와 인구에 대해 주권을 행사하는 정치 단위이다. 국가는 자신의 법률에 따라 스스로 통치하며, 타국과의 관계를 설정할 능력을 가진다. 근대 세계에서 국가는 핵심 국제 행위자이며, 국제정치는 주로 타국과의 관계 속에서의 국익 추구를 중심으로 작동한다. 국가는 자신이 통치하는 국민과 영토를 위해 행동한다는 의미에서 '국익'을 추구한다. 국가의 이익은 물리적 안전, 영토 보전, 문화적 일체감, 물질적 풍요 등 그 주민에게 집합적으로 영향을 미치는 문제를 포함한다.

이러한 본연의 이익을 가지는 주권적 정치 단위로서의 국가 개념은 17세기 중반까지는 명확히 등장하지 않았다.[1] 그 이전의 시대에 유럽인들은 대체로 국제정치를 독립적 국가들 사이의 이익 충돌로 보지 않았다. 그들은 유럽의 여러 군왕과 군주들을 신으로부터 받은 영원법에 의해 통치되는 통일된 기독교 공동체를 구성하는 부분들로 생각했다.[2] 통치자들이 그들의 외교정책 목표를 국익보다는 성스럽게 부여받은 권리로 규정함으로써 서유럽 기독교권의 저류에 있는 통일성에 대한 믿음을 영속화하는 데 도움이 되었다. 정치 논평가들은 매우 점진적으로 국가의 이익과 통치자의 이익을 명확히 구별해서 인식하기 시작했다. 그러한 구별이 명확해지자 유럽의 왕국과 공국을 더 크고, 성스럽게 제정된 전체 기독교권의 일부가 아니라 온전히 독립적인 단위로 생각하는 것이 용이해졌다.

제3장에서 보았듯이 왕조 시대 유럽의 통치자들은 개인적 영광 추구와 세습 권리보호에 최우선 순위를 두었다. 18세기 초에 이르자 그

들은 그러한 목표보다 근대적 의미의 국가이익 개념과 관련된 전략적 목표에 더 초점을 맞추게 되었다. 그들은 자신의 역할과 책임을 재정의하기 시작했다. 전통적으로 유럽의 세습통치자는 자신의 왕국이나 공국을 통치 왕조의 필요에 따라 착취할 수 있는 자원으로 보았다. 그들은 자신이 통치하는 신민의 물리적 안전이나 물질적 복리에 무관심했다. 그러나 18세기에 그들은 점점 자신을 더 강하고 안전한 국가를 만드는 책임을 진 국가의 관리자로 생각하게 되었다.

이와 같은 시각의 변화는 대체로 통치에 있어서의 복잡성 증가와, 공공 법률 및 정책의 관리를 책임지는 기구의 규모와 영속성의 증가에 기인한다.[3] 왕조 시대 유럽의 주요 군주국은 거의 끊임없이 전쟁 중이었다. 전쟁의 재정 충당을 위해 통치자들은 새로운 세금을 도입하고 기존 세법을 더 효과적으로 집행하려 노력했다. 그 노력의 일환으로 그들은 세금을 책정하고 징수하는 관리의 수를 늘렸다. 세수 증가는 통치자들이 이전에 비해 군대의 규모를 증강할 수 있게 해주었다. 그리고 대규모 군대를 유지하려면 충원, 장비, 보급을 관리하는 인력도 늘려야 했다. 따라서 지속적인 전쟁의 한 가지 부작용은 징세를 효과적으로 하고 대규모 군사 비용을 관리할 수 있는 대규모 관료제의 등장이다.[4] 또한, 통치자들은 외교 활동 관장, 도로와 요새 건설 계획, 영토 경계 측량 등 업무를 수행할 새로운 정부 부처를 신설했다. 시간이 흐르면서 이러한 재정 및 행정 관료제는 통치자의 직접 감독 없이 자체적으로 유지되고 기능하게 되었다. 다시 말해 유럽에서 공공 행정이 제도화되고 있었던 것이다. 국왕이 정부의 전반적 정책을 결정하고 핵심 관리를 직접 선택할지라도, 정책 집행은 상설 행정 조직의 틀 속에서 이루어졌다.

18세기에 군사비 지출은 계속 증가했으며 관료제는 확대되었다. 예를 들어, 영국의 재무 관료조직의 전임 직원 수는 1690년에서 1783년 사이에 3배 증가하여 8,000여 명에 이르게 되었다.[5] 러시아에서 관료제는 1725년 약 6,000명에서 1762년 1만 6,000명으로 증가했다.[6] 유럽 전역 대부분에서 관료들은 더 고도로 훈련되고 전문직화되었다. 그들은 수수료나 사례금에 의존하는 대신 점점 더 정기적인 봉급을 받게 되었다.

관료제가 확대되고 전문직화되면서 자연스럽게 군주가 외교정책을 결정하는 데 있어서 왕조적 고려는 점점 중요도가 낮아졌다. 대부분의 국가에서 세습통치자들이 여전히 중요한 정책을 결정했으나 그들은 점점 더 특화된 훈련 배경과 전문성을 가진 관료의 조언에 의존하게 되었다. 그러한 상황 전개는 관료제가 정책 목표 설정에 있어서 더 큰 역할을 할 수 있게 했다.[7] 집단의 입장에서 관료들은 자신에게 봉급을 지급하는 국가의 이익을 지키는 것이 중요해졌다. 많은 관료들은 군주의 왕조적 야심을 위해 자원을 낭비해서 득 될 것이 별로 없다고 보았다. 따라서 정책 수립에서 관료제의 역할이 증가하면서 왕조적 고려는 뒷전으로 밀렸다.

대규모 전문직 관료제로 특징 지어지는 효과적 중앙정부의 부상으로 그 정부 관할하의 영토와 국민이 국가라는 하나의 정치 단위로 간주될 수 있게 되었다. 정부 기구들이 기반을 굳히면서 국가는 지배 왕조와는 독립적인 영속적 존재임이 분명해졌다. 통치자와 지배 계급 전체는 국가의 이익이라는 관점에서 생각하고 말하는 것이 자연스러워졌다. 군주는 국가의 물리적 안전 강화와 국민의 물질적 복지 향상을 자신의 책임으로 보기 시작했다.

영국에서 왕조적 고려가 더욱 쇠퇴하게 된 이유는 의회 권력의 강화였다. 군주의 폭정에 저항한 수십 년의 투쟁이 끝나고 1690년대에 이르자 의회는 조세에 대한 통제력과 전쟁과 평화의 결정에 있어서 군주와 협의할 권리를 확보했다. 따라서 의회에 진출한 상인 엘리트들은 외교정책에 상당한 영향력을 행사할 수 있게 되었다.[8] 이들 엘리트는 세습 영토에 대한 군주의 권리를 지키는 일보다 영국의 해외 무역 보호와 대륙에 대한 군사 개입 억제에 더 관심이 있었으며, 외교정책이 그러한 우선순위를 반영하도록 노력했다.

국가이익

국가가 자기 고유의 이익을 가지고 있으며, 그 이익은 특정 개인이나 집단의 이익을 초월한다는 개념은 18세기에 매우 큰 영향을 미쳤으며, 오늘날에도 여전하다. 그러나 국가의 이익이란 정확히 무엇인가? 다시 말해 국익이란 무엇인가? 대부분의 상황에서 국가의 최우선 이익은 정치 단위로서의 생존이다. 그것은 주권적 독립과 외침으로부터 영토를 온전히 지키는 것이다.[9] 그것은 국가의 정치적, 문화적 정체성, 그리고 경제적 풍요에 필수적인 해외 자원에의 접근을 지키는 것이다.

　이와 같이 일반적인 용어로 규정할 때 국익의 개념은 거의 모든 국가의 거의 모든 정치지도자가 동의할 것이다. 그러나 현실에서 국익의 개념은 정책결정자들에게 명확한 지침을 제공하지 않는다. 국가의 안전과 복지를 지키는 목표에 동의한다고 해도 그 목표를 어떻게 추구하는 것이 최선일지에 대해 큰 이견이 있을 수 있다. 국익을 지킬 책임이 있는 정치지도자의 결정은 그들의 이념, 인생 경험, 개인 성격, 정치적 지지자들의 요구 등 여러 요인에 영향을 받는다.

　그러나 우리가 특정 국가의 이익을 넓게 해석한다고 해도, 18세기

역자해설 4.1 국가이익 개념의 진화

고대에 정치지도자들은 자기 왕국이나 제국의 이익을 추구했으며 그것은 빈번히 군주의 개인적 야망을 반영했다.

중세 유럽에서는 종교 권력의 이익이나 왕조 권력의 이익이 국가 이익보다 우선시 되었다.

근대 초기 혹은 르네상스 시대에는 독립된 정치 주체로서의 국가 개념이 부상하기 시작했다. 마키아벨리는 국가의 권력과 안전을 보장하기 위해 자기 세력을 극대화해야 한다는 주장을 하였으며, 그것은 근대적 개념의 국가이익의 기초가 되었다. 베스트팔렌조약은 국가주권의 개념을 정립했으며 그 이후 종교보다 국가이익이 우선시 되었다.

근대 유럽에서는 민족주의의 부상이 국가이익의 개념에 영향을 미쳤으며, 로크나 루소 같은 사상가는 국민과 국가의 연결성을 강조하였다. 즉 국민을 반영하는 제도로서 국가는 어떤 개인적, 왕조적, 종교적 이익보다 우선시되었으며, 국가이익은 군사안보와 경제번영이라는 목표가 가장 중시되었다.

현대에는 국가이익의 개념이 복합적이고 다차원적으로 이해되며, 군사안보와 경제성장에 더해 인간안보, 글로벌 이슈의 해결을 위한 거버넌스에의 참여 등이 국가이익의 중요한 측면으로 부상하였다.

유럽국가들의 이익이 세습 군주의 왕조적 이익과는 매우 다름이 명백해 보인다. 왕조 통치자들은 그들의 세습 권리와 개인적 영광을 지키는 것이 우선이었다면, 국익은 국가의 물질적 풍요와 물리적 안전을 강화하는 데 있다. 따라서 국익의 개념이 확립되기 시작하자 유럽에서 전쟁의 성격과 목표에 상당한 변화가 일어났다. 왕조 시대에 많은 전쟁은 국가의 안전이나 복지에 거의 혹은 전혀 기여하지 않는 왕조의 목표를 위해 수행되었다. 세습 군주들은 자신의 명성이나 명예에 경제적 가치를 설정하지 않았기 때문에 빈번히 모든 가용 재원을 탕진할 때까지 싸웠고 국가를 부채의 수렁에 빠뜨렸다. 반면 18세기 국가들은 전쟁에 대해 도구적인 접근을 했다.[10] 국가가 할 일은 통치자의 세습 권리 방어를 위해 스스로 탈진하는 것이 아니라, 국가의 부와 안전을 증진하는 것이었다. 전쟁은 상황에 따라 국익에 도움이 되기도, 그렇지 않기도 했었다. 전쟁을 일으키거나 진행 중인 전쟁을 계속하는 결정은 점점 더 비용과 편익의 계산에 따라 이루어졌다. 유럽에서 국제분쟁은 군주의 야심보다 국가가 타국에 대해 전략적 우위를 점하려는 시도로 일어났다.

이러한 변화가 18세기 대부분의 유럽 사람들에게 더 나은 삶을 가져다주지는 않았음을 지적하는 것이 중요하다. 정치 권력은 여전히 소수 통치 엘리트의 손에 집중되어 있었다. 조세 부담은 전쟁과 평화의 결정에 대해 발언권이 없는 평민들에게 계속 지워졌다. 군비 지출은 계속해서 세수의 대부분을 소진했다.[11] 전쟁의 저류에 있는 원인은 변했지만 유럽 주요 왕국 사이의 대규모 전쟁은 여전히 빈발했다.

약탈 정치

유럽국가들이 외교정책 목표를 국가이익 차원에서 규정하기 시작하자 그들은 점점 더 세력정치의 논리에 몰입하게 되었다. 이 변화는 중요한 사고방식의 전환을 가져왔다. 전통적으로 유럽의 통치자들은 외교정책을 기독교 전통에 의해 정립된 종교적, 법적 틀 속에서 생각했다. 그러나 18세기에 이르자 유럽의 지배 집단은 국제정치를 법적 권리나 기독교 도덕률의 존중보다 세력이 더 중시되는 국가 간 투쟁으로 보기 시작했다. 국가가 독립을 유지하고 국익을 증진하려면 타국의 군사력이나 경제력을 억제할 방법이 필요했다. 국가의 생존이 걸린 일이었기 때문에 국가는 전략적 우위를 위한 책략이 필요했다. 가능하다면 타국의 약점을 이용해야 했다. 실리적이고 기회주의적인 외교정책을 따르는 국가는 법률이나 도덕률을 고려하는 국가보다 번성할 가능성이 더 높아 보였다.

세력정치의 논리는 세습-관습적 권리를 존중하는 전통적 원칙을 잠식하였다. 정치적 행위자로서 국가는 타국의 통치자나 주민들의 기존 권리를 배려할 이유가 없었다. 그보다는 자국의 전략적 위치를 개선하는 데 우선순위를 두었다. 따라서 18세기의 국가는 전략적 가치가 있는 영토를 정복할 유리한 기회를 포착하면 그 영토에 대한 법적 권리가 없더라도 그렇게 하려고 했다.

유럽의 가장 강력한 국가들에게 세력정치의 부상은 상당한 이득을 가져올 것처럼 보였다. 세력정치는 강한 군사력이 전략적 영토 확장으로 이어질 가능성을 제공했다. 그러나 세력정치의 논리는 또한 잠재적 위협이 되었다. 만일 전략적 고려가 통치자의 세습 권리를 무력화할 수 있음이 널리 받아들여진다면, 유럽국가들이 언제든 적시에 타 유럽국가를 노골적으로 정복하는 전쟁을 일으키는 것을 어떻게 방지할 것인가? 강대국이 유럽 대륙 전체를 지배하려는 시도를 어떻게 막을 수 있겠는가? 18세기 정치가들은 이런 위험을 인식했으며 그에 대처할 방법을 찾았다. 그들은 대체로 국제체제 전체의 안정을 공고히 하는 것보다 자국을 위한 영토 획득에 더 관심이 있었기 때문에 그들의 행동은 체제를 불안정하게 만들었다.[12] 1815년이 되어서야 주요 강대국은 영토의 안정을 국제질서의 핵심 요소로 우선시하기 시작했다.

이 시대 정치가들이 위험을 줄이면서 전략적 이익을 취하는 방법은 영토 분할이었다. 영토 분할은 몇몇 국가가 공모하여 적대국 영토를 분할하는 계책이다. 희생의 대상이 될 국가의 영토를 강탈하려 할 때 이들 국가의 공모는 합리적인 행동이었다. 침략국들은 전리품 배분에 합의함으로써 자신의 침략 행위가 상호 간에 원치 않는 충돌을 촉발할 가능성을 줄이면서, 성공의 가능성을 높이기를 원했다. 정치가들은 영토 '보상'의 요구를 통해서도 위험을 최소화하고 전략적 이득을 얻으려 했다. 보상 문제는 대체로 한 국가가 정복이나 세습을 통해 유럽에서 영토를 추가했을 때 제기되었다. 그러한 상황에서 경쟁국들은 통상 그에 상응하는 영토적 이익으로 보상해줄 것을 요구했다.[13] 보상에 필요한 영토는 효과적으로 저항할 능력이 없는 약소국으로부터 강탈했다.

18세기 정치가들은 세력균형을 내세워서 영토 분할이나 보상 방식을 정당화했다.[14] 세력균형의 핵심 아이디어는 어떤 유럽국가도 타국을 정복하거나 타국의 독립을 빼앗을 만큼 강력한 세력을 얻지 못하게 해야 한다는 것이다. 그러한 균형을 유지하기 위해 강대국들은 상호 간에 상대방의 영토 획득을 상쇄할 적극적인 조치가 필요했다. 분할과 보상은 한 국가가 결정적 우위를 점하는 것을 어렵게 함으로써 균형을 유지하는 데 기여한다고 그들은 주장하였다.

분할과 보상은 유럽 역사 속에서 그 어느 시대보다 18세기에 가장 큰 역할을 했다.[15] 그 시대 이전에 서유럽 기독교권에서 세력균형은 방어적 성격을 띠었다. 강력한 국가에 의한 정복 위협에 대해 약소국들은 종종 힘을 합해 방어적 동맹을 형성했다. 예를 들어, 1686년 프랑스 주변 국가들은 프랑스의 동진을 막기 위해 아우그스부르크 연맹을 결성했다. 이러한 형태의 방위동맹은 기존의 왕조적, 법적 권리보호와 전적으로 양립 가능했다. 반면 약소국을 정복하거나 경쟁국을 파

4장 • 세력균형체제, 1700~1815년 89

괴할 목적으로 결성된 18세기의 동맹은 빈번히 공격적이었다. 동맹을 통한 보상이나 분할 추구는 기득권 존중 원칙과 직접적으로 충돌하였다. 이전 시대의 방어적 동맹을 대체하는 공격적, 약탈적 동맹의 부상은 유럽의 국제정치에서 왕조적 권리의 중요성이 감소했던 상황을 반영했다.

18세기 유럽의 국제정치는 대단히 폭력적이었다. 경쟁국의 희생을 통해 전략적 이득을 취하려는 국가들의 시도는 반복되는 대규모 전쟁으로 이어졌다. 여기에는 스페인 계승전쟁(1701~1714년), 오스트리아 계승전쟁(1740~1748년), 7년전쟁(1756~1763년), 프랑스혁명과 나폴레옹 등장이 촉발한 전쟁들이 포함된다.

강대국

18세기 유럽 국제정치의 주요 행위자는 프랑스, 영국, 러시아, 프러시아, 합스부르크왕국(약칭 '오스트리아')이다. 1760년대에 이르자 이 5개국을 '강대국'이라고 칭하는 것이 관습이 되었다.[16] 강대국은 유럽의 국제정치를 주도하였으며 이들과 2류 국가들 사이의 군사력 격차는 점점 더 벌어졌다. 각각 약 2,500만 인구를 가진 프랑스와 러시아, 약 1,400만 인구를 가진 오스트리아는 유럽에서 가장 인구가 많은 국가였다. 이 3개국은 대규모 군대를 일으켜 다른 강대국과의 단독으로 전쟁을 수행할 능력이 있었다. 오스트리아의 강대국 지위는 부분적으로 오스만제국과의 전쟁 종결 후 1699년 획득한 동유럽의 광대한 영토 덕분이었다. 오스만제국이 포기한 영토는 트란실바니아, 크로아티아, 헝가리 일부를 포함했다. 비록 오스트리아가 프랑스만큼 부유하지

는 않았지만, 그러한 영토 획득은 오스트리아에게 프랑스 영토만큼의
면적을 더해주었다.

영토와 인구만이 국력의 원천은 아니다. 1707년 잉글랜드, 스코틀
랜드의 통합으로 형성된 대브리튼왕국은 인구는 프랑스의 약 3분의 1
에 불과했지만 자원을 보다 효과적으로 동원할 수 있었다. 영국의 국
력은 왕성한 상업 경제와 급속히 성장한 수출에 의존했다.[17] 또한, 영
국은 정부가 전쟁 중에 저금리로 거액을 차입하여 국가의 부를 전쟁
능력으로 전환할 수 있게 해주는 공공 재정체제를 가지고 있었다. 영
국에서는 (군주가 아니라) 의회가 조세를 통제했기 때문에 전쟁 중 정
부에 자금을 빌려준 사람들은 대여금이 온전히 상환될 것이라는 자신
감을 가질 수 있었으며, 정부에 기꺼이 자금을 대여하고 비교적 낮은
이자율을 받아들였다. 따라서 영국의 국부는 해상 무역 통로를 보호한
대규모, 고비용 해군을 유지할 수 있게 해주었다.[18]

영국의 공공 재정체제는 전쟁 비용을 충당하는 전통적 방식의 중요
한 변화를 의미했다. 왕조 시대 유럽의 최강자인 프랑스와 스페인에서
는 전통적으로 군주가 미래의 정부 수입을 당장의 자금과 맞바꿈으로
써 전쟁 자금의 대부분을 충당했다. 예를 들어, 그들은 개인에게 세금
공제를 대가로 자금을 빌거나, 정부 독점 사업이나 기타 수입원을 팔
아치웠다.[19] 그러한 방법이 단기적으로는 성공적으로 전쟁 비용을 충
당했을지 모르지만 장기적으로 그것은 국가를 깊은 부채에 빠뜨렸다.
프랑스와 스페인에서 공공 재정 개혁 시도는 전통적 체제와 자신의 지
위 및 특권이 긴밀히 연결된 귀족들의 맹렬한 저항을 불러일으켰다.
세월이 흐르면서 스페인의 만성적 재정 문제는 군사 강국으로서 스페
인의 경쟁력을 잠식했다.[20] 17세기 중반 이후 스페인은 유럽의 강대국
대열에서 사라졌다. 프랑스도 자신의 지위 유지에 곤란을 겪었다. 스

4장 · 세력균형체제, 1700~1815년 **91**

페인은 영국과의 전략적 경쟁이 격화되면서 전통적 전쟁 비용 조달 방식은 막대한 부채 증가로 인한 부담으로 이어졌다. 1763년 7년전쟁이 종식되면서 프랑스는 막대한 국가 부채로 인해 연간 예산의 60퍼센트를 이자 상환에 썼다.[21] 그 후에 벌어진 미 독립전쟁(1775~1783년)에 프랑스가 막대한 비용을 들여 개입한 것은 감당할 수 없는 과용이었으며, 프랑스를 파산으로 밀어 넣었고, 혁명의 단초를 제공했다.

러시아가 유럽의 강대국으로 부상한 것은 중요한 상황 전개였다. 16, 17세기에 러시아와 유럽의 상호작용은 대체로 대륙의 동부와 북부 경계에 제한되어 있었다.[22] 그러나 1694년부터 1725년까지 러시아를 통치한 표트르 대제하에서 러시아는 유럽체제에 적극 참여했다.[23] 표트르는 러시아정부와 사회에 광범위한 개혁을 추진했으며, 서유럽 자문단의 도움을 받아 러시아 군대를 근대화했고, 상당한 규모의 해군을 키웠다. 스웨덴 등의 국가들이 러시아가 주도한 동맹을 상대했던 주요 전쟁인 대북방전쟁(1700~1721년)은 스웨덴의 패배로 끝났다. 평화협정으로 러시아는 발트해 동부 연안의 광범위한 영토를 획득하여 북동 유럽에서 스웨덴을 제치고 맹주가 되었다. 후진적 경제에도 불구하고 많은 인구와 광대한 영토를 가진 러시아는 유럽의 국제정치에서 핵심 요인이 되었다. 러시아의 병사들은 그 용기와 인내력으로 널리 알려졌으며, 표트르의 개혁 이후 러시아 군대는 어떤 유럽국가의 군대와도 상대할 수 있게 되었다.[24]

러시아와 마찬가지로 프러시아의 부상도 유럽에 중대한 영향을 미쳤다. '프러시아'는 신성로마제국 전역에 흩어져 있는 여러 공국을 통치한 호엔촐레른 가문이 통제한 영역의 약칭이다 (도표 4.1 참조). 또한, 호엔촐레른 가문은 제국 동부 밖에 위치한 동프러시아를 통치했다. 가문의 가장 중요한 영토는 브란덴부르크 선제후령이며 그 수도인 베를린에 호엔촐레른정부가 있었다. 호엔촐레른의 영토는 넓었지만 대부분 빈곤하고 인구가 적었다. 이 왕조는 세습과 외교적 책략으로 다수의 영토를 얻었으며, 그 결과 영토적 주체로서 프러시아라는 국가는 경제적, 전략적 일관성이 거의 없었다.[25] 프러시아 통치자 프리드리히 빌헬름 1세는 분산된 그의 영토가 공격에 취약함을 우려했고 방어를 위해서 지나치게 대규모의 군대를 만들었다. 1740년 그가 죽었을 때 프러시아 인구는 프랑스의 10분의 1이었으나 군대는 프랑스의 절반 정도 규모였다.[26] 프러시아는 조세체제가 비교적 효율적이었으며, 프리드리히 빌헬름은 더 많은 전쟁 자금을 충당하기 위해 가문에 가혹한 지출 삭감을 실행했기 때문에 그렇게 큰 규모의 군대를 유지할 수 있었다.[27]

18세기가 시작될 무렵 프러시아는 유럽의 주요 강국이 아니었다. 프러시아는 작센, 바바리아처럼 유럽 무대에서 더 큰 역할을 하려는 야망을 가진 몇몇 게르만 국가 중의 하나에 불과했다. 오스트리아는 그들을 신성로마제국의 리더십에 대한 잠재적 위협으로 보았기 때문에 그러한 야심을 반기지 않았다. 국부와 인구가 제한적인 2류 국가로서 프러시아는 외교정책 목표를 실현하기 위해서 대체로 더 강력한 국가와 연합할 필요가 있었다. 서부 독일의 율리히와 베르그 공국에 대한 자신의 권리 주장을 위해 1730년대 외교의 거의 전부를 오스트리아나 프랑스의 지지를 얻으려는 노력에 집중했던 프리드리히 빌헬름에게 그러한 의존성은 탐탁지 않은 일이었다. 오스트리아도 프랑스도 그 분쟁 지역이 프러시아의 손에 들어가는 걸 원치 않았으며, 프리드리히 빌헬름의 노력은 허사였다.[28] 그러한 실패를 목격한 프리드리히의 아들이자 후계자인 프리드리히 2세는 프러시아가 타국의 지지에 의존할 필요 없이 목표를 실현할 수 있는 수단을 찾아야 한다고 믿게

되었다. 후일 프리드리히 대왕으로 알려지게 된 프리드리히 2세의 정
책은 프러시아를 강대국 반열에 올려놓았다.

전략적 계산과 전쟁

영국의 국익은 18세기 국제정치의 핵심적 특징을 규정했다. 영국은
유럽 및 전 세계와의 무역에 의존했기 때문에 강력한 해군을 유지하
는 데 많은 투자를 했다. 최소한의 육군을 보유한 도서 국가로서 영국
은 유럽 대륙에 큰 영토를 획득할 욕망이 전혀 없었다. 그러한 영토는
방어하기 어렵고 비용이 크기 때문에 영국에게 약점을 더해줄 뿐이었
다. 유럽 대륙 내 영토적 욕망이 별로 없음에도 불구하고 영국은 대륙
의 강대국 간 전쟁에 반복적으로 휘말렸다. 통상적으로 영국은 약자의
편에 힘을 더해서 강자가 영국이 불리한 방향으로 유럽의 지도를 바꾸
지 못하도록 했다. 그러한 전략으로 인해 영국은 '균형자'라는 평판을
얻었다. 프랑스, 러시아 등 대륙 국가는 유럽에서 영토의 확장을 통해
자신을 강화하려 했으나, 영국은 유럽 밖에서 상업 제국을 확대하면서
대륙의 강대국들은 서로 분열된 채 유지되도록 하여 득을 보려 했다.
  영국의 이익에 대한 최대의 위협은 프랑스로부터 왔다. 영국은 유
럽의 지배적 해군력을 가졌으나 프랑스는 최강의 육상 세력이었다. 영
국은 프랑스가 자국의 북쪽 국경에 접해있고, 세력 팽창의 명확한 표
적이었던 남부 네덜란드(현대의 벨기에)를 장악하지 못하게 저지하려
는 강한 의지가 있었다. 프랑스가 남부 네덜란드를 소유하면 영국과
유럽 사이의 최근접 연안을 모두 통제하게 되고, 그것은 프랑스가 영
국의 대륙 무역을 방해할 수 있는 강력한 위치에 서게 됨을 의미했다.

또한, 영국과 프랑스는 해외, 특히 아메리카에서의 상업적 이익에 있어서도 경쟁자였다. 18세기에 영국과 프랑스가 협력하던 시기도 일부 있었으나, 양국은 보통 적대적 관계였다. 그들의 경쟁관계는 19세기 초 나폴레옹전쟁 시기에 절정에 달했다.

18세기 국제정치에서 전략적 사고의 중요성이 증가한 것은 1701년 부터 1714년 사이에 벌어진 주요 군사 충돌인 스페인 계승전쟁이 잘 보여주었다. 이 전쟁은 스페인 왕위에 대한 권리의 충돌로 인해 벌어졌다. 스페인 합스부르크 왕가의 마지막 왕인 카를로스 2세는 직계 후계자가 없었다. 1700년 그가 사망하자 부르봉 왕가(프랑스 왕조)와 오스트리아 합스부르크 왕가가 왕좌에 대한 권리를 주장했다. 이들은 모두 스페인 합스부르크 왕가와 혼인으로 긴밀한 관계를 맺고 있었다. 스페인의 영토에는 이탈리아, 다수의 지중해 섬들, 남부 네덜란드, 글로벌 식민제국이 포함되었기 때문에 이 분쟁에는 엄청난 이해가 걸려 있었다. 프랑스, 오스트리아 어느 쪽도 전쟁을 원치 않았으나 스페인의 상속권이 상대방 손에 들어가는 것보다는 전쟁을 불사했다. 잉글랜드는 프랑스나 오스트리아가 스페인 영토를 전부 획득하여 압도적 지위를 점하는 것을 원치 않았기 때문에 이 분쟁에서 주요 행위자였다. 잉글랜드의 지도자들은 스페인의 영토가 몇몇 국가들로 분할되도록 확실히 하기 위해 전쟁을 각오했다.

표면상으로 스페인 계승전쟁은 전형적인 왕조전쟁으로 보일지 모른다. 그러나 사실은 그렇지 않다. 잉글랜드는 전쟁에서 중요한 역할을 했지만 스페인 왕위 세습을 주장하지 않았으며 전략적인 이유로 전쟁에 참여했다. 프랑스도 스페인 왕좌에 대한 가문의 통치 권리를 주장했지만 사실은 잉글랜드와 마찬가지였다. 프랑스 국왕 루이 14세는 스페인 세습권리에 대해 대단히 도구적인 입장을 취했다. 카를로스 2

세 사망 수년 전부터 루이는 그 위기에 대한 타협적 해결책을 놓고 영국과 공개적으로 협상했다. 그러한 논의는 프랑스, 잉글랜드, 네덜란드 공화국 사이의 조약으로 이어져, 스페인 세습 권리의 대부분이 오스트리아 합스부르크에 주어질 수 있었다. 루이는 나폴리, 시칠리아, 밀라노를 제외한 모든 스페인의 영토에 대한 권리 주장을 포기하는 데 동의했다. 그는 사실 이들 이탈리아 지역을 계속 장악하려는 의도도 없었으나, 프랑스 옆에 위치한 두 개의 작은 국가인 로렌 및 사보이-피에몬테와 맞교환을 기대했었다 (도표 4.1 참조). 프랑스가 로렌과 사보이-피에몬테를 확보하면 국경선을 강화하여 득을 볼 수 있었다. 그러나 이 두 국가의 통치자들, 그리고 오스트리아 합스부르크는 루이의 계획에 저항했다.[29] 잉글랜드와 프랑스의 외교 노력이 실패하자 누가 스페인 영토들을 차지할지를 결정하는 길고 엄청나게 파괴적인 전쟁을 피하는 것이 불가능해졌다.

루이 14세는 1661년부터 1715년까지 프랑스를 통치했고, 그의 이력은 유럽 국제정치가 왕조적 위신에 대한 집착에서 벗어나 전략적 이익에 집중하게 되는 점진적 전환을 상징했다. 젊은 시절 루이는 군사적 영광에 대한 욕심이 가득했다.[30] 왕좌에 오른 후 수십 년간 그는 권리를 주장할 수 있는 모든 세습 영토를 맹렬히 지켰으며, 자신의 위신과 명성을 얻으려는 목적으로 불필요한 전쟁을 되풀이했다. 그러나 나이가 들면서 루이는 프랑스 국경을 방어 가능하게 만드는 데 더 관심을 가지게 되었다.[31] 그러한 관심은 주목할 만하다. 왜냐하면 프랑스를 단지 군주의 이익을 위한 유산으로 본 것이 아니라, 자체 이익을 가진 영속적인 주체라는 개념이 부상했음을 시사하기 때문이다. 스페인 왕위 계승 위기가 다가온 시점에 세습 영토 권리에 대한 루이의 시각은 기본적으로 실용적인 것이었다. 그는 스페인 세습 권리에 대한 자

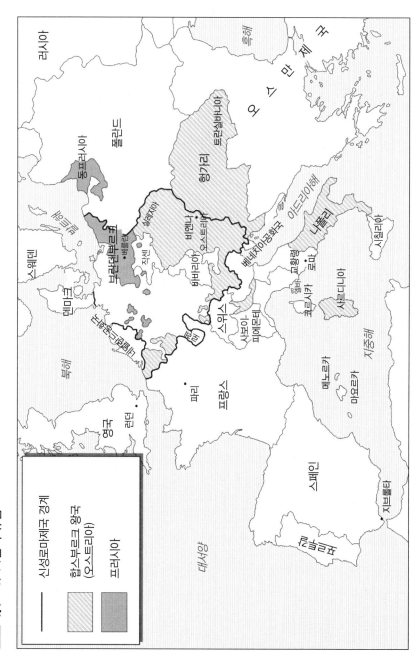

도표 4.1 1714년의 유럽

신의 주장을 신이 내린 양도불가의 권리라기보다 협상 카드로 취급했다. 그는 프랑스에 대규모 군사 충돌의 피해를 입히는 것을 훨씬 더 주저하게 되었다. 따라서 루이는 최소한 원칙적으로, 값비싼 전쟁을 피하고 프랑스를 위해 전략적 가치가 있는 일부 국경 지역을 획득할 수 있다면 스페인 세습 권리에 대한 부르봉 왕조의 주장을 기꺼이 포기하려 했다.

스페인 계승전쟁은 스페인 영토의 분할과 함께 종식되었다. 도표 4.1은 평화조약 이후 유럽의 국경선을 보여준다. 조약에 따라 프랑스 부르봉 왕가와 오스트리아 합스부르크 왕가는 스페인 영토 일부를, 오스트리아는 남부 네덜란드와 스페인령 이탈리아의 대부분을 획득했다. 프랑스의 부르봉 왕가는 스페인과 그 해외 식민지의 통치권을 얻었다. 엄밀하게 말하자면 그것은 프랑스에게 영토 획득이 아니었다. 왜냐하면 스페인은 독립국으로 유지되었고, 해외 식민지도 스페인의 통제하에 남았기 때문이다. 스페인 왕좌는 루이 14세의 손자인 앙주의 필립에게 돌아갔다. 그럼에도 프랑스는 전통적 적대국인 스페인이 우호적인 세력의 손에 들어갔기 때문에 득을 보았다. 전쟁의 최대 승자는 영국이었다. 왜냐하면 프랑스와 오스트리아가 자국의 이익을 심각하게 해칠지도 모르는 이득을 취하지 못하게 막았기 때문이다. 영국은 전쟁을 이용해 전략적으로 중요한 나름의 이득을 보았다. 영국은 스페인 남단의 지브롤터와 서지중해의 섬 메노르카를 소유하게 되었다. 그 매우 중요한 전초기지는 영국 해군이 서지중해와 북동 대서양에서 압도적 위치를 공고화할 수 있게 해주었다.[32]

프리드리히 대왕의 영향

유럽 국제정치에서 왕조적 권리의 중요성 감소에 대한 분석은 1740 년 부친을 계승해 왕위에 오른 프리드리히 대왕의 역할에 반드시 주 목해야 한다. 프리드리히의 부친은 율리히 왕국과 베르그 왕국의 세 습 권리를 집요하게 추구했으나 프랑스와 오스트리아의 외교적 반대 로 실현하지 못했다. 부친의 실패 이후 프리드리히는 왕조의 법적 권 리에 대해 냉소적 시각을 가지게 되었다. 그는 법적 고려와 상관없이 프러시아에 전략적 가치가 있는 영토를 획득하려고 결심했다.[33] 1740 년 12월 그는 오늘날 남서부 폴란드에 해당하는 브란덴부르크 인근 오 스트리아 영토인 실레지아를 기습 공격했으며, 그 행위의 파장은 현재 까지도 영향을 미치고 있다 (도표 4.1 참조). 실레지아는 번영하는 경 제와 100만 명 이상의 인구를 가진 부유한 지역이었다. 프리드리히의 침공은 오스트리아 합스부르크 통치자 카를 6세의 사망으로 촉발되었 다. 카를을 계승한 것은 경험이 부족한 23세의 딸 마리아 테레지아였 는데, 프리드리히는 오스트리아가 그의 침공에 효과적으로 대응하지 못하리라 생각했다. 프리드리히는 실레지아에 어떤 중요한 왕조적 권 리도 갖지 않았다. 그의 군사 공격의 동인은 기회주의와 전략적 고려 였다.[34] 그 공격은 대담한 것이었고, 프리드리히와 같은 입장에 있는 많은 통치자들은 보다 신중한 길을 택했을 것이며, 그의 조언자들도 신중할 것을 강력히 권고하였다.[35]

프리드리히의 행동은 대부분의 유럽이 관여된 주요 전쟁인 오스트 리아 계승전쟁을 촉발하였다. 오스트리아군이 프러시아로부터 실레지 아를 재탈환하는 것이 불가능해 보이자 여타 열강들이 합스부르크 왕 가의 드러난 약점을 이용하려 몰려들었다. 프랑스, 스페인, 바바리아는 약탈 동맹을 맺고 오스트리아 영토를 자기들끼리 분할하려는 의도로 조직적으로 공격했다. 그들의 계획은 오스트리아의 패배로 프랑스가 유럽을 지배하는 것을 우려한 영국에 의해 저지되었다. 영국은 오스트리아가 기력을 회복하여 침략자를 퇴치할 만큼의 군사적, 외교적 지원을 제공했다. 그러나 수년간의 전투가 결정적 결과를 내는 데 실패하자 영국과 프랑스는 전쟁 종식을 결정했다. 1748년 평화조약으로 전쟁 이전의 상태가 회복되었으나, 프리드리히의 실레지아 소유는 인정되었으며 오스트리아는 북부 이탈리아의 일부 영토를 이탈리아에 이양했다. 마리아 테레지아는 프리드리히가 강탈한 영토를 유지하도록 허용한 영국에 분노했으나 영국의 도움 없이 전쟁을 계속할 수는 없었다.

오스트리아 계승전쟁은 그보다 더 큰 전쟁인 1756년부터 1763년까지 일어난 7년전쟁의 분위기를 조성해주었다. 이 경우 희생을 치르도록 의도된 국가는 프러시아였다. 마리아 테레지아는 실레지아의 손실을 받아들이지 않았으며 상황이 허락하는 즉시 무력으로 재탈환하려고 계획했다. 러시아의 지도자들도 프러시아의 국력 증강을 러시아의 북부 및 동부 유럽에서의 지배력에 대한 도전으로 보았기에 프리드리히에 대해 적대적이었다.[36] 러시아의 통치자 엘리자베타는 프러시아의 위협을 제거하려 했다. 전쟁이 발발하자 프러시아는 오스트리아, 러시아, 기타 국가들로 구성된 강력한 적대적 동맹에 맞서게 되었다. 프러시아가 전쟁에 패한다면 영토가 분해될 상황에 직면했다.[37] 비록 프러시아가 7년간 맹렬히 싸웠으나 엘리자베타가 오랜 지병으로 사망한 1762년에 프러시아의 패배가 임박했었다. 그녀의 죽음이 프러시아에게는 구원이 되었다. 엘리자베타의 승계자 표트르 3세는 프리드리히의 열렬한 숭배자였으며, 그는 즉시 러시아 군대를 전장에서 철수시켰다. 러시아의 도움이 사라지자 오스트리아는 곧 전쟁 이전 상태에 기반한 평화를 받아들일 수밖에 없었다. 이렇게 오스트리아는 실레지아를 영구적으로 잃게 되었다. 엘리자베타가 몇 주만 더 살았어도 프러시아는 유럽정치에서 영원히 제거되었을지 모른다.[38]

여러 면에서 프리드리히의 실레지아 정복은 왕조적 권리에 대한 국제적 존중을 잠식했다. 그것은 합법적 권리보다 무력이 우위에 서는 전례를 남겼다. 그것은 프랑스, 스페인, 바바리아가 프러시아의 영토 획득을 상쇄하기 위해 오스트리아의 일부를 장악하려는 시도로 이어졌다. 그것은 프러시아가 분할의 표적이 된 보복전쟁의 배경이 되었다. 또한, 그것은 미래를 대비한 방어 태세 정비를 위해 오스트리아정부가 대대적인 내부 행정 및 조세 구조를 개혁하는 계기가 되었다.[39] 따라서 실레지아 정복은 동유럽에서 전략적 경쟁이 격화되는 데 기여했고, 폴란드를 상대로 한 영토 강탈의 배경이 되었다.

폴란드 분할

18세기 마지막 10년 동안 오스트리아, 러시아, 프러시아의 전략적 경쟁은 폴란드 왕국의 분할이라는 극적인 상황 전개로 정점에 달했다.[40] 인구 1,200만에 프랑스보다 넓은 영토를 가진 폴란드는 유럽 최대 국가 중의 하나였다. 그러나 폴란드는 효과적인 중앙정부가 없었으며 대북방전쟁 동안 러시아에 의해 장악되는 것을 막지 못했다.[41] 1720년 이후, 폴란드는 사실상 서유럽 강대국으로부터 러시아를 완충해주는 러시아의 위성국이 되었다. 1768년 폴란드 귀족들은 러시아에 무장 반란을 일으켰다. 폴란드의 봉기는 이어서 오스만제국이 러시아를 상대로 전쟁을 일으키는 계기가 되었다. 오스만제국 지도자들은 러시아가 폴란드를 더 강력히 통제하게 되면 폴란드 이남의 튀르키예 영토들이 위협을 받을까 우려했다. 오스만제국의 전쟁 결정은 러시아군이 튀르키예군을 상대로 계속 승리하면서 역효과를 가져왔다. 오스트리아와 프러시아는 남동부 유럽에서 러시아의 중요한 영토 확장 가능성을 두려워했다.

프리드리히 대왕은 러시아 통치자 예카테리나 2세에게 폴란드 영토와 국민을 프러시아, 러시아, 오스트리아 사이에 분할하자고 제안하여 이 상황을 프러시아에 유리한 방향으로 돌리려 하였다. 오랜 망설임 끝에 캐서린은 동의했다. 그녀는 오스트리아와 프랑스가 오스만제국과 손을 잡고 러시아에 적대적인 동맹을 결성할 가능성을 우려했다. 프리드리히의 분할 제안은 프러시아와 오스트리아를 만족시키고, 예카테리나에게 오스만제국을 원하는 대로 다룰 수 있는 수단을 제공했다.

오스트리아 지도자들은 프러시아와 러시아가 강해지는 걸 원치 않았기 때문에 폴란드 분할에 참여하길 주저했다. 그러나 오스트리아는 분할을 막을 수도 없었기 때문에 마리아 테레지아는 결국 프리드리히의 제안을 수용했다. 3국 간 합의에 따라 1772년 프러시아, 러시아, 오스트리아는 폴란드 영토의 상당 부분을 병합했다. 폴란드는 전체 영토와 인구의 약 3분의 1을 잃었다. 마리아 테레지아는 폴란드의 권리를 침해한 이 정의롭지 못한 행위를 매우 슬프게 생각했다. 그러나 프리드리히가 언급했듯이, "그녀는 더 많이 눈물을 흘린 만큼 더 많이 가져갔다."[42]

폴란드 영토의 두 번째 분할은 1793년 프러시아와 러시아 사이에서 이루어졌다. 첫 번째와 마찬가지로 그 분할은 프러시아의 영토적 야심과 독립을 주장하려는 폴란드의 시도가 만나면서 촉발되었다. 오스트리아는 분할 결정이 너무 늦어졌고, 전리품을 나누는 데서 배제되었다. 세 번째, 마지막 분할은 1795년 프러시아, 러시아, 오스트리아에 의해 행해졌고 폴란드를 완전히 없애버렸다.

폴란드의 종말은 강대국이 나머지 유럽의 운명을 좌우하는 능력과 약소국의 법적 권리를 무시할 의사가 커졌음을 명백히 보여주었다. 강대국 간 전략적 경쟁은 영토 강탈의 동기를 유발했으며, 한 강대국은 자신이 획득하지 못한 것을 다른 강대국이 획득하는 것을 묵과하지 않았기 때문에, 하나의 영토 강탈 행위는 연쇄작용을 일으켰다. 폴란드 사례는 단지 한 강대국이 영토를 획득하면 그에 동의해주는 대가로 다른 강대국이 영토를 요구했던 18세기 초 스페인 계승전쟁에서 시작된 행태가 극단적으로 자행된 데 불과하다.

혁명전쟁과 나폴레옹전쟁

18세기는 더 많은 강대국 간의 전쟁으로 마무리되었다. 1792년부터 1815년 사이에 강대국들은 거의 계속해서 전쟁을 벌였으며, 프랑스는 일련의 적대적인 동맹들과 대적했다. 이들 전쟁은 유럽 전역을 집어삼켰으며 수백만 명의 사망자가 발생했다.[43] 전쟁이 시작된 애당초의 원인은 1789년 시작된 프랑스혁명 이후 프랑스와 주변국 사이의 이념적 의구심과 적대감이었다.[44] 프랑스의 혁명가들은 전통적 군주국으로 남아 있는 오스트리아와 프러시아가 혁명을 뒤엎으려 할 것이 두려웠다. 반대로 오스트리아와 프러시아정부는 프랑스가 혁명을 수출하려 할까 우려했다.

전쟁의 1차전은 1792년 프랑스가 오스트리아와 프러시아를 상대했다. 프랑스가 승리하자 영국, 스페인을 비롯한 다른 국가들이 반프랑스 동맹에 합세했다. 점점 더 필사적인 위치에 몰리자 프랑스정부는 모든 신체 건강한 미혼의 젊은 남성을 병역에 징집했으며, 군수 보급품 생산에 경제를 동원했다. 수십만 명의 신병이 보충되자 프랑스 군대는 동맹군을 물리치고 그들의 영토로 깊숙이 진출했다. 반프랑스 동맹은 와해되었다. 1798년에 이르자 프랑스는 남부 네덜란드와 서부 독일의 넓은 영토를 장악했다. 프랑스는 이탈리아, 스위스, 네덜란드 공화국의 정부를 전복시키고 프랑스에 복종하는 관리를 임명했다.

해외에서의 군사적 성공에도 불구하고 프랑스 혁명정부는 결코 안정적 정치 기반을 구축하지 못했다. 끝없는 전쟁의 위기 속에서 혁명정부는 1799년 가을 붕괴 직전에 이르렀다. 정치적 야심을 가진 프랑스의 장군 나폴레옹 보나파르트는 이 기회를 포착하여 권력을 장악하고 군사 독재를 실시했다. 처음에 그는 제1 집정관 직책으로 통치했으나, 1804년 자신을 프랑스 황제로 선언했고 나폴레옹 1세로서 통치하면서 세습 군주가 되었다.

나폴레옹 통치하에서 프랑스의 팽창주의는 새롭게 힘을 받았다. 1799년부터 1814년 사이에 나폴레옹은 프랑스, 프러시아, 오스트리아, 러시아와 군사적으로 대립했다. 영국은 해군에 자원을 쏟아붓고 나폴레옹의 영국 침공을 저지하면서 패배를 피할 수 있었다. 프러시아와 오스트리아는 불행히도 그렇지 못했다. 나폴레옹의 손에 군사적으로 패배하면서 이들 국가는 상당한 영토의 손실을 받아들였다. 나폴레옹은 대부분의 군소 독일 국가들을 프랑스의 위성국으로 만들면서 중부 유럽의 지도를 새로 그렸다. 신성로마제국은 기능을 멈추고 폐지되었다.

1807년에 이르자 프랑스는 유럽에서 지배적인 위치를 차지했다. 그러나 프랑스는 그 위치를 지키지 못했다. 나폴레옹의 팽창과 정복정책은 성취된 후 오래 지속될 수 있는 평화협정 체결을 가능케 하는 구체적 전쟁 목표를 결여했다. 오스트리아, 프러시아, 러시아, 심지어 영국도 나폴레옹과 싸우기보다 타협을 통해서 공존하려 여러 차례 시도했다. 그러나 그들은 프랑스와 맺은 어떤 협정도 프랑스의 새로운 침략 앞에서 일시적인 휴전에 불과함을 알게 되었다.[45] 천하무적인 듯 보이는 나폴레옹을 상대로 결국 이들 국가는 필사적인 전쟁을 재개하는 것 외에는 대안이 없었다.

프랑스의 압도적 우위는 그 무자비하게 착취적인 성격 때문에 약화되었다. 프랑스 군대가 침략하면 어디서든 그들은 지역 주민의 식량, 가축, 여타 물품을 압수하여 보급품을 충당하고 지역의 궁핍을 초래했다. 프랑스에 항복한 국가는 프랑스의 군비 지출을 메워줄 거액의 배상금을 지불해야 했다. 점령된 지역에서는 프랑스군에 새로운 병사를 충원하기 위한 징집이 실시되었다.[46] 프랑스가 위성국을 가차없이 수탈하자 소요와 저항이 일었고 1808년 초에는 스페인에서 대규모의 반란이 일어났다.

유럽에 대한 프랑스의 지배는 1812년 나폴레옹의 러시아 침공으로 전환기를 맞았다. 러시아를 프랑스에 더 순종적으로 만들려는 의도로 나폴레옹은 60만 대군으로 러시아를 침공했다. 이 침공은 나폴레옹의 가장 중대한 계산 착오였다. 러시아군은 광대한 내륙으로 깊숙이 후퇴하였으며, 나폴레옹은 결정적 전투를 벌일 수도, 러시아 황제 알렉산드르 1세를 굴복시킬 수도 없었다. 프랑스군은 모스크바에 도착했으나 도시는 버려져 있었다. 보급이 충분치 않고 겨울을 맞아서 나폴레옹은 결국 퇴각할 수밖에 없었다. 굶주리고 추위에 지친 그의 군대가 서쪽으로 이동하는 동안 그들은 계속 러시아군에게 공격당했다. 프랑스군이 러시아 영토를 벗어났을 때 사망자와 생포자를 제외하면 겨우

9만 3,000명이 남았다.[47)]

나폴레옹의 대군이 패배하자 오스트리아와 프러시아는 영국, 러시아와 합세해서 프랑스와 전쟁을 벌였다. 이 동맹군은 파리까지 진출했으며 결국 1814년 4월 나폴레옹은 퇴위할 수밖에 없었다. 그는 이탈리아 연안 서쪽 엘바섬에 유배되었다. 그러나 1년이 채 지나지 않아서 그는 엘바를 탈출하여 프랑스로 귀국했으며, 재빨리 권력을 장악하고 군대를 일으켰다. 다른 강대국들은 그를 상대하기 위해 군대를 파견했으며 나폴레옹은 워털루에서 마지막으로 패배했다. 그는 다시 남대서양의 외딴 섬 세인트헬레나에 유배되었다.

국제체제로서의 세력균형

18세기 유럽의 국제체제는 일반적으로 세력균형체제로 묘사된다. 18세기 정치가들은 국제정치를 세력균형의 시각에서 생각했으며, 세력균형 논리를 자국의 외교정책을 설명하고 정당화하는 데 이용했다.[48)]

이 체제의 저류에 있는 논리는 그 이전의 체제와 근본적으로 다르다. 왕조체제에서는 전통적 관행과 세습 직위가 국제질서의 틀을 제공했다. 서유럽 기독교권 종교 공동체의 참여자로서 유럽의 세습 군주들은 통상 다른 기독교 통치자들의 세습 왕좌와 영토에 대한 권리를 정당한 것으로 인정했다. 비록 유럽 통치자들 사이의 전쟁이 빈발했지만 그들은 기존의 권리와 관행에 대한 전반적인 존중이라는 틀 속에서 행해졌다. 실로 왕조 국제질서의 주된 목적은 세습통치 계급의 특권을 지키는 것이었다. 그러나 18세기에 이르자 정치가들은 국제정치를 국가 간의 투쟁이고 그 결과는 군사력과 경제력으로 결정된다고 생각하게 되었다. 각국은 자국의 이익을 취하려 노력하기 시작했고, 만일 강력한 국가가 타국에 의해 견제되지 않으면 궁극적으로 유럽을 지배할 가능성이 제기되었다. 그렇게 되면 다른 국가들은 독립을 상실할 수 있었다. 그러한 결과를 피하려면 강대국들은 서로를 견제하고, 어느 한 국가도 결정적 우위를 갖지 못하게 해야 한다는 주장이 제기되었다. 강대국 간 세력균형 유지는 세습 권리 유지를 포함하는 모든 다른 목표에 우선시되었다.

세력균형 논리는 유럽의 강대국들에게 매력적이었다. 왜냐하면 국가의 전략적 이익에 부합하는 그들의 행위에 대한 실리적이고 유연한 정당화를 가능하게 했기 때문이다. 이는 그들의 행위가 세습 권리에 대한 전통적 논리로 정당화되기 어려울 때 특히 그러했다. 정치가들은 영토 분할 계책이나 영토 보상 요구를 정당화하기 위해 빈번히 세력균형을 내세웠다. 그럼에도 세력균형체제는 강대국에게 그들이 갈망한 안보를 제공하는 데 실패했다.[49] 균형이라는 개념은 개별 국가의 권리와 책임을 명확히 규정하지 않았고, 정당하거나 부당한 행위를 구별하는 객관적 근거를 제공하지 않았다.[50] 왜냐하면 국가들은 경쟁국을 상대로 우위를 점하려고 하였고, 자국에 더 유리하도록 기존의 균형을 바꿀 방법을 끊임없이 찾았기 때문이다. 그러한 행위를 정당화하기 위해 정치가들은 단지 '균형을 지키려' 또는 '균형을 복원하려' 하고 있다고 주장할 수 있었다. 다시 말해 세력균형은 국가가 원하는 거의 모든 행동을 합리화하는 데 이용될 수 있는 주관적, 신축적인 개념이었다. 국가들은 침략적 팽창주의를 추구하면서도 여전히 균형을 지킨다고 주장할 수 있었다. 세력균형이라는 개념은 듣는 사람을 안심하게 해주었을지 모르지만, 그 체제의 약탈적 현실을 감추고 있었다.

영토 분할과 보상을 통한 끝없는 영토 확장 추구로 인해 18세기 유럽은 결코 안정적인 영토적 평형을 성취하지 못했다. 제1차 폴란드 분할은 프러시아, 오스트리아, 러시아에 영토 획득의 기회를 제공했음에도 불구하고, 단지 폴란드가 완전히 지도에서 사라질 때까지 계속된 영토 분할의 길을 열어주었을 뿐이다. 강대국들조차도 영토 분할의 위협으로부터 안전하지 못했다. 1740년대 초 오스트리아와 1760년대 프러시아도 모두 적대적 동맹에 의해 해체될 위기를 겪었다. 세력균형체제는 국제적 신뢰의 기반을 전혀 제공하지 못했다. 왜냐하면 기존의 영토 배분은 항상 수정될 수 있었고, 모든 국가가 약탈의 잠재적 대상이었기 때문이다. 영토적 이득을 추구하는 과정에서 강대국들은 반복해서 상호 간 고비용의 대규모 전쟁에 휘말렸다.

나폴레옹전쟁은 강대국에게 세력균형체제에 대한 환멸을 남겨주었다. 나폴레옹하에서 프랑스는 대부분의 서유럽을 그 통제하에 두었으며, 다른 강대국들의 생존을 위험에 빠뜨렸다. 나폴레옹이 러시아를 침공하면서 도를 넘지 않았다면 프랑스의 유럽 지배는 수십 년간 지속되었을지도 모른다. 나폴레옹이 패배하자 승전국들은 자국의 독립과 안전을 더 공고히 지켜줄 국제질서를 구축하려고 결심했다. 그들의 노력은 유럽협조체제를 탄생시켰다.

▌주

1) 이 개념은 1651년 출판된 Thomas Hobbes, *Leviathan*에서 잘 설명되고 있다.
van Creveld, *The Rise and Decline of the State*, 178−179 참조.
2) Hinsley, *Sovereignty*, 181−184 참조.
3) van Creveld, *The Rise and Decline of the State*, 128−143 참조.
4) Porter, *War and the Rise of the State*, 31−49, 63−67, 72−118 참조.
5) Brewer, *The Sinews of Power*, 66.
6) Upton, *Europe*, 262.
7) Luard, *War in International Society*, 153−154; Scott, *The Birth of a Great Power System*, 117−118; Wolf, *Toward a European Balance of Power*, 122−123 참조.
8) Wolf, *Toward a European Balance of Power*, chap. 6의 유용한 논의 참조.
9) Morgenthau, "Another 'Great Debate'," 972.
10) Holsti, *Peace and War*, 64 and 92−93.
11) Hoffman, *Why Did Europe Conquer the World?*, 21−23.
12) Luard, *The Balance of Power*, 347−351.
13) Schroeder, *The Transformation of European Politics*, 6−7.
14) Anderson, *The Rise of Modern Diplomacy*, 149−180 참조.
15) Holsti, *Peace and War*, 94와 Luard, *The Balance of Power*, 337 참조.
16) Scott, *The Birth of a Great Power System*, 119−121 참조.
17) Upton, *Europe*, 225−226.
18) Ertman, *Birth of the Leviathan*, 188−223 참조.
19) Ertman, *Birth of the Leviathan*, 96−139와 Hui, *War and State Formation*, 109−123의 유용한 개괄 참조.
20) Upton, *Europe*, 83−90, 137−141.
21) Scott, *The Birth of a Great Power System*, 144.
22) Anderson, *Europe in the Eighteenth Century*, 217−218.
23) Scott, *The Birth of a Great Power System*, 24−28.
24) Anderson, *Europe in the Eighteenth Century*, 227−228, and Upton, *Europe*, 188.
25) Clark, *Iron Kingdom*, 9−16 and 48 참조.
26) McKay and Scott, *The Rise of the Great Powers*, 163.
27) Scott, *The Birth of a Great Power System*, 50; Upton, *Europe*, 256; Schulze, "The Prussian Military State," 201−202.
28) Ergang, *The Potsdam Führer*, 190−211 참조.
29) Wolf, *Toward a European Balance of Power*, 131; McKay and Scott, *The Rise of the Great Powers*, 55; and Hatton, "Louis XIV and His Fellow Monarchs," 171, 177.

30) Lynn, *The Wars of Louis XIV*, 27−32; Sturdy, *Louis XIV*, 136.
31) McKay and Scott, *The Rise of the Great Powers*, 35; Wolf, *Toward a European Balance of Power*, 62 and 66−72.
32) McKay and Scott, *The Rise of the Great Powers*, 95.
33) Showalter, *The Wars of Frederick the Great*, 30−32.
34) Anderson, *The War of the Austrian Succession*, 59−68; Clark, *Iron Kingdom*, 192−193 참조.
35) Anderson, *The War of the Austrian Succession*, 65−68; Scott, "Prussia's Emergence as a European Great Power," 161.
36) Scott, *The Birth of a Great Power System*, 70, 88.
37) Clark, *Iron Kingdom*, 200.
38) Scott, *The Birth of a Great Power System*, 106−107.
39) Ingrao, *The Habsburg Monarchy*, 160−172.
40) Scott, *The Birth of a Great Power System*, 157−167, 201−213 참조.
41) Upton, *Europe*, 174−180 참조.
42) Ingrao, *The Habsburg Monarchy*, 195.
43) Rapport, *Nineteenth-Century Europe*, 40은 나폴레옹전쟁의 총 사망자를 700만 명으로 추산하며, Blanning, *The Pursuit of Glory*, 670과 Gildea, *Barricades and Borders*, 55는 500만 명으로 추산한다.
44) Walt, *Revolution and War*, chaps. 2−3; Haas, *The Ideological Origins of Great Power Politics*, chaps. 1−2 참조.
45) 이 주장에 대해서는 Schroeder, *The Transformation of European Politics*, 391−395과 Schroeder, "Napoleon's Foreign Policy" 참조
46) Scott, *The Birth of a Great Power System*, 319; Grab, *Napoleon and the Transformation of Europe*, 27.
47) Blanning, *The Pursuit of Glory*, 664. 역사가들은 나폴레옹 원정군의 규모와 생존자 수에 의견을 달리한다. Blanning의 추산인 각각 66만 5,000명과 9만 3,000명은 높은 편에 속하고 *The Birth of a Great Power System*, 348−349 에서 Scott이 제시한 50만 명과 4만 명은 낮은 편에 속한다.
48) Anderson, *The Rise of Modern Diplomacy*, 163.
49) Schroeder, *The Transformation of European Politics*, 9−10, 47−48; Luard, *The Balance of Power*, 347−353.
50) Haas, "The Balance of Power"; Claude, *Power and International Relations*, chap. 2.

5장

유럽협조체제,
1815~1854년

▌비엔나조약
▌평화에 대한 강대국들의 열망
▌유럽협조체제
▌그리스와 벨기에의 위기
▌국제체제로서의 유럽협조체제
▌1848년 혁명
▌크림전쟁
▌이탈리아 통일
▌독일 통일
▌결론

1815년 나폴레옹전쟁을 종결한 비엔나 평화체제는 국제정치 역사의 중요한 전환점이었다. 그것은 강대국 사이에 100년간의 비교적 평화로운 관계를 만들어 주었다. 18세기가 모든 주요 유럽국가가 개입한 반복되는 대규모 전쟁으로 규정된다면, 1815년부터 1914년까지는 그러한 전쟁이 일어나지 않았다. 1815년부터 1854년까지, 그리고 1871년부터 1914년까지 강대국들은 서로 평화를 유지했다. 1854년부터 1871년 사이에 2개국 혹은 3개국이 개입된 중요한 전쟁이 몇 차례 있었다. 그러나 그들은 제한된 규모와 범위의 전쟁이었다.

1815년 이후 평화의 저류에는 영토 확장에 대한 태도 변화가 있었다. 이전에는 영토 확장의 추구가 유럽 국제정치의 주된 특징이었다. 전쟁은 빈번히 주변국 영토 점령이라는 명확한 목적을 위해 시작되었다. 국가들이 공모하여 타국의 영토를 어떻게 나눌지를 결정한 영토분할은 일상적으로 일어났다. 그러나 1815년에 이르자 강대국들은 최소한 유럽 내에서는 영토 확장이 안보를 이루는 효과적 방법이 아니라고 확신하게 되었다. 나폴레옹전쟁은 그들에게 억제되지 않은 영토 경쟁은 그들의 생존 자체를 위협한다는 가혹한 교훈을 주었다. 나폴레옹의 정복은 강대국들에게 외세 점령하의 삶을 맛보게 해주었다. 그것은 되풀이하고 싶지 않은 경험이었다. 따라서 그들은 장래의 영토 확장에 대한 강력한 억제책을 만들기로 결정했다. 그러한 억제책이 성공하려면 모든 유럽국가에 적용되어야 했다.

비엔나조약은 그것을 확고히 하기 위한 공식, 비공식 합의와 함께 유럽협조체제로 알려진 국제체제를 창출했다. 그 체제하에서 강대국들은 국제 위기 해결이나 이익 충돌 관리에 협력하였다. 강대국들은 분쟁이 전쟁으로 확대되는 것을 허용하기보다, 타협과 협상으로 대처했다. 글상자 5.1은 협조체제의 주요 특징을 요약하고 있다.

19세기가 진행되면서 협조체제에 대한 주된 도전은 중부, 동부 유

✏ 글상자 5.1 유럽협조체제

시기: 1815년부터 1854년

주요 행위자: 영국, 러시아, 프랑스, 오스트리아, 프러시아 5개 강대국으로 구성.

이 체제는 어떻게 국제질서를 창출했는가? 18세기와 마찬가지로 강대국들은 질서 있는 국제체제를 어느 하나의 강국이 나머지 국가에 대해 우위를 갖지 못하게 하는 것으로 규정했다. 그러나 영토 보상이나 분할, 균형 유지를 위한 전쟁에 의존하기보다 협조체제는 유럽에서의 영토 경쟁 제한에 의존하였다. 강대국들은 전쟁을 바람직하지 않은 것으로 간주했으며, 영토 경쟁을 제한함으로써 전쟁 방지를 기대했다. 따라서 강대국들은 1815년 비엔나회의에서 채택된 영토 경계를 지킬 것과 장래 유럽에서의 영토 변화는 그들의 동의를 요한다는 데 합의했다. 또한, 강대국들은 상대방의 위신이나 사활적 이익에 도전하지 않도록 조심하였다. 일반적으로 그들은 상대방의 세력권에 대한 간섭을 피했다.

립의 민족주의 고조로부터 왔다. 점점 더 많은 독일인이 통일된 독일 국가 창설을 주장했고, 다수 이탈리아인도 같은 요구를 하였다. 오랜 세월 오스만제국이나 오스트리아 합스부르크의 통치를 받았던 그리스, 세르비아, 루마니아, 헝가리 사람들도 독립을 요구하였다. 이들의 요구는 대체로 영토의 현상 유지에 기반한 강대국 간 평화를 약화시킬 위험이 있었다.

이 장은 1815년에 구축된 국제질서의 창출과 기능에 대해 검토한다. 이 장은 비엔나 평화체제를 설명하고, 그것이 결정한 영토 조정이 어떻게 국제적 안정의 기초를 놓았는지 보여준다. 그리고 이 장은 협조체제의 속성과 규칙을 논의하고, 협조 외교가 어떻게 강대국 간 이해 갈등의 평화적 관리를 가능케 했는지를 검토한다. 또한, 남동부 유럽에서 오스만제국의 세력 약화가 어떻게 크림전쟁과 협조체제 붕괴로 이어졌는지를 보여준다. 이 장은 크림전쟁의 결과가 어떻게 이탈리아와 독일의 통일을 가능하게 했는지 검토한다.

비엔나조약

1814년 9월부터 1815년 6월까지 열린 대 평화회의인 비엔나회의는 나폴레옹의 패배 이후 유럽의 영토 획정을 구체화하기 위해 개최되었다.[1] 각국 대표단은 대단히 어려운 과제에 직면했다. 나폴레옹의 정복군이 침공한 거의 대부분의 국가에는 전통적 통치자가 쫓겨나고 영토 경계가 변경되었다. 200개 이상의 국가와 왕가가 나폴레옹에 의해 입은 피해를 구제받기 위해 대표자를 비엔나로 보냈다. 회의는 이들 모든 대표단의 요구를 수용하려 하지 않았고, (이제 공식적으로 그레이트브

리튼 및 북아일랜드 왕국이 된) 영국, 러시아, 오스트리아, 프러시아 대
표들이 밀실에서 영토 경계를 결정했다. 한편 이들 강대국은 약소국에
서 온 외교관들이 몇 달 동안이고 호화로운 만찬과 접대에 빠지게 만들
었다. 강대국들은 자신들의 이익을 충족하는 합의에 이르자 다른 국가
들을 불러들여 합의에 서명하도록 했다. 이러한 수법은 많은 약소국의
이익을 희생시켰으나 합의를 도출할 수 있는 유일한 방법이었을 것이
다. 협상에 군소국가들을 포함시켰다면 교착상태에 빠졌을 것이다.

합의의 조항들은 장래에 프랑스의 침략을 방지하려는 승전국, 특히
영국의 결의를 반영하였다. 프랑스 북쪽과 동쪽 국경의 국가들은 확
장, 강화되어 프랑스가 그들을 정복하려는 시도를 효과적으로 저항할
수 있게 하였다 (도표 5.1 참조). 벨기에는 구 네덜란드 공화국과 통합
하여 네덜란드 왕국을 만들었다. 남서부 프랑스와 국경을 접한 이탈리
아 국가인 피에몬테(구 사보이-피에몬테)는 제노바와의 합병으로 강
화되었다. 오스트리아는 이탈리아 북동부의 롬바르디아와 베네치아
를 얻음으로써 이탈리아반도를 통제하는 강력한 위치에 서게 되어 프
랑스가 그 방향으로 확장하는 것을 막았다. 프랑스 내에서는 나폴레옹
정권은 폐지되고 전통적 군주제가 복원되었다.

또한, 강대국들은 독일을 승인하여 프랑스를 상대로 더 효과적으
로 방어할 수 있게 하였다. 이미 1801년에 나폴레옹은 독일의 영토 변
화를 강제하여 다수의 국가가 더 큰 규모의 단위들로 통합되었다. 비
엔나에서의 협상은 그 통합이 유지되도록 하였고 독일 국가의 총 수가
약 360개에서 39개로 감소했다. 사라진 신성로마제국 대신 새로운 독
일연합이 수립되었다. 오스트리아와 프러시아가 중심이 된 이 연합은
독일 국가들이 그들의 경제 및 군사정책을 조정할 수 있게 하려는 의
도였다. 동쪽의 영토를 잃은 적이 있는 프러시아는 작센의 일부와 라

인강 유역 서부 독일의 상당한 부분을 보상받았다. 이런 방식으로 프러시아는 프랑스를 견제하는 장애물의 일부가 되었다.

다른 중요한 변화로는 1793년과 1795년 분할을 통해 오스트리아와 프러시아가 획득했던 폴란드 영토의 상당 부분을 러시아가 통제하도록 강대국들이 허용한 것이다. 이는 러시아가 나폴레옹의 패배에 기여한 데 대한 보상이면서, 프러시아의 독일 내 영토 획득과 오스트리아의 이탈리아 내 영토 획득에 대한 보상이라고 생각할 수 있다.[2]

승전국들은 장래의 프랑스의 팽창주의를 저지하려 했지만, 프랑스가 유럽 국제체제에 중요한 역할을 할 수 있다는 데 동의했다. 그 이유로 인해 그들은 프랑스를 영구히 무력화하는 조건을 강요하지는 않았다. 특히 영국과 오스트리아는 프랑스를 러시아에 대한 균형추로 유지하는 데 신경을 썼다. 이는 프랑스가 과도하게 약화되면 수행할 수 없는 역할이었다. 1815년 파리조약에 의해 프랑스는 혁명 이후 획득한 거의 모든 영토를 빼앗겼다. 이 조약으로 프랑스 영토가 일시적으로 점령되었고, 프랑스는 배상금을 지불해야 했다. 그러나 그 조건들은 감당할 만했다. 평화조약 서명 3년 후 배상금은 지불되었고, 점령도 종식되었다.

평화에 대한 강대국들의 열망

비엔나에서 승전국들은 자신들의 이익을 챙기고 패전국에 벌을 가하는 것 이상을 추구했다. 그들은 안정적 평화의 기초를 놓으려 시도했다. 각국은 경쟁국과의 전쟁을 피해야 한다고 생각하게 되었다. 그러한 전쟁으로 얻을 잠재적 이익이 그에 수반되는 비용과 위험을 더이상

도표 5.1 1815년의 유럽

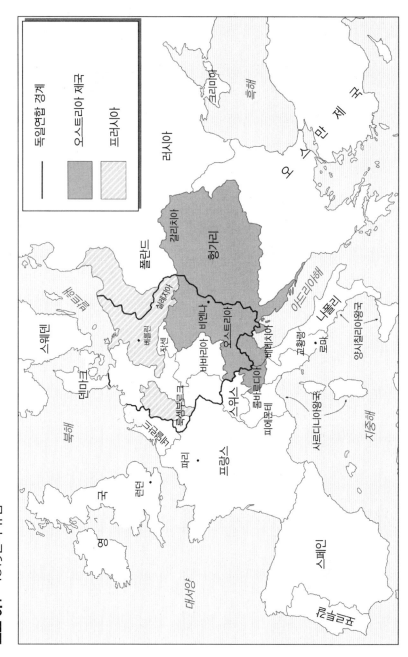

정당화할 수 없는 듯하였다. 그러나 강대국들이 평화를 원하는 구체적 동기는 서로 달랐다.

영국은 급속히 성장하는 자국의 해외 및 식민지 무역에 집중할 수 있도록 대륙의 평화와 안정을 선호했다.[3] 사실 영국은 오랫동안 그것을 원했다. 18세기부터 영국은 대륙의 전쟁에 대한 개입을 주저했으며, 영국의 독립을 위협할 지배적 세력의 부상을 저지할 필요에 의해 움직였다. 그러한 세력이 부상할 위험이 없다면 영국은 유럽에서의 전쟁을 원할 이유가 별로 없었다. 1815년 이후에는 더욱더 그러했다. 영국의 지도자들은 자신들이 원한 거의 모든 것을 들어준 비엔나조약의 조건에 매우 만족했다. 조약은 프랑스의 팽창주의에 대해 강력한 장애물을 구축했으나 공해에서의 영국의 지배력에는 관여하지 않았다. 또한, 그 조약은 전쟁 중 영국이 프랑스와 그 동맹국으로부터 빼앗은 전략적으로 중요한 해군 전초기지에 대한 영국의 소유권을 확인했으며, 카리브의 수익성 좋은 일부 식민지에 대한 권리를 부여했다. 따라서 이 조약은 영국의 해군력 우위와 경제적 우위를 공고히 해주었다.

동쪽의 3대 강국 러시아, 오스트리아, 프러시아의 시각은 그 국가들이 법률 제정과 정책 결정이 군주와 그의 조언자 및 각료들 손에 있는 전통적 세습 군주제로 남았다는 사실에 영향을 받았다. 프랑스혁명은 군주제가 전복될 수 있음을 보여주었고, 동부 유럽의 군주들은 유럽 내 어떤 곳의 혁명도 전염병같이 번져 자신의 왕좌를 위협할 수 있음을 두려워했다.[4] 오스트리아의 지도자들은 또 다른 이유로 혁명 확산을 우려했다. 오스트리아 제국은 다민족국가의 성격을 가졌으며, 혁명은 오스트리아의 분열을 초래해 강대국의 지위를 빼앗을 수 있었다. 따라서 오스트리아와 여타 강대국은 혁명을 억제하고 군주제 통치를 유지하려는 강한 의지를 가졌다. 그것은 강대국 간의 평화유지를 필요로 했다. 왜냐하면 대규모 전쟁 발발은 혁명이나 전통적 정치질서 파괴의 기회를 열어줄 수 있었기 때문이다. 동부 유럽의 강대국들은 1815년 결성된 신성동맹을 통해 혁명에 대한 반대를 공식화했다. 신성동맹은 이들 3개 군주국이 중부와 동부 유럽에서의 혁명을 진압하는 데 상호 지원하기로 하였다.[5]

평화조약에 가장 불만이었던 강대국은 프랑스였다.[6] 프랑스는 비엔나조약의 결과 전쟁 전의 영토로 축소된 반면, 다른 나라들은 중요한 영토적 이익을 거둔 것이 부당하다고 생각했다. 프랑스 지도자들과 여론은 조약이 장래 프랑스의 영토 획득을 저지하도록 설계된 점에 분개했다. 이후의 프랑스정부는 계속해서 비엔나조약을 수정할 기회를 엿보았으나 다른 4개 강대국은 단결하여 프랑스의 그러한 야망에 대항했다. 이와 같은 상황이 지속되는 한 프랑스 지도자들은 군사적 패배와 또 다른 영토 상실이 자명한 전쟁을 일으킬 동기를 가질 수 없었다.

유럽협조체제

나폴레옹의 패배 이후 4개 승전국은 이례적으로 전쟁 중의 4자 동맹을 20년간 연장하기로 합의했다. 그것은 나폴레옹전쟁의 재발을 방지하기 위한 노력의 일환이었다. 1818년에는 프랑스의 가입이 허용되어 5자 동맹이 형성되었다. 프랑스의 가입이 허용된 것은 다른 강대국들이 프랑스의 요구를 관리하고, 프랑스가 평화체제를 무너뜨리는 것을 방지하기 위한 방법이었다.[7] 동맹에 합류함으로써 프랑스는 강대국의 공동 의사결정에 발언권을 갖게 되었으나, 그 결정을 따를 의무도 생겼다. 강대국들은 동맹으로서 모두 같은 편이 되었으며 유럽의 질서와 평화유지에 협력하였다. 이 장치는 유럽협조체제로 알려지게 되었다.

평화가 유지되려면 강대국들은 장래의 문제나 위기에 대해 협조적 관계를 유지할 수 있는 방식으로 대처할 현실적인 장치를 만들어야 했다. 동맹조약을 체결한 자체는 그들이 평화를 지키는 데 불충분했다. 뿌리 깊은 경쟁심과 의구심은 저절로 사라지지 않았다. 나폴레옹 이후 유럽에서 빈번히 정치적 위기가 발생했다. 이 위기 중 많은 경우는 정부 개혁이나 군주의 권력에 대한 헌법적 제약의 요구로부터 기인했다. 문자해독률 상승, 유럽 사람들의 정치적 의식 성장, 산업혁명의 시작 등은 모두 나폴레옹전쟁 종식 후 수십 년간 유럽을 휩쓴 혁명적 대변동의 물결을 일으키는 데 기여했다.

초기에 유럽협조체제는 주로 회의 외교를 통해 작동하였다. 1818년부터 1822년 사이 강대국들은 서로 관심 있는 문제를 논의하기 위해 거의 매년 고위급 회담을 개최했다. 이 회담들은 평화와 안정을 지키는 공동의 행동을 위해 협력할 수 있는 가능성을 제공했다. 그러나 점차 혁명에 어떻게 대처해야 할지에 대한 러시아와 영국 사이의 근본적인 이견은 회담으로는 해결할 수 없음이 명확해졌다. 러시아 황제 알렉산드르 1세는 기존 정치 질서와 기존 통치자들의 권좌를 보장하기 위해 협조체제 가입국들이 유럽 어디에서든 혁명을 진압하는 공동의 행동을 취해야 한다고 주장했다. 영국 외무장관 캐슬레이 (Castlereagh) 경은 황제의 제안에 단호히 반대했다. 그는 협조체제의 목적이 프랑스의 침략 방지이지 부패하고 억압적인 통치자를 몰아내려는 시도를 막는 것이 아니라고 생각했다.[8] 영국은 타국의 혁명적 변화에 끝없이 개입하려는 의도는 전혀 없었다. 더욱이 황제의 제안은 러시아 군대가 머나먼 스페인에서의 혁명 진압에도 사용될 수 있음을 의미했으며, 영국은 러시아의 영향력 확대를 받아들일 의사가 없었다.

캐슬레이는 혁명에 대한 군사적 개입에 반대한 것은 아니지만, 강대국은 다른 협조체제 국가들과 행동을 통일하기보다 각자 자국의 이해관계에 따라 자유롭게 행동을 취할 수 있어야 한다고 믿었다.

영국의 입장으로 인해 러시아는 협조체제를 일종의 유럽 통치 기구로 이용하려던 생각을 포기했다. 1822년 이후 강대국들은 즉각적인 문제나 위기가 있을 때만 회의를 소집했으며, 그것조차도 회의 외교가 문제에 유용하게 대응할 수 있다고 모든 동맹국이 동의하는 경우에만 그러했다. 동의가 불가능한 문제에 대해서는 가장 직접적으로 문제에 영향을 받는 강대국이 주도하여 문제에 대응했다. 일부 사례에서는 동부 유럽 3개 강대국이 신성동맹의 틀을 이용하여 그들의 행동을 조정했다. 예를 들어, 1821년 그들은 오스트리아가 혁명 진압을 위해 남부 이탈리아의 나폴리 왕국에 파병하는 것을 허가했다.

따라서 실제로는 협조체제에서 세력권이 큰 역할을 하게 되었다.[9] 강대국들은 각자 자국의 이해가 가장 크게 걸려 있고, 자국의 세력이 가장 효과적인 지역에서 지배력을 행사하면서, 여타 강대국의 세력권에 대한 개입을 회피했다. 예를 들어 강대국들은 포르투갈에 대한 영국의 세력권을 인정했으며, 1820년대와 1830년대에 포르투갈에 친영국 정권 유지를 위해 영국군이 개입했을 때 간섭하지 않았다. 유사하게 1830~1832년에 러시아가 폴란드에서 일어난 봉기를 진압했을 때 다른 강대국은 움직이지 않았다. 프랑스를 제외한 모든 강대국은 이탈리아에 대한 오스트리아의 지배력을 인정했다. 오스트리아가 더 지배적이었지만, 오스트리아와 프러시아는 독일연합에 대한 영향력을 공유했다.

그리스와 벨기에의 위기

유럽협조체제가 직면한 가장 심각한 문제 중의 하나는 오스만제국의
남동부 유럽 내 자국 영토에 대한 통제력이 약화되면서 대두되는 문제
였다. 그곳에는 오스만제국의 지배를 혐오하고 독립을 희망하는 세르
비아인, 그리스인, 루마니아인, 불가리아인, 알바니아인 등 여러 소수
민족 집단이 섞여서 거주하고 있었다. 오스만제국이 약화되면서 이 지
역에서 러시아의 영향력이 강해질 것이 예상되었다. 그렇게 되면 강대
국들이 대규모 전쟁에 말려들 가능성이 높았다. 오스트리아 외무장관
메테르니히(Klemens von Metternich)는 러시아의 지배에 대한 두려
움에 사로잡혀 있었으며, 남동부 유럽에서 러시아의 어떤 세력 확장도
강하게 반대했다.[10] 영국도 유사하게 반대했다. 강대국 간 평화가 유
지되는 방식으로 오스만제국의 세력 약화를 관리하는 문제는 '동부의
문제'라고 알려졌었다. 동부의 문제는 19세기 내내, 그리고 20세기의
길목에서 유럽정치를 괴롭히게 되었다.

　동부의 문제가 제기한 위험은 오스만제국 내의 그리스 민족이 오스
만제국의 통치에 저항해 봉기했던 1820년대가 되자 명백해졌다. 같은
동방정교회 국가 그리스에 대한 러시아의 동조는 러시아와 오스만제
국의 전쟁으로 이어졌다. 러시아가 승리하자 그리스의 독립이 실현될
수 있었다. 이 상황은 영국과 프랑스에게 경각심을 불러일으켰다. 왜
냐하면 러시아가 그리스 독립을 지원함으로써 신생국 그리스가 러시
아의 위성국 이상이 될 가능성이 있었기 때문이다. 그것은 발칸반도와
동지중해에서 러시아의 중요한 소득이었다.

　그리스가 완전히 러시아의 세력권으로 넘어가는 것을 막기 위해 영
국과 프랑스도 그리스의 독립을 지지하기로 결정했다. 1830년 영국,

역자해설 5.1 발칸반도

유럽의 남동부에 위치한 발칸반도는 그 전략적 위치와 문화적 다양성으로 인해 역사적, 문화적, 지정학적으로 매우 중요한 의미를 가진다.

지정학적으로 발칸반도는 유럽, 아시아, 중동을 연결하는 가교의 위치에 있으며, 무역, 이주, 군사 전략이 핵심 교차점에 있다. 아드리아해, 에게해, 흑해에 접해 있는 지리적 위치로 인해 이 지역은 전 세계적으로 중요한 역할을 해왔다.

발칸반도는 다양한 민족, 언어, 종교가 혼재된 지역이다. 이 다양성은 비잔틴, 오스만, 오스트리아-헝가리 제국의 문화가 혼재된 역사에 반영되어 있다.

역사적으로 발칸반도는 수 세기 동안 오스만, 오스트리아-헝가리 제국이 주도권 경쟁을 벌였으며, 여러 민족 간의 갈등으로 제1차 세계대전을 촉발한 지역이다. 또한, 1912년에는 유럽에서 오스만제국의 붕괴를 초래한 발칸전쟁이 발발했다.

현대에도 발칸반도는 다양한 민족주의 운동, 민족분쟁, 정치적 불안정으로 점철된 위험 지역으로, 1990년 유고슬라비아 분열 당시 참혹한 민족 간 분쟁이 발생했으며, NATO의 군사 개입을 불렀다.

오늘날 발칸반도는 유럽, 중앙아시아, 중동을 연결하는 에너지 수송로의 관문으로 중요한 전략적 가치가 있으며, 이 지역의 안정은 지역 평화의 핵심이 되고 있다.

프랑스, 러시아는 그리스 영토를 획정하고 그 독립적 지위를 공동으로 보장하는 조약에 서명했다.[11] 또한, 그들은 그리스가 세습 군주제가 되는 것으로 하고, 1832년에는 바바리아의 군주 비텔스바흐(Otto von Wittelsbach)를 신생 그리스의 왕으로 결정했다. 이러한 조치를 통해 그들은 그리스가 어느 한 강대국의 세력권에도 포함되지 않게 하여, 새로운 국가의 탄생이 새로운 질투를 유발하지 않도록 했다. 전 유럽전쟁을 회피하는 방식으로 그리스 위기가 해결된 것은 중요한 외교적 성과였다.

유럽협조체제에 대한 또 다른 도전은 동부의 문제와 무관한, 비엔나조약에서 강요된 벨기에와 네덜란드의 통합에 반기를 든 1830년 벨기에인들의 봉기였다. 네덜란드 왕은 반란 진압에 대한 지원을 호소했으나, 상대방에 대해 깊이 불신했던 영국과 프랑스는 이 위기에 대한 외부 개입을 용납하지 않겠다고 명확히 선언했다. 벨기에의 전략적으로 중요한 위치 때문에 양국은 이 영토가 자국 이외의 어떤 강대국의 영향권에도 넘어가지 않도록 하였다. 결국 벨기에 문제는 그리스 위기 시 이용된 방식과 유사하게 해결되었다. 협조체제 5개 강대국은 독립국 벨기에 수립에 동의하고 그 신생국의 국경선 획정에 협력하였다. 벨기에가 어떤 강대국의 위성국도 되지 않도록 그들은 공동으로 벨기에의 독립과 중립을 보장했다.[12]

국제체제로서의 유럽협조체제

유럽협조체제의 규칙은 비공식적이고 명문화되지 않았다.[13] 그것은 부분적으로는 캐슬레이, 메테르니히, 알렉산드르 1세와 같은 정치인들의 의식적인 의도로 만들어졌다. 그러나 협조체제는 또한 목표와 우선순위가 다른 강대국 간의 실용적인 타협의 결과였다. 영국에게 이 체제의 주된 기능은 프랑스나 러시아가 대륙에서 지배적인 위치를 갖지 못하게 하는 것이었다. 러시아와 오스트리아에게 있어서 협조체제

의 가장 중요한 목적은 유럽국가들을 내부 혁명으로부터 보호하는 것
이었다. 부분적으로 상충하는 이들 목표 사이의 갈등으로 인해 협조체
제는 강대국들이 원하는 대로 자국의 이익을 지킬 수 있는 적절한 자
유를 서로에게 허용한 한도 내에서 작동할 수 있었다. 그러한 접근을
택함으로써 유럽은 세력권에 따른 분할이 강화되었다. 강대국들은 각
자 자국의 세력권 내 행동의 자유를 대가로 다른 강대국이 그들 세력
권에서 행동할 자유를 인정했다. 그들은 각자 상대방의 내정에 간섭해
서는 안 되고 타국의 세력권 내에 불안을 조성해서는 안 된다는 점을
이해했다. 무엇보다도 강대국들은 서로의 이익이나 위신에 직접적인
도전으로 인식될만한 행동을 피해야 했다.

유럽협조체제는 강대국 각자의 국익 방어에 대응하는 면에서는 유
연성을 제공했지만 유럽 내에서의 영토 확장에 대해서는 엄격한 제한
을 두었다. 이 체제의 두 가지 핵심 원칙은 비엔나조약의 영토 합의가
가능한 한 최대한 지켜져야 한다는 것과, 그에 대한 조정은 강대국의
합의에 의해 승인되어야 한다는 것이었다. 18세기 국제정치는 한 강
대국의 영토 획득은 불안정을 초래함을 반복해서 보여주었다. 왜냐하
면 그것은 다른 강대국의 그에 상응하는 요구로 이어졌기 때문이다.
협조체제하에서 강대국들은 유럽 내에서 영토 확장을 추구하지 않기
로 암묵적으로 합의함으로써 그 문제를 해결했다. 유럽에서 한 강대국
의 영토가 추가되지 않는 한 다른 강대국들은 영토의 기존 상태를 기
꺼이 받아들였으며, 평화가 유지되었다.

그리스와 벨기에의 위기를 강대국들이 관리한 방식은 협조체제의
작동을 잘 보여주었다. 그리스와 벨기에를 독립국으로 만든 것은 단지
그리스와 벨기에의 노력만이 아니라 강대국들의 합의에 의해 이루어
진 것이다. 두 경우 모두 강대국들은 하나의 강대국의 일방적인 영토

및 영향력 확대를 막는 해결책을 찾으려 노력했다. 그것은 그리스나 벨기에가 어느 쪽도 자국의 열망을 추구할 완전할 자유를 갖지 못함을 의미했다. 강대국들은 기존의 평형상태에 가능하면 영향을 미치지 않도록 신생국의 영토 경계를 결정했다. 그리스와 벨기에의 독립을 공동으로 보장함으로써 강대국들은 그들이 한 강대국의 세력하에 들어가는 것을 방지하려 했다.

협조체제는 비엔나조약에서 다루어진 영역에만 적용되었으며, 따라서 강대국들이 유럽 밖에서 무역, 영향력, 영토를 확대하려는 노력에는 어떤 제약도 가하지 않았음을 주목해야 한다. 유럽협조체제는 특히 가장 강력한 두 국가인 영국과 러시아의 이익에 부합했다. 왜냐하면 그것은 유럽에서의 그들의 사활적 이익을 보호하고, 타 지역에서 그들이 일방적으로 이익을 추구할 수 있는 넓은 범위를 허용했기 때문이다.[14] 러시아는 1828~1829년에 코카서스에서 오스만제국과 페르시아로부터 중요한 영토를 획득했다. 영국은 전 세계에서 해상 우위를 이용하여 그 영향력을 강화하고 자국 상품을 위한 새로운 시장을 열었다.[15]

유럽협조체제의 안정은 상당 부분 유럽 약소국들을 대가로 제공되었으며, 그들의 이익은 강대국 간 협조 유지를 위해 잔인하게 희생되었다. 또한, 안정은 군주제 통치의 폭정 종식을 열망한 사람들이 희생된 대가였다. 강대국끼리 개입을 최소화하고 각자의 세력권 통제를 허용함으로써 협조체제는 중부, 동부, 남부 유럽의 정치적 억압에 직접 기여했다. 동부 유럽의 세 강대국에게 협조체제 참여는 기본적으로 유럽 내의 추가적 영토 획득 기회 포기와 자국 내외에서의 이념적 위협 저지 능력 강화를 맞바꾼 거래였다. 오스트리아는 독일과 이탈리아에서 정치적 억압을 강화하는 데 앞장섰다. 메테르니히의 집요한 주장으로 독일연합은 1819~1820년에 언론 검열, 대학에서의 교육 내용 제한, 개별 독일 국가들의 자발적인 자유화를 막는 규칙 등 일련의 조치를 단행했다.[16] 자유화 개혁 세력을 권력에서 배제하기 위해 오스트리아는 이탈리아에서 1821년 나폴리 개입을 시작으로 반복해서 군사 개입을 하였다.

어느 면에서 유럽협조체제는 유럽에 대한 5개 강대국의 공동관리체제로 작동했다. 공동관리체제의 측면은 강대국들이 유럽의 문제를 협의하기 위해 정기적으로 회의를 개최했던 나폴레옹전쟁 후 수년간 가장 분명히 드러났다. 그러나 1822년에 이르자 강대국들은 본격적인 공동관리체제에 의해 자국의 행동의 자유가 제한되는 것을 기꺼이 받아들일 의사가 없음이 분명해졌다. 그 대신 그들은 주로 상대방의 세력권에 대한 개입을 피함으로써 상호 간의 평화를 유지했다. 그러나 협조체제는 영토 문제에 관련해서는 여전히 공동관리체제로 작동했다. 유럽에서 어떤 중요한 영토 변화도 비엔나조약에 의해 형성된 평형상태를 위협했다. 따라서 강대국들은 그리스나 벨기에의 위기와 같은 영토 문제를 합의에 의해 해결해야만 하는 문제로 다루었다.

협조체제는 세력균형체제와는 매우 다르게 작동했지만 두 체제는 세력 정치 방식을 통해 국제질서를 창출했다는 면에서 유사했다. 유럽협조체제는 윤리적 원칙이 아니라, 단지 강하다는 이유로 강대국이 약소국을 지배하고 강대국 간에는 존중받을 권리가 있다는 생각에 기반했다. 이 체제하에서 강대국들은 세력권을 유지하거나, 약소국이 강대국의 이익을 존중하도록 만들기 위해 군사 개입이나 기타 강압적 수단을 사용했다. 그들은 해외 식민 제국을 강제력으로 통치했다. 심지어 강대국들 사이의 관계에 있어서도 평화는 폭력의 위협에 의존했다. 특히 영국은 유럽에서 프랑스나 러시아의 영토 확장을 허용하느니 전쟁을 불사했다.

1848년 혁명

1848년 1월 혁명적 봉기의 물결이 프랑스, 독일, 이탈리아, 오스트리아를 휩쓸었다. 흉작과 경제 침체로 촉발된 봉기는 중대한 정치적 개혁에 대한 인민의 요구를 반영했다. 이 봉기는 급격한 경제 및 사회 변동이 진행 중인 유럽사회와 정치적 현상 유지를 추구했던 유럽협조체제 사이의 부조화의 징후였다. 1848년 혁명은 협조체제의 붕괴로 이어지지는 않았으나 그 기반을 잠식했다. 프랑스에서 전통 군주제는 영원히 사라지고 공화국에 의해 대체되었으며, 다시 나폴레옹 3세의 황제 독재가 들어섰다. 독일연합에서는 각 지역에서 혁명이 발생했으며, 곧이어 자유주의 개혁 세력은 선출된 의회가 통치하는 통일된 독일 국가를 수립하려 했다. 비록 성공하지 못했지만 그 시도는 독일 통일이라는 관념이 점점 더 확산되고 있음을 보여주었다.

1848년의 사건을 통해 오스트리아는 소수민족 집단들을 경계로 한 내부 분열에 취약함을 보여주었다. 합스부르크 왕가는 문화적으로 독일계였으나 전체적으로 오스트리아 제국은 주로 비독일계 민족으로 구성되었다. 독일계 주민은 주로 제국의 서부 지역에 집중되어 있었다. 그 외의 지역은 다른 민족 집단이 주를 이루어, 북부에는 체코인, 슬로바키아인, 폴란드인이, 동부에는 우크라이나인, 루마니아인이, 남부에는 슬로베니아인, 크로아티아인, 세르비아인이, 남서부에는 이탈리아인이, 중부와 동부에는 헝가리인이 거주했다. 1848~1849년에 거의 모든 이들 소수민족 집단이 합스부르크정부와의 관계를 재설정하려 했다. 일부는 더 많은 자치를 원했고, 일부, 특히 헝가리인과 이탈리아인은 합스부르크 통치에서 완전히 벗어나려 했다.

비록 혁명의 물결은 모든 대륙 국가를 자국 국경 밖의 대규모 군사 행동에 끌어들였으나, 이 혼란은 영토의 기존 상태 회복으로 끝이 났다. 러시아는 중요한 시점에 오스트리아를 도와 그러한 결과에 크게 기여했다. 1849년 러시아는 헝가리의 봉기를 진압하도록 군대를 보냄으로써 오스트리아 제국이 그대로 유지되도록 도왔다. 또한, 러시아는 1850년 프러시아 왕국하의 북부 독일 통일을 제안한 프러시아를 저지하도록 오스트리아를 지원함으로써 독일 통일 문제에 관해서도 오스트리아를 크게 도왔다.[17]

크림전쟁

유럽협조체제는 1854년 영국과 프랑스가 러시아와 전쟁을 벌이면서 붕괴되었다. 그것은 영국과 프랑스가 러시아의 팽창주의를 상대해 오스만제국의 방어를 도와준 크림전쟁(1853~1856년)의 일부였다. 이 전쟁의 기원은 복잡하지만 주요 원인 중의 하나는 러시아 황제 니콜라이 1세가 잘못된 판단으로 오스만제국 내 기독교인들을 러시아의 보호 아래 두어 제국의 무슬림 지배 계급에 의한 학대를 줄이려고 시도했던 것이다.[18] 오스만제국의 유럽 영토주민은 기독교도들이 다수였다. 그들을 보호하는 권리를 러시아에 부여함은 사실상 그 영토에 대한 러시아의 통제를 인정하는 것이었다.[19] 니콜라이는 여타 강대국들이 그의 움직임을 묵인하리라 믿었으나 그것은 실수였다. 영국과 프랑스는 오스만제국에 군사 지원을 했다.

크림전쟁은 1815년 이후 처음으로 유럽 강대국들이 서로를 상대로 군사 충돌을 일으킨 전쟁이다. 많은 사상자 발생에도 불구하고 이 전쟁의 범위는 제한적이었다. 오스트리아와 프러시아는 러시아와 협조적 관계를 유지하고자 하였으며, 영국과 프랑스가 러시아 영토 공격의 전진기지로 자국 영토를 이용하도록 허용하지 않았다. 그 결과 영국과 프랑스는 바다에서 직접 접근 가능한 러시아 영토만 공격할 수 있었다. 영국과 프랑스는 흑해 연안, 특히 크림반도를 따라 러시아에 군대를 상륙시켰고, 대부분의 전투는 그 지역에서 벌어졌다. 전황은 러시아에 불리하게 진행되었고, 러시아는 1856년 남동부 유럽에서 자신의 영향력이 상당히 축소되는 평화조약을 받아들이지 않을 수 없었다.

크림전쟁의 중요한 결과 중 하나는 그것이 이탈리아와 독일 통일의 문을 열었다는 점이다. 영국은 전쟁의 높은 비용과 보잘것없는 이익에 환멸을 느꼈고 대체로 유럽 대륙의 정치로부터 물러났다. 자신의 후진적 경제와 취약한 정부 제도가 그 강대국 지위를 위험에 빠뜨림을 절실히 인식하게 된 러시아는 내부 근대화로 관심을 돌렸다. 그 결과 오스트리아는 외교적으로 고립되었다. 1815년 이후 중부 유럽에서 정치적 현상을 유지하는 오스트리아의 능력은 러시아의 지원에 의존했다. 오스트리아는 러시아의 지원이 필요하면서도 러시아를 경쟁자로서 두려워했기 때문에 크림전쟁은 오스트리아를 매우 곤란한 입장에 몰아넣었다. 전쟁 중 오스트리아 외교는 중도를 유지하여, 영국이 러시아에 큰 패배를 안기지 않도록 하면서도 남동부 유럽에서 러시아의 영토 획득을 저지하려 노력했다.[20] 비록 오스트리아가 그 목표를 달성했지만 러시아 지도자들은 오스트리아의 행동을 배신으로 보았고, 그 이후 러시아는 더이상 오스트리아를 도우려 하지 않았다.[21] 그러한 상황 전개는 중부 유럽의 영토 변화에 간접적으로 영향을 미쳤다.

이탈리아 통일

유럽협조체제를 통해서 오스트리아는 북부 이탈리아의 롬바르디아와 베네치아에 대한 통제력을 기반으로 이용하여 이탈리아반도를 지배했다. 그러나 크림전쟁 이후 오스트리아의 외교적 고립은 이탈리아 민족주의자들에게 오스트리아의 영향력을 약화시키고 독립을 쟁취할 기회를 주었다. 또한, 오스트리아가 약화되자 나폴레옹 3세는 오스트리아를 제물로 이탈리아에서 영향력을 확대하려는 유혹을 받게 되었다.[22]

1858년의 비밀조약을 통해 프랑스와 북이탈리아의 피에몬테국은 오스트리아를 이탈리아에서 몰아내기로 합의했다. 그 이듬해의 전쟁에서 프랑스는 오스트리아 군대를 롬바르디아에서 패퇴시키고 롬바르디아를 피에몬테에 넘겨주었다. 러시아는 오스트리아를 돕지 않았으며, 오스트리아는 패배를 받아들일 수밖에 없었다. 사실 이 전쟁의 결과로 프랑스보다는 피에몬테가 더 이득을 보았다. 북부-중부 이탈리아 군소 국가의 민족주의자들은 자국 통치자를 무너뜨리고 피에몬테와의 합병을 요구했다. 특히 영국정부가 프랑스의 추가적인 이탈리아 개입에 대해 반대 의사를 명확히 하자, 나폴레옹 3세는 피에몬테가 이들 국가를 장악하는 것을 저지할 방법이 별로 없었다. 피에몬테가 프랑스에 약간의 영토적 양보를 하면서 나폴레옹 3세는 피에몬테의 이탈리아 장악을 인정했다. 1860년 말이 되자 피에몬테는 나폴리와 시칠리아를 강제 합병하면서 영토를 더 확장했다. 1861년 이탈리아 왕국이 탄생하였고 피에몬테 국왕 비토리오 에마누엘레 2세가 이탈리아 국왕으로 선포되었다. 새로운 통일 국가 이탈리아는 아직 오스트리아 통치하에 있었던 베네치아와 프랑스군이 방어하던 로마를 장악하지 못했다. 그러나 이탈리아는 10년 내에 이들을 모두 손에 넣어 반도의 통일을 완성했다.

독일 통일

오스트리아의 외교적 고립은 또한 독일의 정치적 통일을 촉진하였다. 1848년 혁명이 진압된 후 독일 국가들 내에서 자유주의적, 민족주의적 감정이 계속 고조되었다. 독일 내의 정치 개혁 요구는 산업화가 가져온 경제적, 사회적 변화에 기인하며, 단순한 억압으로는 더이상 막을 수 없었다. 1860년대에 이르자 독일연합은 기존의 형태로는 지속될 수 없음이 명백해졌고, 독일 국가들 사이의 더 긴밀한 정책 조정을 가능케 하는 개편이 필요했다.[23] 그러나 구체적으로 어떤 형태로 개편할 것인가? 독일 정치 구조의 어떠한 근본적 개혁도 오스트리아와 프러시아의 관계 재설정이 필요했으며, 그것은 필연적으로 한쪽에 더 혜택을 주었기 때문이다.

중세 이후 독일 내에 리더십을 행사했던 오스트리아는 독일에 대한 전통적 영향력이 유지되는 해결책을 원했다. 반면 독일의 자유주의자들은 세습통치자가 아닌 선출된 입법부가 궁극적인 권위를 가지는 독일을 지향했다. 프러시아의 재상 비스마르크(Otto von Bismarck)는 오스트리아와 독일의 자유주의자들을 모두 반대했다. 비스마르크는 다른 독일 국가들에 대한 프러시아의 지배력을 강화하고, 통일 독일의 궁극적인 정치적 권위를 선출된 의회에 넘기기보다는 프러시아 국왕과 각료들이 가지도록 하려는 강한 의지가 있었다.[24]

오스트리아와 프러시아가 독일에 대한 상충하는 비전을 평화적인 방식으로 타협하기 어렵다고 인식하면서 1866년 전쟁이 일어났다. 다수 관찰자들은 오스트리아의 승리를 예상했으나 프러시아는 수 주 만에 오스트리아를 격파했다. 비스마르크는 전쟁 직전 이탈리아와 동맹을 맺었기 때문에 오스트리아는 군대를 2개의 전선으로 나누어야 했다. 프러시아는 더 상세한 전쟁 계획, 더 우수한 군 지도부, 병력 수송을 위한 더 발전된 철도망, 무기와 훈련 면에서 더 우수한 보병 등의 덕을 보았다.[25] 이 전쟁의 결과로 오스트리아는 더이상 비스마르크의 계획에 장애가 되지 않았다. 프러시아는 몇몇 북부 독일 국가를 병합하고 나머지는 독일연합을 대체하는 프러시아 주도의 새로운 연합으로 조직하였다. 오스트리아의 보호를 못 받게 된 남부 독일 국가들은 프러시아와 군사동맹을 맺었다.

다른 강대국들의 묵인 없이 프러시아가 오스트리아를 격파하고 독일 영토를 확장할 수는 없었을 것이다. 러시아, 영국, 프랑스가 모두 오스트리아를 위해 개입하려 하지 않았기 때문에 1866년의 국제환경은 비스마르크에게 특별히 유리했다.[26] 러시아 지도자들은 오스트리아를 잠재적 위협으로 보았기 때문에 프러시아가 오스트리아를 희생시켜 득을 보는 데 대해 그다지 우려하지 않았다. 영국 지도자들은 영국 내 정치 개혁을 둘러싼 갈등에 몰두해 있었기에 대륙의 문제에 관심 가질 여력이 없었다. 여하튼 영국 지도자들은 독일에서 영토 확장을 통해 강화된 프러시아는 프랑스나 러시아의 팽창을 더 효과적으로 막아주어 영국에 득이 될 것으로 생각했다.[27] 프랑스도 불개입을 결정했다. 나폴레옹 3세는 오스트리아-프러시아전쟁이 양국을 탈진시키고, 전후 협상에서 프랑스에게 영토 획득의 기회를 만들어 주길 기대했다. 그러나 전쟁이 신속히 종결되고 비스마르크가 현명한 판단으로 오스트리아 영토를 점령하지 않았기 때문에 다른 강대국들은 개입할 타당한 근거를 찾지 못했다.

독일 통일 과정은 프러시아와 프랑스의 전쟁을 통해 완결되었다. 전쟁의 주된 원인 제공자는 비스마르크였지만, 그는 영국의 개입 가능성을 줄이기 위해 프랑스가 침략자로 보이도록 노력했다. 1870년 7

월 그는 프러시아 국왕 빌헬름 1세가 프랑스 대사에게 모욕을 준 것처럼 보이게 만들어 의도적으로 갈등을 일으켰다.[28] 비스마르크의 계책에 말려든 프랑스정부 내의 호전적 인사들은 나폴레옹 3세에게 복수를 하자고 설득했다.

이어서 벌어진 전쟁에서 러시아는 중립을 유지했을 뿐 아니라, 오스트리아 국경에 군대를 집중시켜 오스트리아의 개입을 막아 프러시아를 도왔다. 그 결과 프랑스는 홀로 프러시아에 맞섰다. 여기서도 프러시아의 우월한 기동성, 계획, 리더십, 보병은 결정적이었다.[29] 프러시아 군대는 신속히 프랑스로 진격해 파리를 포위하였으며, 오랜 포위 작전 끝에 항복을 받아냈다. 1871년 서명된 평화조약에 따라 프러시아는 프랑스로부터 알자스와 로렌 지방의 일부를 전리품으로 넘겨 받았다. 이 영토 상실은 프랑스의 대 독일관계를 수십 년간 악화시켰다. 프랑스 내에서 군사적 패배는 혁명을 촉발하였다. 나폴레옹 3세는 축출되고 제정은 의회제 공화국으로 대체되었다.

프러시아의 승리는 독일 통일의 마지막 장애를 제거했다. 전쟁 종결 이전에 이미 나머지 독일 국가들은 프러시아와의 통합에 동의했었다. 빌헬름 1세는 신생 독일의 황제로 선언되었으며 프러시아 수도 베를린이 독일의 수도가 되었다. 비스마르크는 그의 계획에 따른 독일 통일을 성취했다. 비스마르크는 독일의 재상으로서 임명되어 1890년까지 독일의 외교 및 국내정책에 광범위한 통제력을 행사했다.

결론

1815년 나폴레옹전쟁 종결 후 승전국들은 타협과 상호 합의에 기반한 국제체제가 자국의 이익에 가장 부합한다고 결론 내렸다. 강대국들은 갈등을 평화롭게 관리하기로 다짐했으며, 그 다짐은 유럽협조체제의 기초를 제공했다.[30] 협조체제의 규칙은 비공식적이었다. 강대국들은 비엔나조약으로 설정된 국경을 유지하기로 합의했다. 그들은 이 국경선에 필요한 어떠한 조정도 모두의 동의가 필요한 것으로 합의했다. 그들은 대체로 상대국 내정 간섭이나 세력권 침해를 자제했다. 그들은 상대방의 위신에 대한 직접적인 도전을 회피했다.

유럽협조체제 그 자체는 강대국들을 계속 분열시킨 중요한 이익의 충돌을 해소하지는 못했다. 협조체제를 완성도 높은 공동관리체제로 구축하려는 노력은 작동 불가능한 것으로 드러났고 1822년에 이르자 포기되었다. 그 시점 이후 협조체제는 주로 강대국이 상대방의 문제에 간섭하지 않음으로써 유지된 세력권 관리 장치로 기능했다. 세력권에 기반한 체제는 긴밀한 조정을 요하는 체제보다 쉽게 지속되었다. 그러나 그리스와 벨기에 위기의 성공적 해결이 보여주었듯이, 그것이 대규모 전쟁을 피할 수 있는 유일한 방법이었을 때는 협조체제는 공동관리체제로서 작동할 수 있었다.

협조체제에 대한 최대의 도전은 오스만제국의 남동부 유럽 영토에서 제국의 통제력이 약화되면서 부상하였다. 튀르키예 세력의 쇠퇴로 나타난 전략적 불확실성은 반복적으로 강대국들을 무력 충돌로 끌어들였다. 그럼에도 강대국들은 수십 년간 서로 평화를 유지하는 데 성공했다. 그러나 1850년대 초에 이르자 평화에 대한 그들의 의지는 흔들리기 시작했다.[31] 영국, 프랑스, 러시아는 남동부 유럽에서 자국 이익에 불리한 결과를 받아들이기보다 기꺼이 전쟁을 한다는 것을 보여주었다.

크림전쟁은 유럽에서 중요한 영토적 변화의 길을 열어주었다. 전쟁의 결과 영국과 러시아는 대륙의 문제에 대한 관여를 축소하였고, 오스트리아는 정치적으로 고립되었으며, 중부 유럽의 불만을 가진 행위자들은 행동하기 시작했다. 영토 확장을 갈망했던 프랑스와 프러시아는 군사적 수단으로 그것을 추구할 기회를 포착했다. 오랜 세월 오스트리아에 억눌렸던 이탈리아와 독일의 민족주의자들은 대담하게 통일을 추진했다. 영토적 야심은 프랑스-오스트리아전쟁(1859년), 오스트리아-프러시아전쟁(1866년), 프랑스-프러시아전쟁(1870~1871년) 등 군사 충돌을 야기했다. 이들 전쟁은 짧았지만 중부 유럽의 지도를 바꾸어 놓았다. 오스트리아는 이탈리아 영토를 상실하면서, 오스트리아의 영향력에서 벗어난 통일 이탈리아 탄생을 허용했다. 독일에서 비스마르크는 프러시아 주도로 형성된 통일 국가에 오스트리아의 참여를 막았다.

1854년부터 1871년까지 강대국들이 자국의 전략 목표 추구에 있어서 반복해서 전쟁을 선택하면서 협조체제는 효력을 상실했다. 그러나 1871년 프러시아가 프랑스를 상대로 결정적 승리를 거두면서 협조체제 외교 부활의 여건을 제공했다. 통일은 독일의 가장 시급한 우선순위였으며, 그 목표 달성으로 중부 유럽에서 중대한 불안정의 원천을 제거했다. 프러시아는 역사적으로 강대국 중 가장 작았으나, 신생 독일은 대륙에서 최강대국이었다. 비스마르크의 영도 아래 독일은 유럽의 국제질서 관리를 주도할 태세를 갖추었다.

주

1) 협상에 대한 상세한 설명은 Schroeder, *The Transformation of European Politics*, chap. 12; Nicolson, *The Congress of Vienna*; Jarrett, *The Congress of Vienna and Its Legacy*, chap. 3; Chapman, *The Congress of Vienna*; and Gulick, Europe's *Classical Balance of Power* 참조.
2) Schroeder, *The Transformation of European Politics*, 524.
3) Chapman, *The Congress of Vienna*, 20.
4) Rendall, "Russia, the Concert of Europe, and Greece," 68 참조.
5) Schroeder, "Containment Nineteenth Century Style."
6) Bullen, "France and Europe," 123–125.
7) Bridge and Bullen, *The Great Powers and the European States System*, 41.
8) Hinsley, *Power and the Pursuit of Peace*, 202–210; Vincent, *Nonintervention and International Order*, 73–83.
9) Kraehe, "A Bipolar Balance of Power"; Bullen, "The Great Powers and the Iberian Peninsula," 57–58; Slantchev, "Territory and Commitment," 600.
10) Rich, *Great Power Diplomacy*, 47.
11) Rich, *Great Power Diplomacy*, 56.
12) Rich, *Great Power Diplomacy*, 59–61; Schroeder, *The Transformation of European Politics*, 670–691.
13) 협조체제의 규칙에 대한 논의는 Elrod, "The Concert of Europe"; Schroeder, *Austria, Great Britain, and the Crimean War*, 405; Hinsley, *Power and the Pursuit of Peace*, 225 참조.
14) Schroeder, "The 19th-Century International System," 13–16; Ikenberry, *After Victory*, 112–113.
15) Kennedy, *The Rise and Fall of British Naval Mastery*, chap. 6 참조.
16) Sheehan, *German History*, 408–409; Blackbourn, *The Long Nineteenth Century*, 122–123; Sked, "The Metternich System, 1815–48," 115–117.
17) Sheehan, German History, 711–715 참조.
18) 크림전쟁의 기원에 대한 유용한 설명은 Rich, *Why the Crimean War?*, Goldfrank, *The Origins of the Crimean War* 참조.
19) Rich, *Why the Crimean War?*, 37.
20) Rich, *Great Power Diplomacy*, 116–118.
21) Jelavich, *A Century of Russian Foreign Policy*, 135–136.
22) Rich, *Great Power Diplomacy*, 130–131; Bridge and Bullen, *The Great Powers and the European States System*, 136–137.

23) Lerman, *Bismarck*, 43–44; Pulzer, *Germany*, 9–14.
24) Lerman, *Bismarck*, 40–41 and 44.
25) Clark, *Iron Kingdom*, 537–542; Breuilly, *Austria, Prussia and Germany*, 76–77.
26) Rich, *Great Power Diplomacy*, 199–200 참조.
27) Bridge and Bullen, *The Great Powers and the European States System*, 152, 154–155.
28) Carr, *The Origins of the Wars of German Unification*, 193–201 참조.
29) Rich, *Great Power Diplomacy*, 213–214.
30) 이것은 Mitzen, *Power in Concert*의 핵심 주장.
31) Mitzen, *Power in Concert*, 201–209 참조.

6장

유럽협조체제의 부활,
1871~1914년

▎ 독일 중심적 유럽질서의 구축
▎ 오스트리아-헝가리, 러시아, 그리고 발칸반도
▎ 강대국의 진영화
▎ 오스트리아-헝가리와 세르비아 문제
▎ 대전쟁의 발발
▎ 국제체제, 1871~1914년

1871년 프랑스-프러시아전쟁의 종결로 유럽 강대국 간에는 40년 이상의 평화가 시작되었다. 1871년부터 1914년까지의 국제체제는 유럽협조체제의 부활된 형태로 묘사할 수 있다. 원래의 협조체제와 마찬가지로 새로운 체제는 유럽의 영토 변화가 최소한으로 유지되어야 하며, 영토 경계에 대한 어떤 필요한 수정도 강대국의 합의로 결정되어야 한다는 원칙에 기반하였다. 글상자 6.1은 부활된 협조체제의 주요 특징을 요약하였다. 협조체제를 부활시킨 6대 강국은 영국, 프랑스, 독일, 러시아, 오스트리아-헝가리, 이탈리아였다. 1871년부터 1914년 사이에 협조체제는 두 차례 주요 영토 문제 결정을 위해 회의를 개최했다. 1878년 그들은 몇몇 발칸반도 신생국의 영토경계를 획정하기 위해 베를린에 모였었다. 1912~1913년에 그들은 1878년 설정된 발칸의 국경을 수정하기 위해 런던에 모였다.

전반적으로 1871년 이후 유럽의 정치 환경은 1815년 이후 수십 년 간에 비해 협조체제 형태의 국제체제에 덜 적합하였다. 이전에 비해 민족주의는 더 강했고, 그것은 유럽의 안정을 유지하려는 강대국의 노력을 어렵게 했다. 협조체제가 작동하려면 강대국들은 서로의 사활적 이익을 기꺼이 인정해야만 했다. 그러나 강대국 내의 여론은 더 민족

글상자 6.1 유럽협조체제의 부활

시기: 1871년부터 1914년

주요 행위자: 6대 강국은 영국, 프랑스, 독일, 러시아, 오스트리아-헝가리, 이탈리아였다. 독일은 대륙에서 가장 강한 국가였으나, 영국과 프랑스는 글로벌한 수준에서 더 영향력이 있었다. 이탈리아는 강대국 중 가장 약했으며 협조체제의 의사결정에 가장 영향력이 약했다. 19세기 말 미국은 세계 최대의 경제 강국으로 부상했으며, 미국과 (또 다른 신흥 강국) 일본은 동아시아에서 유럽 강국들과 영향력 경쟁을 벌였다. 미국과 일본은 부활된 협조체제의 구성원이 아니었으며, 그들이 중요한 국제 행위자로 부상함으로써 협조체제는 유럽 열강들 사이의 경쟁을 관리하는 틀로서의 유용성이 감소하였다.

이 체제는 어떻게 국제질서를 창출하였는가? 유럽협조체제의 열강들은 자국의 독립과 강대국 지위를 지키는 데 관심이 있었으나, 또한 유럽에서 대규모 전쟁을 피하기 위해 고심했다. 이러한 목표를 추구하면서 그들은 유럽에서의 영토 변화를 제한하려 했고, 발칸반도에서의 국경선 변경 결정에 집단적 권위를 행사했다. 원래의 협조체제와 마찬가지로 강대국들은 영토 문제를 협상과 합의를 통해 해결하여 전쟁을 피하려 했다. 몇몇 강대국은 이 시기에 아프리카와 아시아에서 넓은 영토를 획득했다. 새로운 식민지 획득은 전쟁을 피하면서 서로에 대해 전략적 우위를 점하기 위해 계책을 부리는 수단이 되었다.

주의적이 되었고, 정치지도자들은 국제분쟁의 평화적 관리에 필요한 타협을 주저하게 되었다. 협조체제는 세르비아, 그리스, 불가리아 등 발칸 국가들의 민족주의 고조로 인한 도전에 직면하였다. 이들 국가는 영토 확장을 꿈꾸었으며, 발칸반도의 중대한 국경 변화는 강대국의 이익에 위협이 되었기 때문에 발칸 민족주의는 강대국을 전쟁으로 끌어들일 가능성이 있었다.

1871년 통일 이후 독일은 유럽 최강의 육상 강국이 되었으며 점차 유럽 대륙의 국제질서 관리에 있어서 지도적 위치로 부상하였다. 공식적으로 독일헌법은 외교정책에 관한 권한을 세습 군주인 황제에 부여했다. 그러나 실질적으로 독일의 외교정책은 1890년까지 재임한 재상 비스마르크가 관장했다. 비스마르크는 전쟁을 피하는 데 전념했다. 그는 오스트리아-헝가리를 억제하고, 러시아를 안심시키고, 프랑스의 선택을 제약하는 복잡한 외교를 통해 그 목표를 달성했다. 비스마르크 하에서 독일의 외교정책은 유럽의 국제질서를 안정화했다.

궁극적으로 두 가지 상황 전개로 인해 평화가 파괴되었다. 첫째로 오스만제국의 지속적인 정치적 쇠락으로 강대국들은 남동부 유럽에서 전략적 우위를 위한 불안한 경쟁에 끌려 들어갔다. 특히 오스트리아-헝가리와 러시아는 그 경쟁에 많은 것이 걸려 있었으며, 제1차 세계대전 전 수년간 이들 사이의 적대감이 격화되었다. 유럽이 직면한 또 다른 문제는 비스마르크 사임 이후 독일이 추구한 공격적인 외교정책이다. 독일의 지도자들은 자국이 영국, 미국, 러시아 등 부상하는 글로벌 강대국과 동등한 지위에서 경쟁할 수단을 결여했음에 우려했다. 그러한 우려에 대응하여 독일은 해군을 강화했으며, 더 많은 글로벌한 영향력을 요구하면서 다른 강대국들을 압박했다. 이러한 행동은 다른 강대국의 적대감을 불러일으켰으나, 독일의 전략적 위치를 강화하는 어떤 결과도 만들어내지 못했다. 시간이 흐르면서 독일의 지도자들은 전쟁을 통한 유럽 내에서의 영토 확장만이 그들의 야심을 실현해줄 수 있다고 믿게 되었다. 1914년 6월 오스트리아의 프란츠 페르디난드가 암살되자 오스트리아, 러시아, 독일은 그로 인해 초래된 국제 위기를 협상으로 해결하려는 노력을 하지 않았다. 위기를 해결하는 데 이들은 각자 자국의 조건만을 고집했으며, 양보하기보다는 전쟁도 불사했다. 이러한 상황에서 전쟁은 당연한 결과였다.

이 장은 1871년과 1914년 사이에 작동한 부활된 유럽협조체제에 대해 논의한다. 이 장은 두 가지 질문에 초점을 맞춘다. 첫째, 이 시기에 어떻게 강대국 간 평화가 유지되었는가? 둘째, 그 평화는 왜 무너졌는가?

독일 중심적 유럽질서의 구축

1871년 이후 유럽협조체제의 부활을 가능케 한 요인 중 하나는 강대국들이 대규모 전쟁을 원하지 않았다는 사실이다. 러시아는 영국이나 독일 같은 군사 강국을 상대할지도 모르는 무력 충돌에 대한 대비가 부족하다고 생각했다. 영국은 전통적으로 유럽 대륙의 전쟁에 말려드는 것을 꺼렸다. 얼마 전 전쟁에서 패배한 오스트리아-헝가리와 프랑스는 강력한 동맹의 지원이 없다면 새로운 전쟁을 수행하기에 너무 약하다고 느꼈다. 그들은 그러한 지원을 받지 못했다.

비스마르크의 리더십 아래서 독일이 다른 강대국 이상으로 전쟁을 원한 적은 없었다. 그보다 독일의 외교는 평화를 유지, 강화하기 위해 노력했다.[1] 비스마르크는 독일의 최우선 순위는 내부적 공고화였으며 영토적으로는 만족스러운 상태라고 보았다. 방해받지 않고 그 목표를 실현하기 위해 독일은 주변국이 뭉쳐서 독일을 적대시하지 않도록 해야 했다. 비스마르크는 프랑스와 러시아의 동맹 가능성을 무엇보다 우려했다. 이 두 나라는 동쪽과 서쪽에서 독일을 둘러쌌으며, 이들의 동맹은 독일의 안보에 중대한 위협이 되었다 (도표 6.1 참조). 프랑스-프러시아전쟁으로 인해 프랑스와 독일의 우호관계는 불가능했기 때문에 비스마르크는 러시아와 친밀한 관계를 유지하는 데 집중했다. 그리고 그는 오스트리아-헝가리 및 영국과 독일이 우호관계를 맺을 수 있는 길을 찾았다. 그의 목표는 프랑스가 강력한 동맹국을 얻지 못하게 저지하는 것이었다. 프랑스가 고립되어 있는 한 그 위협은 관리가 가능했다. 비스마르크의 또 다른 걱정은 오스만제국의 세력이 기울고 있는 남동부 유럽에서의 러시아와 오스트리아-헝가리의 영향력 경쟁이었다. 만일 그 경쟁관계가 전쟁으로 이어진다면 필시 독일도 끌려 들어갈 것이다. 비스마르크는 해외에서의 대규모 전쟁에 참여하면 국내에서 혁명을 촉발하고, 독일의 패배는 다른 강대국에 의한 독일 분할로 이어질 것을 우려했다. 그는 오스트리아-헝가리와 러시아 간의 긴장이 무력 충돌로 확대되는 것을 방지하는 데 상당한 노력을 기울였다.

  1870년대 동부 유럽 3개국의 관계는 독일 황제 빌헬름 1세, 오스트리아-헝가리 황제 프란츠 요제프, 러시아 황제 알렉산드르 2세의 이념적 연대감 덕분에 어느 정도 부드러웠다. 이들 군주는 왕조적 권리를 굳게 믿었고, 혁명에 대한 반대로 단결했다. 그것을 기반으로 1873년 그들은 한 국가가 다른 유럽 강대국의 공격을 받으면 서로를 지원하기로 동의했다. 황제들의 연맹으로 알려지게 된 이 합의는 구속력 있는 군사동맹이라기보다는 기본적으로 군주들 사이의 단합의 표현이었다.[2] 이 연맹은 러시아와 오스트리아-헝가리 사이의 협력 분위기를 조성하는 데 기여했으나, 남동부 유럽에서 그들의 목표가 상충하는 문제를 해결하는 데는 아무 도움이 되지 않았다.

  러시아는 남동부 유럽에서 비튀르키예 민족의 독립 투쟁을 지원

도표 6.1 1871년의 유럽

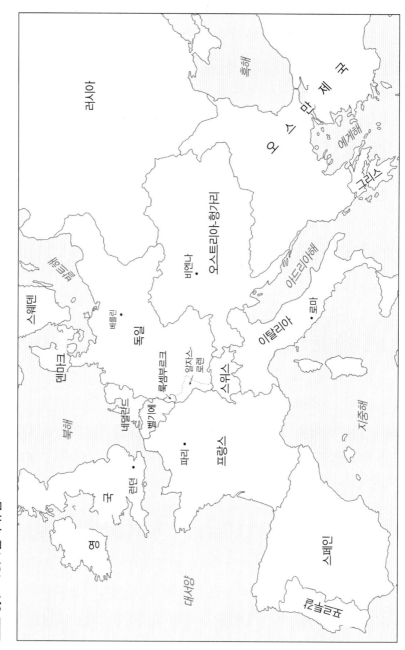

하면서 영향력을 확대하려 했다. 그 목표를 실현하기 위해 러시아는 1877년 오스만제국과 전쟁을 벌였다. 오스만제국은 오래지 않아 패배했고 유럽 영토의 거의 대부분을 잃었다. 다른 강대국들은 러시아가 전후 처리를 마음대로 하지 못하도록, 강대국 모두가 수용할 수 있는 조건을 협상하기 위해 회의를 개최하도록 하였다. 그 결과 1878년 베를린회의는 남동부 유럽의 대대적인 재조정을 결정했다. 수백 년간 오스만제국 영토였던 루마니아, 세르비아, 몬테네그로는 공식적으로 독립국 지위를 인정받았다. 오스만제국 영토였던 불가리아는 자치권을 부여받았으나 공식적으로는 제국 영토의 일부로 남았다. 베를린회의는 오스트리아 남쪽 국경에 있는 오스만제국의 영토인 보스니아와 헤르체고비나에 대한 행정적 통제권을 오스트리아-헝가리에 주었다. 이 양보는 오스트리아가 그 전쟁에서 중립을 유지한다는 약속을 대가로, 러시아가 오스트리아의 보스니아와 헤르체고비나에 대한 통제를 수용하기로 동의했던 오스트리아-헝가리와 러시아의 이전 비밀 거래에서 비롯된 것이었다.[3] 도표 6.2는 베를린회의 이후 발칸 국가들의 경계선을 보여주고 있다.

베를린회의의 결과는 강대국들이 협조체제 외교를 부활시켰음을 보여주었다.[4] 베를린회의에서 승인된 영토 변화는 강대국의 합의로 결정되었으며, 그런 의미에서 1830년 그리스 독립 문제를 평화적으로 해결한 협조체제와 유사했다. 그러나 베를린합의는 러시아에게 상당한 타격을 주었음에 주목해야 한다. 오스만제국을 격퇴함으로써 러시아는 발칸반도 대부분을 장악할 수 있는 위치에 서게 되었다. 그것은 유럽에서 러시아 영토의 중요한 확장을 의미했으며, 여타 강대국들은 기필코 이를 저지하려 했다. 따라서 베를린회의가 부과한 영토 합의의 핵심적인 목적은 러시아의 영향력 억제였다. 러시아는 그 합의를 받아

도표 6.2 1878년과 1914년의 발칸지역

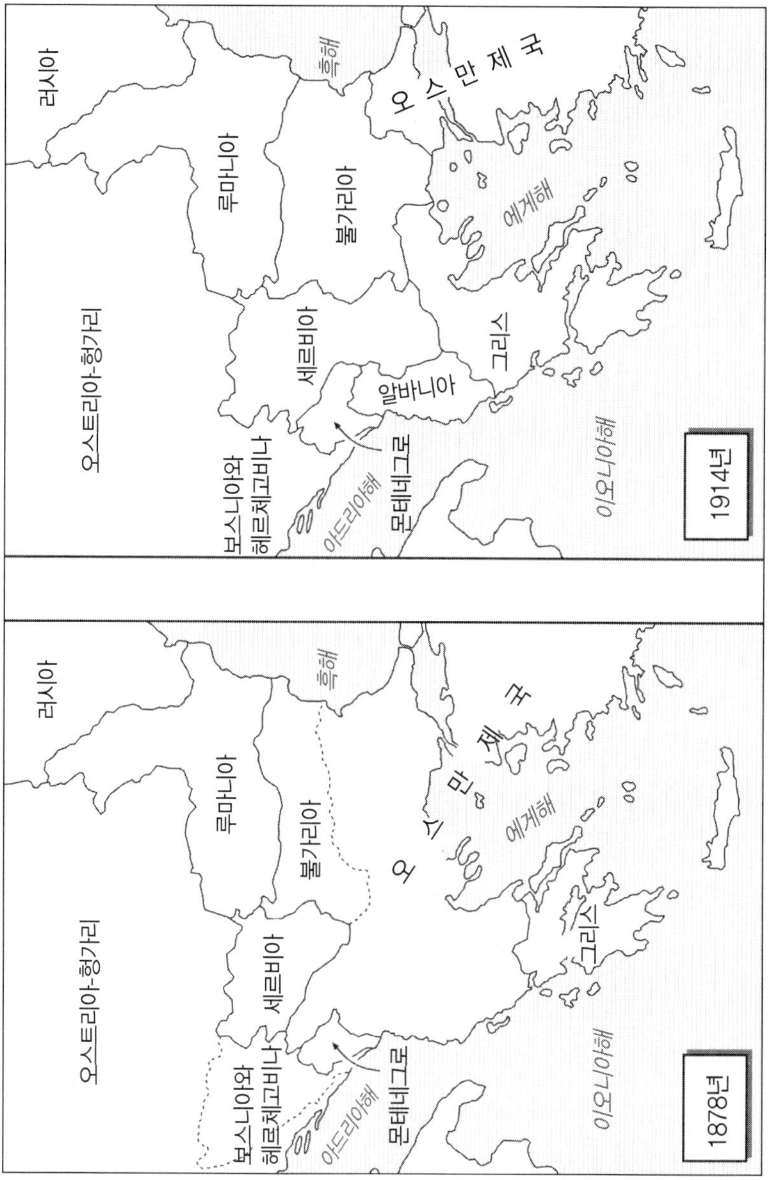

들이지 않을 수 없었다. 그것을 거부하면 여타 강대국들이 러시아에 선전포고할 가능성이 있다고 생각했기 때문이다.[5]

베를린회의는 협상을 주도한 비스마르크의 외교적 승리였다. 그러나 종전 합의 조건에 대해 러시아의 여론은 들끓었으며, 오스만제국에 대한 승리의 과실을 빼앗은 독일을 비난했다. 러시아와 오스트리아-헝가리의 관계도 악화되었다. 베를린회의의 여파로 3국 황제연맹은 사실상 끝났다. 오스트리아-헝가리와 러시아 사이의 경쟁이 통제 불능으로 치닫는 것을 방지하려면 비스마르크는 다른 대안이 필요했다.

비스마르크는 3국 황제연맹의 붕괴에 대응하여 오스트리아-헝가리와 방위동맹을 맺었다. 1879년 결성된 이 동맹으로 독일은 오스트리아-헝가리가 러시아의 공격을 받으면 보호해 줄 것을 약속했다. 그러나 이 보장은 러시아가 침략자일 경우에만 적용되었고, 오스트리아-헝가리가 침략자일 경우에는 해당되지 않았다. 비스마르크는 이 동맹을 오스트리아-헝가리를 독일에 묶어 두는 수단으로 보았으며, 그 결과 독일이 국경을 맞댄 세 강대국 중 최소한 하나의 동맹국을 가지게 되었다. 이 동맹은 독일이 오스트리아-헝가리의 외교정책을 어느 정도 통제할 수 있게 하여 동부 유럽을 안정화하려는 의도였다. 독일의 지원에 대한 확신 없이 오스트리아가 감히 러시아를 공격하기 어려웠기 때문에, 이 동맹은 러시아에 대한 오스트리아의 공격적 행동을 억제해주었다.[6]

독일과 오스트리아-헝가리의 동맹을 접한 러시아는 자국도 방어동맹을 맺을 의향이 있다는 신호를 보냈다. 러시아는 강대국 사이의 고립을 우려했으며, 그 지도자들은 베를린합의로 인한 악감정에도 불구하고 독일과 우호관계를 유지하고 싶어했다. 비스마르크는 러시아의 제안을 독일과 러시아의 우호관계 설정뿐 아니라, 러시아와 오스트리아-헝가리를 보다 협조적 관계로 유도할 기회로 보았다. 따라서 그는 러시아와 독일의 동맹에 대한 어떤 논의도 오스트리아-헝가리를 포함해야 한다고 고집했다. 이 3개국의 협상은 1881년 3국 황제동맹 (Alliance) 결성으로 결론이 났다. 이 동맹은 이미 없어진 3국 황제연맹(League)을 대체했으며, 만약 동맹 중 한 국가가 (오스만제국을 제외한) 타국과 전쟁할 경우 나머지 2개국은 중립을 지킬 것을 규정했다. 그런 방식으로 이 동맹은 동부 강대국들에게 서로를 상대로 일정한 보호를 제공했다. 또한, 비스마르크는 이 합의가 발칸반도에서의 러시아와 오스트리아-헝가리 사이의 긴장을 완화하는 다수의 실질적 요소들을 포함한다고 보았다.[7]

3국 황제동맹은 강대국 간 평화유지를 추구한 비스마르크의 노력의 핵심이었다. 그 동맹을 통해 오스트리아-헝가리와 러시아에 모두 독일과의 우호관계를 보장해 줌으로써, 비스마르크는 그들 사이의 분쟁을 중재할 수 있는 위치에 서게 되었다. 또한, 이 동맹은 러시아나 오스트리아-헝가리가 프랑스와 연합하지 않도록 함으로써 독일 서부의 평화를 유지하는 수단이었다. 그러나 그 조약은 러시아와 오스트리아 사이의 경쟁관계를 관리하는 데 효과가 제한적인 것으로 드러났다.[8] 1880년대에 오스트리아-헝가리는 발칸반도에서 경제적, 외교적 영향력 확대에 러시아보다 성공적이었다. 그 결과 러시아는 동맹에 회의를 느꼈으며, 그것이 자국보다 오스트리아의 이익에 더 부합한다고 결론지었다. 1887년 동맹의 연장 시기가 도래하자 러시아는 동맹을 연장하지 않고 만료를 선택했다.

3국 황제동맹의 종식으로 비스마르크는 러시아가 독일을 두려워할 이유가 전혀 없음을 보여줄 새로운 방법을 찾아야 했다. 그 결과가 독일과 러시아 중 한 나라가 제3국의 공격을 받았을 때 다른 한 나라는 중립을 지키기로 약속한 재보장조약이었다. 이 합의로 러시아는 만일

오스트리아-헝가리의 공격을 받으면 독일이 그 공격에 합세하지 않는
다는 보장을 받았다. 반대로 독일은 만일 프랑스의 공격을 받으면 러
시아가 합세하지 않는다는 보장을 받았다.

1879년부터 1890년 사이에 비스마르크가 구축한 방어동맹 네트워
크는 강대국 간 평화를 강화하는 데 크게 기여했다. 그 네트워크는 침
략전쟁을 생각하는 어느 하나의 강대국도 외교적으로 고립되고 취약
한 위치에 놓이도록 하는 방식으로 구조화되었다.[9] 독일-오스트리아
동맹, 독일과 러시아 사이의 다양한 협정에 더해 비스마르크는 1882
년 독일, 오스트리아-헝가리, 이탈리아 사이의 방어동맹(소위 3국 동
맹)을 완결하였으며, 1887년에는 지중해의 영토적 현상유지를 위해
오스트리아-헝가리, 이탈리아, 영국 사이의 일련의 협정도 거들었다.
이 모든 협정 중 가장 중요한 것은 러시아와 독일의 동맹이었다. 독일
과 러시아가 상호 협력관계에 대한 약속을 지키는 한 대규모 전쟁은
효과적으로 억제되었다. 그러나 1890년 비스마르크가 관직에서 물러
나자 독일의 지도자들은 러시아와의 우호관계를 우선순위에 두지 않
는 외교정책의 길을 가기 시작했다.

오스트리아-헝가리, 러시아, 그리고 발칸반도

1871년 이후 유럽에서 강대국 간 평화에 대한 중대한 위협 중의 하나
는 발칸반도를 둘러싼 오스트리아-헝가리와 러시아의 경쟁이었다. 오
스트리아가 발칸반도에 집착했던 것은 1850년대와 1860년대에 이탈
리아와 독일에서 겪었던 전략적 패배의 영향이었다. 그 이전에는 오스
트리아는 이탈리아에서 지배적인 세력이었고 독일에서 프러시아와 함

께 지도적인 역할을 공유했었다. 1859년 오스트리아에 대한 프랑스의 승리와 그에 이은 이탈리아의 통일 국가 수립으로 오스트리아는 이탈리아에서 영토를 잃었고 그것은 이탈리아반도에서의 영향력 상실을 의미했다. 그리고 1866년 프러시아에 패하면서 오스트리아는 남부 독일 국가들에 대한 영향력을 잃었고, 1871년 통일 독일의 탄생은 오스트리아의 이익이 아니라 프러시아의 이익에 입각한 것이었다.

또한, 프러시아에 패배함으로써 오스트리아에서는 헌법 구조에 중요한 변화가 일어났다. 오스트리아를 통치한 합스부르크 왕가는 문화적으로 독일계였으나 오스트리아 제국 인구의 4분의 3은 헝가리인, 체코인, 세르비아인, 루마니아인 등 비독일계로 구성되었다. 프러시아와의 전쟁의 여파로 약화된 합스부르크 왕가는 가장 인구가 많고 영향력이 강한 비독일계 민족이었던 헝가리인들에게 중요한 양보를 할 수밖에 없었다. 1867년 헌법적 타협으로 헝가리 민족은 자신의 입법부하에서 자치정부를 가지게 되었으며, 오스트리아 제국 영토의 절반 정도가 헝가리의 통제로 들어갔다. 사실상 오스트리아 제국은 하나의 공유하는 군주 아래 오스트리아 민족과 헝가리 민족이 각각 통제하는 2개의 준독립 국가가 되었다. 재구성된 제국은 오스트리아-헝가리, 또는 이중 왕국으로 알려지게 되었다. 이러한 재구성은 헝가리 민족의 요구를 만족시켰지만 제국 내 다른 민족의 불만을 해소하지는 못했으며, 어느 면에서 불만을 오히려 고조시켰다.[10]

이탈리아와 독일에서 모두 밀려난 오스트리아-헝가리는 전략적으로 위태로운 위치에 서게 되었다. 오스트리아-헝가리의 강대국 지위는 러시아와 영향력 다툼이 벌어진 발칸반도에서의 상황 전개에 달려있었다. 발칸반도에서 오스만제국의 영향력이 무너지자 오스트리아-헝가리는 발칸이 러시아의 지배하에 들어갈 가능성으로 인해 근심에 사

로잡혔다. 만일 그렇게 된다면 오스트리아-헝가리는 포위되고 러시아
에 휘둘리게 될 수 있었다. 러시아가 발칸반도의 지배적 위치를 얻으
면, 그것은 심지어 오스트리아-헝가리의 지중해 접근을 봉쇄하고 전
세계로의 해상 통로를 차단할 수도 있었다. 그러한 이유로 오스트리아
지도자들은 세르비아, 불가리아, 몬테네그로 등 발칸 신흥국들이 소
규모로, 서로 대립하는 상태로 유지되는 것을 선호했다. 몇몇 군소 국
가로 분할된 발칸반도는 러시아가 장악하기 더 힘들 것이고, 오스트리
아-헝가리가 핵심 이익을 지킬 기회를 더 얻을 수 있었다.[11]

러시아로서도 발칸반도에 많은 이익이 걸려 있었다. 반도의 동쪽
끝은 흑해를 지중해와 연결해주는 튀르키예해협과 접해있었다. 경제
적, 군사적으로 그 해협은 러시아에 대단히 중요했다. 그것은 수 세기
동안 오스만제국이 지배했으나 19세기 말 오스만제국의 통제력이 약
화되었다. 러시아 지도자들은 오스만제국이 붕괴하고 있으며, 그렇게
되면 튀르키예해협에 대한 통제를 두고 여러 세력이 다투게 되리라 믿
었다. 러시아의 입장에서 튀르키예해협이 영국이나 독일같은 강력한
경쟁국 손에 들어가면 재앙이었다. 만약 오스만제국이 더이상 해협을
통제하지 못하는 날이 오면 러시아는 그것을 장악하리라 다짐했다.[12]

발칸에 대한 러시아의 정책은 다른 고려에도 영향을 받았다. 러시
아인과 마찬가지로 세르비아인, 불가리아인도 슬라브 민족이었다. 범
슬라브주의 교리에 영향을 받은 많은 러시아인들은 발칸의 슬라브 민
족을 오스만제국이나 오스트리아-헝가리의 지배로부터 보호할 의무
와 권리가 있다고 열렬히 믿었다.[13] 그리고 다수 러시아인들은 1877
년 러시아-오스만전쟁에서 치른 희생이 당연히 발칸에서의 영향력의
지분을 러시아에 주었다고 생각했다. 그 결과 발칸반도에서 이익을 챙
기려는 오스트리아-헝가리의 시도는 종종 러시아 여론에 분노를 일으

켰다. 항상 국내의 혁명을 두려워했던 황제와 각료들은 그러한 여론을
쉽사리 무시하지 못했다.

발칸반도에서 오스트리아-헝가리의 주된 목표는 남쪽으로 에게해
에 영향력을 미칠 수 있는 통로를 구축하여, 자국이 러시아나 러시아의
사주를 받은 발칸 국가들에 의해 포위되지 않도록 하는 것이었다. 베
를린회의는 오스트리아-헝가리가 그 전략을 실행에 옮길 기회를 제공
했다. 회의는 합스부르크 군대가 보스니아와 헤르체고비나를 점령, 관
리하도록 허락하여, 오스만제국의 이 두 지역을 오스트리아-헝가리의
통제하에 편입시켰다. 보스니아와 헤르체고비나 인구는 세르비아인과
그들과 민족적으로 밀접한 크로아티아인들로 구성되었으며, 오스트리
아-헝가리가 이 지역을 통제하려 했던 주된 이유 중의 하나는 이들이
세르비아에 통합되는 것을 막기 위함이었다. 보스니아와 헤르체고비
나를 포함하는 확대된 세르비아는 발칸반도에서 합스부르크의 영향력
을 차단하고 오스트리아-헝가리 남부 지역 세르비아인들의 반란을 부
추길 수 있었다. 그러나 오스트리아-헝가리는 1878년에 기회가 있었
음에도 불구하고 보스니아와 헤르체고비나를 공식적으로 합병하지는
않았다. 헝가리 지도자들은 많은 세르비아인이 새롭게 오스트리아-헝
가리에 더해지면 헌법 개정을 요구하는 압력이 고조될 수 있다는 우려
로 합병을 강력히 반대했다. 그러한 개혁은 필연적으로 1867년 헌법에
서 헝가리인들이 얻어낸 특권을 축소할 수 있었다. 그 이유로 오스트리
아-헝가리는 보스니아와 헤르체고비나를 제국에 공식 통합하지 않기
로 결정했다. 그 대신 이 지역을 사실상 식민지로 취급했다.[14]

보스니아와 헤르체고비나를 장악하게 된 오스트리아-헝가리는 신
생 독립국 세르비아를 작고 약하게 만드는 데 힘썼다. 경제적으로 세
르비아는 오스트리아-헝가리와의 무역에 의존했으며, 1881년 세르비

아는 오스트리아와의 경제관계를 더 긴밀히 연계하는 특혜무역협정을 체결했다. 세르비아의 통치 군주 밀란 오브레노비치는 합스부르크정부가 자신에게 제공한 지원과 개인적 특혜를 대가로 친 합스부르크 외교정책을 약속하는 추가적인 협정을 오스트리아-헝가리와 체결했다. 그렇게 세르비아는 오스트리아의 피후견국가가 되었다.[15]

표면적으로 오스트리아-헝가리가 1870년대와 1880년대에 서부 발칸반도에서 획득한 것은 대단한 듯 보였다. 합스부르크 왕조는 보스니아와 헤르체고비나를 직접 통제하게 되었으며, 신생 세르비아는 사실상 합스부르크의 위성국가였다. 그러나 그러한 성과는 결코 안전하지 않았다. 세르비아인들 사이에는 민족주의가 뿌리 깊었으며, 당시 사정이 그들을 일시적으로 오스트리아-헝가리에 종속되게 만들었지만, 그런 상황을 언제까지나 받아들이지는 않았다.

강대국의 진영화

1880년대에 독일은 유럽에서 강대국 간 평화의 중심 역할을 했다. 비스마르크의 외교정책은 오스트리아-헝가리와 러시아 양국을 억제하면서 안심시키는 방식으로 독일에 묶어 놓음으로써 유럽 국제질서를 안정화시켰다. 그러나 1890년 비스마르크 퇴임 후 독일 외교정책의 방향 변화로 인해 강대국들은 대립하는 동맹으로 분열되었다. 이러한 상황 전개에는 두 가지 주요 원인이 있었다.

첫째, 비스마르크는 러시아와 긴밀한 협력을 유지하기 위해 자신이 할 수 있는 모든 일을 했으나 독일의 최우선순위는 오스트리아-헝가리와의 동맹이었다. 매우 단순히 말하자면 독일의 안보를 위해 오스트리아-헝가리가 강대국으로 유지되어야만 했다.[16] 만일 오스트리아-헝가리가 약화되면 민족 단위로 해체될 수 있었다. 그 시나리오에서 중부와 남동부 유럽의 상당 부분은 러시아의 영향권으로 편입되고, 독일의 전략적 위치를 크게 약화했을 것이다. 발칸반도에서의 러시아와 오스트리아-헝가리 사이의 긴장 상태를 고려하면, 독일은 이 두 국가에 모두 충실한 우방이 되려는 어려운 줄타기를 해야 했다. 비스마르크의 사임 후 후임자들은 러시아와의 협력이 독일의 오스트리아-헝가리에 대한 공약과 상충한다고 생각했으며, 따라서 그들은 재보장조약을 만료시켰다.[17] 조약의 연장을 기대했던 러시아정부는 돌연 전략적 파트너를 잃은 상황을 맞았다. 그 결과 러시아는 관계를 강화하자는 프랑스의 제안에 더 긍정적이 되었다. 프랑스는 오랫동안 비스마르크의 동맹체제로 강요된 전략적 고립에서 탈피하려 했으며, 독일-러시아 협력 관계의 종식은 그 기회를 제공했다. 1894년 러시아와 프랑스는 공식적으로 방어동맹을 맺었다. 이것은 독일에게 자국의 취약한 지리적 위치를 상기해준 반갑지 않은 상황 전개였다.

　유럽을 적대적 진영으로 분열하는 데 기여한 두 번째 요인은 독일이 보다 공격적인 외교정책을 채택한 것이다. 그 변화의 근저에는 독일 사람들이 세계에서의 자국의 위치에 점점 더 만족하지 못했다는 것이다. 비스마르크가 현직에 있을 때 독일은 급속한 산업 발전과 국민적 정체성 공고화를 경험했다. 자국의 능력과 역동성에 자신감을 가지게 되면서 많은 독일인들은 유럽의 현상유지가 독일의 이해에 부합하는지 의문을 제기하기 시작했다. 민족주의자들은 독일이 영국, 프랑스, 러시아, 미국과 동등하게 경쟁할 수 있도록 더 많은 해외 식민지 획득을 거세게 요구했다.[18] 그러한 요구는 독일의 인종적 우월성에 대한 사회진화론적 신념을 반영했다. 사회진화론적 시각은 독일만의 특성은 아니었다. 그러한 시각은 19세기 말 영국, 미국을 포함하는 다수 서유럽국가의 지배 엘리트 사이에 영향력이 있었다.[19] 그러나 영국과 미국의 사회진화론은 기존의 식민주의와 인종차별을 정당화하는 데 이용되어 현상을 강화했으나, 독일에서는 민족주의적 불만 정서와 국제정치 질서의 근본적 변화에 대한 갈망을 키웠다.

보다 더 글로벌한 지향성을 가진 외교정책을 주장한 유력 인물 중의 한 사람은 1888년 독일의 황제직을 승계한 빌헬름 2세였다. 독일의 야망 실현을 위해서는 해군력 증강이 필수적이라고 믿었던 빌헬름은 해군 예산을 더 중시하도록 정부와 의회를 압박했다. 1898년 초 독일은 영국의 함대에 도전할 만큼 강력한 해군을 만들려는 함정 건조 계획에 착수했다. 이것은 재난적인 실책이었다. 해외 무역에 크게 의존하던 섬나라 영국은 해상 수송로 통제를 자국의 생존에 필수적이라고 보았다. 독일의 움직임에 대응하여 영국은 자국 해군이 큰 격차로 우위를 지키도록 대대적으로 해군력을 증강하였다. 그보다 더 중요한 것은 영국이 독일의 해군력 증강을 위협으로 인식하고, 프랑스, 러시아와 더 긴밀한 협력관계를 추구하게 된 것이다.[20] 결국 독일의 해군력 증강은 제1차 세계대전에서 영국이 중립을 유지하거나 독일 편에 서지 않고, 프랑스 및 러시아 편을 들게 되는 중요한 요인이었다.

글로벌한 영향력에 대한 독일의 열망은 유럽과 세계의 관계에 있어서의 더 광범위한 변화 추세와 연결되어 있었다. 유럽의 산업화가 가속화되면서, 각국은 성장하는 제조업 부문에 공급할 적절한 천연자원과 생산된 상품의 증가하는 물량을 흡수할 충분한 수출 시장 확보에 부심했다. 또한, 산업화로 유럽국가들이 군사력 면에서 약진하여, 아프리카나 아시아의 정복을 용이하게 해주었다. 천연자원 및 수출 시장 추구와 군사력 증강이 맞물려 강대국들의 해외 영토 획득 경쟁에 불이 붙었다. 19세기 말 유럽국가들은 아시아와 아프리카 대부분을 새로운 식민지로 만들었다. 영국, 프랑스, 독일, 이탈리아, 벨기에는 모두 제국주의 정복에 뛰어들었으며, 그 중 영국과 프랑스의 새로운 식민지 영토는 가장 비중이 컸다. 식민지 영토 경쟁은 비스마르크가 현직에 있었던 1870년대와 1880년대에 정점에 달했다. 비스마르크는 해외 영토 획득이 독일의 안보와 번영에 크게 기여한다고 생각지 않았으며, 그의 재직기간 중 독일은 식민지 확장에 크게 노력하지 않았다.[21] 그가 관직에서 물러난 시점에 아시아와 아프리카의 가장 가치가 높은 식민지는 다른 열강들이 장악했다. 비록 독일이 상당한 해외 제국을 구축했으나 그것은 영국이나 프랑스에 비하면 작고, 별로 중요하지 않았다.

20세기가 시작되면서 독일은 역사의 아이러니에 직면했다. 한편으로 통일은 독일을 대륙에서 가장 강하고 물리적으로 가장 안전한 국가로 만들어 주었다. 그러나 그러한 성과가 이루어지고 있는 중에도 강대국 간 세력 정치 게임은 유럽의 장기판에서 글로벌한 장기판으로 이동하고 있었다.[22] 독일이 직면한 문제는 유럽에서의 최강자 위치가 글로벌한 수준에서 효과적으로 영향력 경쟁을 할 수단을 주지는 않았다는 점이다.[23] 독일의 영토는 미국이나 러시아의 대륙적 크기의 영토에 압도되었으며, 충분한 경제적, 전략적 가치가 없었던 해외 식민지는 유럽 밖에서 독일에게 그다지 대단한 협상력을 제공하지 못했다. 지리적으로 러시아와 프랑스 사이에 끼어있고, 대양에서 영국에 상대가 되지 않았던 독일은 다른 강대국들이 독일의 참여나 동의 없이 세계를 나누어 장악하는 것을 저지할 방법이 없었다. 북아프리카에서 각자의 세력권을 규정한 1904년 영국과 프랑스 사이의 합의나 페르시아와 중앙아시아에서 각자의 세력권을 규정한 1907년 영국과 러시아 사이의 합의는 독일의 우려를 입증해주었다.

강대국 간 경쟁이 더욱 글로벌화하면서, 부활된 유럽협조체제는 갈수록 국제질서 유지에 적절치 않은 것으로 보였다. 협조체제의 규칙은 유럽 내에만 적용되었기 때문에 영국, 러시아, 프랑스는 유럽 밖에서 영토나 영향력을 나누는 데 독일의 이익을 고려할 의무가 전혀 없었다. 미국, 일본 등 부상하는 비유럽 강대국에게도 같은 상황이었다. 다른 강대국들이 독일의 야망을 무시한 데 대해 독일은 분노했으나 그들의 행동을 바꾸도록 강제할 효과적 수단을 결여했다. 그것은 잠재적으로 위험한 상황이었다. 만일 독일의 지도자들이 협조체제가 자국의 필요에 부합하지 않는다고 확신하게 되면 유럽 내에서 독일의 영토 확장에 가해진 제약을 계속 인정해야 할 이유가 없었다.

실제로 다수의 독일 관료들은 자국이 진정한 글로벌 강대국 수준에 오르려면 모국 영토의 규모를 크게 늘려야 한다고 믿게 되었다. 그러나 그러한 목표를 실현하려면 러시아나 프랑스와의 전쟁, 어쩌면 영국과의 전쟁도 불가피했다. 독일의 지도자들은 그러한 전쟁에 대해 자신감을 표했으나 전쟁의 개시는 주저했다.[24] 그들은 독일 국민들이, 특히 독일이 의도적으로 시작한 팽창과 정복의 전쟁을 지지할지 확신하지 못했다.[25] 또한, 그들은 유럽의 대규모 전쟁은 엄청난 비용과 희생을 초래하고, 예측 불가한 위험이 따를 것을 알았다. 독일 지도자들의 현상유지에 대한 불만과 전면전 개시에 대한 주저가 조합된 결과는 명확한 목표 없는 변덕스럽고 기회주의적인 외교정책이었다.[26] 독일이 기존 국제질서를 파괴할 의도를 가진 것이 우려된 러시아, 프랑스, 영국은 반독일동맹으로 더 관계를 강화했다.

비록 유럽 강대국들이 한 진영에 독일, 오스트리아-헝가리, 이탈리아가, 다른 진영에 러시아, 프랑스, 영국이 포함된 적대적 동맹으로 분열되었지만 부활한 협조체제는 제1차 세계대전 직전까지 계속해서 기

능했다. 이들 동맹은 방어적이었기 때문에 그 존재가 근본적으로 협조
외교의 원칙과 상충한 것은 아니다. 더욱이 동맹 내에도 이해관계가 다
양했기 때문에 강대국들은 국제 문제 관리에 빈번히 반대 진영 국가의
도움을 청했다. 그럼에도 적대적 동맹 진영으로의 분열은 대규모 전쟁
이 일어날 수 있는 조건을 만들었다. 러시아와 오스트리아-헝가리의
어떤 무장 충돌도 다른 강대국을 끌어들일 것이 거의 확실했기 때문이
다. 독일은 오스트리아-헝가리가 러시아에 패하는 것을 용인할 수 없
었다. 왜냐하면 그 결과로 독일이 적대국에 포위되기 때문이다. 프랑
스와 영국은 러시아가 독일에 패하는 것을 지켜볼 수 없었다. 왜냐하면
그로 인해 독일이 그들을 압도할 만큼 강해질 수 있었기 때문이다.

오스트리아-헝가리와 세르비아 문제

발칸반도의 상황은 제1차 세계대전 발발의 핵심 역할을 했다. 전쟁에
이르기까지의 수년간 오스트리아-헝가리와 러시아는 발칸반도에서 자
국의 전략적 위치에 중요한 손실을 겪었다. 러시아와 합스부르크 지도
자들은 더이상의 손실을 막기 위해 필요한 모든 조치를 취하려는 의지
를 다지게 되었다. 그 결과 1914년 7월의 위기는 합스부르크 왕가나
러시아정부 어느 쪽도 타협에 관심을 보이지 않는 가운데, 양국의 의
지를 시험하는 모양새가 되었다.

　대체로 발칸반도에서 오스트리아-헝가리의 문제는 세르비아에 관
한 것이었다. 합스부르크 왕조와 세르비아의 후견-피후견관계는 일단
의 민족주의적인 세르비아 육군 장교들이 알렉산다르 오브레노비치
왕(밀란 오브레노비치의 아들이며 승계자)을 암살하고 세르비아정부

를 재조직했던 1903년부터 무너지기 시작했다. 세르비아의 새 지도자들은 오스트리아-헝가리에의 의존을 줄이고 러시아를 포함한 다른 나라들과 경제관계를 강화하려 했다. 그러한 노력에 합스부르크 왕국은 분노로 반응했고, 1906년 세르비아를 상대로 무역 제재를 단행했다. 그 시점 이후 양국은 대놓고 적대적인 관계가 되었다.

오스트리아-헝가리와 세르비아 간 갈등의 저류에 있는 요인은 세르비아의 영토적 야망과 관련이 있었다. 세르비아 민족주의자들은 오랫동안 모든 세르비아인을 하나의 민족 국가로 통합하는 것을 꿈꾸었고 신정부는 그러한 목표를 지지했다. 그러나 보스니아와 헤르체고비나, 그리고 오스트리아-헝가리 남부 지역에 수백만 명의 세르비아인이 거주하고 있음을 고려할 때, 세르비아 통일 국가 수립을 위해서는 보스니아와 헤르체고비나를 합스부르크로부터 분리하고 궁극적으로 오스트리아-헝가리를 해체해야 했다. 말할 필요도 없이 합스부르크 관리들은 세르비아의 야망을 대단히 위협적으로 보았다. 세르비아 민족주의자들은 보스니아와 헤르체고비나가 1878년 이후 합스부르크 통제 하에 있었지만, 여전히 법적으로 오스만제국에 속했기 때문에 세르비아와 통합될 수 있을 것으로 희망했다. 따라서 만일 오스만제국이 궁극적으로 붕괴되면 이들 지역이 어떻게 될지 불확실했다. 비록 기존의 세력 구조는 세르비아가 매우 극복하기 어려운 장애물로 보였지만, 민족주의자들은 이탈리아나 독일 통일 사례를 보면서 세르비아 민족도 통일이 가능하다는 자신들의 신념을 지켰다.

세르비아 신정부의 반합스부르크 성향은 오스트리아-헝가리가 보스니아와 헤르체고비나에 대한 온전한 소유권을 행사하지 않기로 했던 이전의 결정을 재고하게 만들었다. 1908년 10월 오스트리아는 이두 지역의 공식 합병을 선언했다. 이 행동은 세르비아 민족주의자들의 언동뿐 아니라, 오스만제국이 이 지역의 통제권을 다시 주장하려 한다는 우려에서 비롯되었다.[27] 보스니아와 헤르체고비나를 공식 합병함으로써 합스부르크 왕가는 보스니아의 세르비아인들이나 여타 정부들이 다른 결과를 내기 위해 흔들어 대도 소용없다는 것을 보여주어 이 문제를 최종적으로 해결하려 했다.

러시아를 포함하여 대다수 유럽정부는 오스트리아-헝가리의 행동에 놀라지 않았다. 그들은 합스부르크 왕국이 보스니아와 헤르체고비나를 영구히 소유하려 하며, 궁극적으로 공식 합병하라는 것을 진작부터 알고 있었다. 그러나 세르비아와 러시아는 이 조치에 놀랐으며 분노로 반응했다. 러시아정부는 대중들의 분노가 커지는 것을 피하기 위해 합병을 인정하지 않는다고 선언했다. 세르비아정부는 그보다 더 나아갔다. 합병을 불인정한 데 더해 세르비아는 보스니아의 세르비아인들이 합스부르크 통치에 저항해 봉기하도록 부추기는 선전 공작을 벌였다. 이에 대응하여 합스부르크정부는 세르비아를 상대로 한 전쟁을 준비하기 시작했다. 이 위기는 강대국 간 평화에 심각한 위협을 가했다. 왜냐하면 만일 오스트리아-헝가리가 세르비아를 침공하면 러시아가 오스트리아-헝가리에 선전포고로 대응할 위험이 있었기 때문이다.

이 위기는 독일이 오스트리아-헝가리를 지지하면서 러시아에 세르비아 합병을 인정하라고 최후통첩하자 결국 1909년 3월에 끝났다. 이 행동은 위기의 신속한 해결을 가져왔다. 왜냐하면 러시아는 독일과 심각한 충돌을 감수할 만한 상태가 아니었기 때문이다. 불과 수년 전인 1905년 러시아는 극동에서 일본에게 군사적 패배를 당했다. 이 패배는 러시아의 군사적 능력의 중대한 약점을 노출했고, 국내정치적 격변을 초래해 지속적으로 러시아의 혼란을 야기했다. 또한, 프랑스와 영국은 보스니아와 헤르체고비나를 놓고 전쟁에 휘말리는 걸 전혀 원치 않았다. 비록 그들은 오스트리아-헝가리가 일방적으로 그 지역을 합병한 데 반대했으나, 독일과 평화적으로 타협하도록 러시아에 촉구했다. 다른 현실적 대안이 없었던 러시아는 한발 물러나 독일의 요구를 수용했다. 이에 따라 세르비아정부도 굴복할 수밖에 없었다. 그렇지 않았다면 세르비아는 오스트리아-헝가리와 패배할 것이 거의 확실한 전쟁을 해야 했다. 따라서 합스부르크의 요구대로 세르비아는 합스부르크의 보스니아와 헤르체고비나 합병을 인정하고, 이후 오스트리아-헝가리의 '선린'으로 행동할 것을 약속했다. 그러나 머지않아 그러한 약속은 공허한 것으로 드러났다.

비록 보스니아 위기는 평화적으로 해결되었으나 1908~1909년에 일어난 일들은 1914년 제1차 세계대전으로의 길을 닦아주었다. 무엇보다 독일이 러시아에 대해 최후통첩한 사건으로, 러시아, 프랑스, 영국은 독일이 유럽을 지배하려 하며, 궁극적으로 독일을 무력으로 저지해야 할지 모른다고 믿게 되었다. 그 결과 장래에 위기 상황이 벌어져도 이들 국가는 평화를 위해 독일을 달래려는 생각을 덜 하게 되었다. 러시아의 지도자들은 특히 독일에 양보하지 않겠다는 생각을 굳혔다. 독일의 최후통첩에 굴복함으로써 러시아는 위신에 큰 타격을 입었다. 그 타격은 1905년 일본에 당한 생각지도 못했던 치욕스러운 군사적 패배에 더해진 것이었다. 대부분의 관찰자들은 러시아의 승리를 예상했었다. 러시아 관리들은 자국이 또다시 그러한 치욕을 당한다면 더이상 강대국으로서 존중받지 못할 것을 두려워했다. 보스니아 위기로 장래에 오스트리아-헝가리와 세르비아 사이의 충돌 가능성도 높아졌다. 보스니아와 헤르체고비나가 이제 공식적으로 오스트리아-헝가리에 합병되었기 때문에 세르비아정부는 통일된 세르비아를 수립할 기회가 영원히 멀어지고 있음을 우려했다. 그 상황의 현실화를 막는 것이 절실했던 세르비아는 반합스부르크 선전 공작을 강화하고, 세르비아 통일을 주장하는 대중 조직 결성을 부추겼다. 이들 조직은 빠르게 보스니아로 확산되어 합스부르크 관리들에 대한 암살 시도를 자행하는 세르비아 극단주의자들에 은신처를 제공했다.[28]

대전쟁의 발발

보스니아 위기 후 수년간 러시아와 오스트리아-헝가리는 발칸반도에서 우위를 점하기 위해 끊임없이 움직였다. 그럼에도 어느 국가도 전쟁을 원하지는 않았으며, 양측 모두 평화를 유지하기 위해 협조체제 외교의 틀 속에 남아 있길 원했다. 발칸반도 안정의 주된 위협은 강대국으로부터가 아니라 세르비아, 불가리아, 그리스, 몬테네그로에서 왔다. 이들 군소 발칸 국가들은 모두 오스만제국과 국경을 접했으며, 모두가 제국의 군사적 약화를 자국 영토 확대의 기회로 보았다. 1912년 이 4개국은 오스만제국을 상대로 전쟁을 일으키고 제국의 남은 유럽 영토를 자기들끼리 분할할 목적으로 공격적 동맹인 발칸연맹을 결성했다. 발칸연맹은 1912년 10월 의도했던 전쟁을 개시했고 일련의 전투에서 오스만제국을 신속히 물리쳤다. 그 결과 오스만제국은 튀르키예해협 동쪽 작은 지역인 동트라키아를 제외한 거의 대부분의 발칸반도 내 영토를 상실했다.

이러한 사태에 직면한 협조체제의 강대국들은 유럽의 영토 변화에 대한 통제력을 다시 확보하기 위해 재빨리 움직였다. 그들은 발칸연맹 국가들이 강대국의 이익에 대한 고려 없이 튀르키예의 영토를 탈취하는 것을 용인할 의사가 없었다. 그들은 발칸연맹에 오스만제국으로부터 탈취한 영토를 어떻게 분배할지 요구할 의도로 런던에서 회의를 개최했다. 그 회의는 궁극적으로 합의에 도달했으나 그 논의는 발칸에서의 합스부르크와 러시아 사이의 이익 충돌을 다시 드러냈다.[29] 전쟁 중 세르비아군은 아드리아해 연안 오스만 영토 일부를 점령하였으며, 세르비아는 이 영토의 소유를 인정해 줄 것을 요구했다. 세르비아의 지원자이며 보호자를 자처한 러시아는 세르비아의 요구를 지지했다. 합스부르크 지도자들은 이에 격렬히 반대했다. 합스부르크정부는 세르비아를 러시아의 대리자로 간주했으며, 만일 세르비아가 아드리아해에 이르는 영토를 획득하게 되면 오스트리아-헝가리는 발칸반도로부터 단절되고 러시아에 포위될 상황이라고 주장하였다. 결국 협조체제 열강들은 오스트리아-헝가리의 입장을 받아들이고, 분쟁의 대상이 된 영토를 런던회의에 의해 새로 탄생한 알바니아에 할양했다. 서부 발칸 아드리아해 연안에 거주했던 비슬라브 민족인 알바니아인들은 발칸전쟁 발발 수개월 전 오스만 통치에 저항해 봉기했었다. 런던회의에서 열강들은 알바니아를 독립국으로 승인하고 국경을 획정했다. 아드리아해의 몬테네그로에서 그리스에 이르는 영토를 알바니아에 줌으로써 열강들은 세르비아의 해양 진출로 획득을 저지하고 오스트리아-헝가리의 핵심 요구를 들어주었다.

1913년 6월, 제2차 발칸전쟁이 발발하여 세르비아, 그리스, 루마니아, 오스만제국이 불가리아를 상대로 싸웠다. 이 전쟁은 제1차 발칸전쟁의 약탈 영토 분할과 관련하여 불가리아와 구 발칸연맹 국가들의 이견에서 비롯되었다. 제2차 전쟁은 짧았지만 치열했으며, 불가리아의 패배로 끝났다. 이어서 1913년 8월 체결된 부카레스트조약은 세르비아의 영토 획득을 확인했다. 발칸전쟁의 결과 세르비아는 영토를 대략 2배 확장했고, 세르비아의 반합스부르크 활동은 오스트리아-헝가리에 더 위협적으로 보였다. 세르비아는 아드리아해 서쪽으로의 확장에 대한 의지를 계속 유지했다. 1913년 가을부터 1914년 봄까지 세르비아는 그 목표 실현을 위해 알바니아 영토 탈취나 몬테네그로와의 통합 협약 체결 등 다양한 가능성을 탐색했다.[30] 도표 6.2는 1914년 제1차 세계대전 전야 발칸 국가의 국경선을 보여준다. 1878년 국경선과 비교하면 두 차례 발칸전쟁과 런던회의로 인해 얼마나 많은 변화가 있었는지 알 수 있다.

1912년부터 1914년 여름까지 발칸반도에서 벌어진 일들로 오스트리아-헝가리는 부활된 유럽협조체제에 환멸을 가지게 되었다. 세르비아는 오스트리아-헝가리의 사활적 이익, 혹은 오스트리아-헝가리의 존재 자체를 위협하는 영토적 야심을 무자비하게 추구하는 듯 보였다. 그러나 러시아는 세르비아를 지원하고, 열강들은 발칸 갈등에 연루되기를 회피하면서, 협조체제는 세르비아를 자제시킬 능력이 없는 것으로 보였다. 그 결과 합스부르크정부는 세르비아의 도발에 자력으로 맞설 수밖에 없다고 확신했다. 그것이 보스니아계 세르비아인 극단주의자가 오스트리아의 프란츠 페르디난드 공작을 암살한 1914년 6월 28일의 상황이었다. 페르디난드는 지정된 합스부르크 왕위 계승자였으며, 프란츠 요제프 황제의 가장 친밀한 조언자였다. 그 암살은 공작이 보스니아 수도 사라예보를 방문하던 중에 일어났다.

암살 배후에 세르비아정부가 있다고 확신한 합스부르크 지도자들은 세르비아의 적대적 팽창 외교정책을 끝내기 위해 확실히 행동할 때가 되었다고 결심했다. 그들은 러시아와 프랑스가 세르비아를 통제할 어떤 의미 있는 행동도 반대할 것이 확실한 협조체제에 호소해도 소용없을 것이라고 보았다. 대신 그들은 독립 국가로서의 세르비아를 영원히 제거하기 위해 오스트리아-헝가리가 단독으로 수행하는 전쟁을 구상했다. 합스부르크 왕국은 세르비아 영토 획득을 추구하지는 않았다. 세르비아 독립을 끝장내려는 목표는 기존 세르비아 정권을 합스부르크가 조종하는 괴뢰정부로 대체하든가, 세르비아를 불가리아, 알바니아, 그리스로 분할하든가 하는 다른 방법으로 성취할 수 있었다.[31] 어떤 경우라도 오스트리아-헝가리를 발칸의 지배 세력으로 만들어 주고, 발칸 국가들이 합스부르크의 이익을 존중하도록 할 수 있었다.

그러나 합스부르크가 세르비아를 공격하면 러시아가 오스트리아-헝가리에 선전포고할 가능성이 높았다. 따라서 합스부르크정부는 독일에 도움을 청했다. 독일 지도자들은 유럽의 전면 전쟁이 초래될 수 있음을 알았으나 오스트리아-헝가리의 세르비아에 대한 강력한 조치를 무조건 지지한다고 7월 5일 약속했다.[32] 독일이 그러한 결정을 할 수밖에 없는 고려사항들이 있었다. 우선 독일 지도자들은 세르비아에 대한 강력 조치가 도덕적으로 정당하며, 행동을 취하지 않으면 오스트리아-헝가리의 생존이 위협받을 수 있다는 데 합스부르크 지도자들에 동의했다. 또한, 독일의 핵심 정책결정자들, 특히 폰 베트만-홀베크 (Theobald von Bethmann-Hollweg) 총리는 독일을 글로벌 강대국으로 만들려는 열망에 영향을 받았다. 그들은 평화로운 방법으로는 그 목표 실현이 불가능하다고 믿었으며, 전쟁은 독일의 야망을 실현하기 위해 치러야 하는 대가임을 운명으로 받아들였다.[33]

또한, 이는 오스트리아-헝가리를 지원하는 독일의 결정은 계산 착오에 기인한 것이기도 했다. 독일 지도자들은 적극적으로 러시아와의 전쟁을 추구하지 않았으며, 강력한 의지의 표명이 러시아의 개입을 단념시킬 것으로 희망했다.[34] 그러한 접근은 1908~1909년 보스니아 위기를 해결하는 데 성공적이었다. 그러나 상황은 변했으며 독일의 희망은 잘못된 것이었다. 이전의 보스니아 위기 시에는 러시아군이 독일을 대적할 형편이 전혀 아니었기 때문에 독일과 러시아 간 전쟁 위험은 매우 낮았다. 그러나 1914년 러시아는 대규모 전쟁을 수행하기에 훨씬 적합한 상태였다. 러시아는 군비 증강을 통해 군의 전투력을 향상시켰다. 더 중요하게, 러시아가 프랑스의 지원을 믿을 수 있었던 것이다. 프랑스 대통령 푸앵카레(Raymond Poincaré)는 독일과의 전쟁에 휘말린다고 해도 러시아와의 동맹 유지에 높은 우선순위를 두었다.[35]

러시아정부가 세르비아에 대한 합스부르크의 행동에 단호히 반대했던 데는 다른 이유들이 있었다. 러시아의 여론은 세르비아를 무력으로 장악하는 오스트리아-헝가리의 어떤 행동도 크게 반발했으며, 러시아 황제의 정권은 만일 세르비아를 돕지 않으면 국내에서 폭발적인 봉기에 직면할 가능성이 있었다.[36] 또한, 러시아 지도자들은 만일 독일의 위협에 굴복하면 강대국의 지위를 잃게 될까 우려했다.[37] 무엇보다 발칸반도에서의 러시아의 전략적 이익은 오스트리아-헝가리가 그 지역을 장악하도록 용인하기에는 너무나 중요했다. 독일과 오스트리아-헝가리의 동맹관계를 고려할 때, 러시아 관리들은 합스부르크의 발칸반도 지배는 독일에 해협 통제의 길을 열어줄 것으로 우려했다. 러시아는 어떤 상황에서도 이를 허용할 수 없었다.

7월 23일 오스트리아-헝가리가 세르비아에 대해 반합스부르크 활동을 완전 중단하고, 합스부르크 관리들이 세르비아가 이를 준수하도록 하는 조치를 직접 집행할 수 있도록 요구한 최후통첩을 보냈을 때 위기는 절정에 달했다. 합스부르크정부가 예상했던 대로 그 요구는 세르비아가 받아들이기에는 과도한 것이었고, 세르비아가 이를 거부했을 때 오스트리아-헝가리는 전쟁을 선포했다.[38] 그 시점에 러시아는 이미 독일과의 전쟁을 위해 군대를 동원하기 시작했으며, 이에 대응하여 독일은 프랑스와 러시아에 선전포고를 하였다. 독일의 유럽 지배를 결단코 저지하려던 영국도 전쟁에 뛰어들었다. 평화가 회복되기 전까지 2,000만 명의 군인과 민간인이 사망하게 된다.

국제체제, 1871~1914년

1871년 이후 국제체제의 저변에 있었던 규칙은 1815~1854년 협조체제와 대단히 유사했다. 이전의 협조체제와 마찬가지로 1871~1914년의 부활된 협조체제는 유럽의 영토적 현상이 최대한 유지되어야 하며, 어떠한 영토 경계의 변화도 강대국 간 합의로 결정되어야 한다는 원칙에 기반하였다. 그 원칙은 1878년 강대국들이 신생 세르비아, 루마니아, 불가리아, 몬테네그로의 국경을 결정한 베를린회의와, 1912~1913년 그들이 알바니아 국경을 획정한 런던회의의 방향을 설정했다.

독일은 대륙 국가 중 최강이었고 비스마르크 재임 시기에 독일정부는 사실상 유럽 국제질서의 관리자 역할을 했다. 비록 어떤 강대국도 대규모 전쟁을 추구하지 않았으나, 평화유지를 위해서는 종종 발생한 위기를 성공적으로 관리할 필요가 있었다. 비스마르크 외교는 오스트리아-헝가리와 러시아를 동시에 억제하고 달램으로써 강대국 간 경쟁이 전쟁으로 확대되는 것을 방지했다. 1890년 비스마르크 퇴임 후 유럽질서 관리에 있어서 독일의 역할이 축소되었다. 독일-오스트리아 진영과 프랑스-러시아 진영이 대치하면서 체제 안정은 점점 더 상호 간의 억제에 의존하게 되었다. 러시아와 오스트리아-헝가리의 전쟁은 여타 유럽 열강을 끌어들일 가능성이 높았기 때문에 모두가 분쟁을 평화적 수단으로 대응하려는 강한 동기가 있었다.

19세기가 막을 내릴 때가 되자 독일은 국제질서에서 자국의 위치에 대한 불만이 커졌다. 독일의 지도자들은 장래 국제정치는 영국, 미국, 잠재적으로 러시아 같은 글로벌 강대국이 지배할 가능성이 높다고 보았다. 독일의 군사력은 주로 유럽에 한정되어 있었기 때문에, 부상하는 글로벌 강대국이 앞서 나가는 동안 독일은 2류 국가가 될 가능성에 직면했다. 그 상황에 대한 불만으로 독일은 기존 국제질서 유지에 소극적이 되었고, 전쟁으로 그것을 뒤집을 생각을 더 적극적으로 하게 되었다. 그러나 1914년 7월 위기가 발생하지 않았다면 독일이 전쟁을 선택했을지는 논란의 여지가 있다. 독일 지도자들이 단순히 전쟁을 일으킬 구실을 찾고 있었던 것으로 보이지는 않는다. 그것이 사실이었다면 독일은 아마 1914년 이전에 행동을 취했을 것이다. 그러나 현상에 대한 독일의 불만은 1914년 7월 위기 해결에 독일이 그다지 노력하지 않게 된 원인이었다.

발칸반도의 정치적 불안정은 1871년 이후 국제질서의 붕괴에 크게 기여했다. 발칸반도는 러시아와 오스트리아-헝가리 모두에게 사활적인 이익이 걸린 지역이었으며, 어느 쪽도 상대국이 지배적 위치를 점하는 것을 용인하지 않았다. 1878년 세르비아, 불가리아, 몬테네그로가 독립국으로 탄생하면서 러시아와 오스트리아-헝가리 사이의 긴장은 더욱 고조되었다. 신생국들의 존재는 발칸에서의 영향력 경쟁을 더욱 복잡하고 예측불가하게 만들었기 때문이다. 그럼에도 베를린회의에서 획정한 신생 발칸 국가들의 영토 경계는 양국의 이익을 어느 정도 보호해주었다. 그 국경선들이 유지되는 한 러시아와 오스트리아-헝가리 간의 경쟁이 전쟁으로 확산되는 걸 막을 수 있었다. 1912~1913년의 발칸전쟁은 1878년 영토 합의를 뒤집었고, 러시아와 오스트리아-헝가리의 불안감을 고조시켰기 때문에 특히 국제질서에 큰 타격을 주었다.

프란츠 페르디난드의 암살은 러시아와 오스트리아-헝가리를 대결로 몰아넣었다. 1912년의 상황 전개로 볼 때 합스부르크정부는 세르비아를 상대로 결정적 행동을 취하는 것 외에 다른 대안이 없다고 보았으며, 러시아는 세르비아를 지원하는 것 외에 선택이 없다고 보았다. 동시에 세르비아의 운명은 유럽과 세계 속에서의 독일의 위치라는 더 큰 문제와 분리될 수 없었다. 암살 사건 후 독일의 지도자들은 오스트리아-헝가리를 러시아와의 전쟁을 촉발할지 모르는 행동을 부추기는 것보다 자제를 촉구할 수 있었다. 그러나 독일의 지도자들은 러시아와의 전쟁을 위험일 뿐 아니라 기회로 보게 되었다. 대규모의 전쟁은 독일이 부상하는 글로벌 강대국과 동등한 조건에서 경쟁할 수 없게 하는 영토적 제약에서 벗어날 수 있는 유일한 기회였다. 모두가 인식했듯이 독일과 러시아의 전쟁은 필연적으로 프랑스, 그리고 아마도 영국의 개입을 의미했다. 이 두 국가는 유럽에서 독일의 패권 장악을 방관할 수 없었기 때문이다. 그 외에도 (궁극적으로) 미국을 포함한 다수의 국가가 전쟁에 휘말리게 되었다.

제1차 세계대전은 국제질서 구축의 중요한 전환점이 되었다. 1815년부터 1914년까지 강대국들은 주로 협조 외교의 원칙을 통해 질서를 유지하려 하였다. 일반적으로 협조체제 열강들은 그들끼리 협력적인 관계를 유지하기 위해서 필요하다면 약소국이나 약소민족의 이익을 희생시키는 데 주저하지 않았다. 그러나 제1차 세계대전 후 미국 대통령 윌슨(Woodrow Wilson)은 강대국들에 의한 자기 이익에 부합하는 거래에 기반하기보다, 모든 국가의 권리와 안전을 보호하는 보편적 규칙에 기반한 새로운 형태의 국제체제를 주창하였다. 협조 외교의 시대는 막을 내렸다. 자유주의 시대가 막 시작되고 있었다.

주

1) Rich, *Great Power Diplomacy*, 218–219.
2) Langer, *European Alliances and Alignments*, 23–25.
3) Langer, *European Alliances and Alignments*, 91–93, 113–114.
4) Bridge and Bullen, *The Great Powers and the European States System*, 208.
5) Rich, *Great Power Diplomacy*, 224.
6) Rich, *Great Power Diplomacy*, 228.
7) Rich, *Great Power Diplomacy*, 229; Bridge and Bullen, *The Great Powers and the European States System*, 216.
8) Rich, *Great Power Diplomacy*, 229–232; Bridge and Bullen, *The Great Powers and the European States System*, 217–221.
9) Rich, *Great Power Diplomacy*, 245–246.
10) Sked, *The Decline and Fall of the Habsburg Empire*, 187–234 참조.
11) Bridge, *The Habsburg Monarchy among the Great Powers*, 122–123, 163, 166, 209, 231, 285 참조.
12) McMeekin, *The Russian Origins of the First World War*, 28–30; Bridge and Bullen, *The Great Powers and the European States System*, 192 참조.
13) Jelavich, *A Century of Russian Foreign Policy*, 173–176, 261–262.
14) Bideleux and Jeffries, *A History of Eastern Europe*, 345–347; Williamson, *Austria-Hungary and the Origins of the First World War*, 62–66.
15) Jelavich and Jelavich, *The Establishment of the Balkan National States*, 186–187 참조.
16) Jelavich, *A Century of Russian Foreign Policy*, 195; Rich, *Great Power Diplomacy*, 219, Langer, *European Alliances and Alignments*, 175–176.
17) Seligmann and McLean, *Germany from Reich to Republic*, 109–110; Bridge and Bullen, *The Great Powers and the European States System*, 242.
18) Rich, *Great Power Diplomacy*, 371; Seligmann and McLean, *Germany from Reich to Republic*, 114–116.
19) Koch, "Social Darwinism as a Factor"의 논의 참조.
20) Seligmann and McLean, *Germany from Reich to Republic*, 132–139; Kennedy, *The Rise and Fall of British Naval Mastery*, 223–237.
21) Seligmann and McLean, *Germany from Reich to Republic*, 46–51 참조.
22) Mulligan, *The Origins of the First World War*, 38–45.
23) Schroeder, "World War I as Galloping Gertie"; Schroeder, "Embedded Counterfactuals."
24) Hewitson, *Germany and the Causes of the First World War*, 173–189.

25) Hewitson, *Germany and the Causes of the First World War*, 45–47.

26) Seligmann and McLean, *Germany from Reich to Republic*, 124–125.

27) Rich, *Great Power Diplomacy*, 411; Bridge, *The Habsburg Monarchy among the Great Powers*, 280.

28) Williamson, *Austria-Hungary and the Origins of the First World War*, 104–106.

29) Bridge, *The Habsburg Monarchy among the Great Powers*, 317–322 참조.

30) Bridge, *The Habsburg Monarchy among the Great Powers*, 325 and 333.

31) Bridge, *The Habsburg Monarchy among the Great Powers*, 336.

32) Hewitson, *Germany and the Causes of the First World War*, 204–205.

33) Kaiser, "Germany and the Origins of the First World War"; Herwig, "Germany," 160–168.

34) Mulligan, *The Origins of the First World War*, 212–213.

35) Mulligan, *The Origins of the First World War*, 219; Kiesling, "France," 229–230 and 235.

36) Mulligan, *The Origins of the First World War*, 166–167과 Lieven, *Russia and the Origins of the First World War*, 20 참조.

37) Lieven, *Russia and the Origins of the First World War*, 141–144; Bobroff, "War Accepted but Unsought," 245–248; Bridge and Bullen, *The Great Powers and the European States System*, 334.

38) 최후통첩은 10개조 요구를 열거했다. 그에 대응하여 세르비아정부는 일부 요구를 조건부로 수락했으며, 다른 것은 회피했다. 그러나 세르비아는 암살 음모에 연루된 자는 누구든 조사 및 처벌하는 데 참여시켜달라는 오스트리아의 핵심 요구를 거부했다. Clark, *The Sleepwalkers*, 464–466 참조.

7장

첫 번째 자유주의체제, 1919~1939년

▌ 파리평화회의의 배경
▌ 독일에 대한 프랑스, 영국, 미국의 시각
▌ 베르사유조약
▌ 전쟁의 정치적 결과
▌ 윌슨 이후 미국과 국제질서
▌ 베르사유조약 집행의 문제
▌ 양보를 통한 평화
▌ 취약한 국제질서
▌ 군국주의자들의 권력 장악
▌ 히틀러 치하 독일의 외교정책
▌ 전쟁에 접근하는 미국과 소련의 반응
▌ 1918년 이후 국제체제에 대한 평가

제1차 세계대전은 19세기에 유럽에서의 강대국 간 경쟁을 규제했던 유럽협조체제의 최종 붕괴를 의미했다. 1918년 제1차 세계대전 종결 이후 협조 외교를 대체할 새로운 체제를 창출해야 했다. 그러나 그 체제는 어떤 형태를 가질 것인가? 새로운 체제 구축의 과업은 주요 전승국인 미국, 영국, 프랑스의 손에 달렸다. 사상 최초로 미국은 글로벌 정치질서의 핵심 형태를 만드는 위치에 서게 되었다. 미국은 정의롭고 공정하여 널리 받아들여질 수 있는, 그리고 모든 국가의 안보와 독립을 지켜줄 수 있는 국제 규칙을 설계하려 했다. 미국의 지도자들은 유럽의 전통적 세력정치를 불의와 국제분쟁의 원천으로 보았다. 그들은 세력정치를 초월하는 국제질서 창출을 희망했다.

제1차 세계대전 후 형성된 국제체제는 미국의 선호를 강하게 반영했다. 사상 최초로 국제질서가 집단안보, 전반적 군비축소, 민족자결, 국제분쟁의 평화적 해결과 같은 자유주의 원칙에 입각하여 구축되었다. 이러한 첫 번째 자유주의체제의 수립은 국제질서의 자유주의 시대의 서막을 알렸다.

알려진 바와 같이 미국은 이 신체제의 집행에 자신이 참여할 의사가 없었으며, 장래 독일의 위협을 막는 책임을 영국과 프랑스에 맡겼다. 영국은 독일을 억제하는 데 무력 사용을 원치 않았고, 프랑스는 영국의 도움 없이 할 수 없었기 때문에 유럽에서 국제질서의 안정은 독일의 자발적인 자기 억제에 의존했다. 유사하게 동아시아에서 미국의 부재는 국제질서의 안정이 일본의 자발적 자기 억제에 의존했음을 의미했다. 따라서 새로운 체제는 취약한 기초 위에 세워졌으며, 1930년대 초 심각한 경제 침체가 독일과 일본에서 호전적 민족주의자들의 집권으로 이어지자, 체제는 무너지기 시작했다. 미국과 영국이 그 체제를 지키는 데 전적으로 나섰다면 강대국 간의 평화가 더 견고했을 것이다.

이 장은 첫 번째 자유주의체제의 부상과 붕괴에 대해 살펴본다. 이 장은 제1차 세계대전 종결 시 국제 상황을 검토하고 독일을 어떻게 다룰지에 대한 승전국들의 대립했던 시각을 논의한다. 이 장은 베르사유 조약에 의해 독일에 부과된 평화조약의 조건을 설명하고 조약에 대한 독일의 반응을 논의한다. 이어서 1918년 이후 설정된 국제체제를 분석한다. 이 장은 1920년대 해군력 군축을 통해 국제질서를 강화하려 했던 미국의 노력을 검토하며, 자유주의체제에 대한 독일과 일본이 가졌던 불만의 뿌리에 대해 알아본다. 또한, 독일과 일본의 군국주의의 성장에 대해 설명하고, 새로운 전쟁의 위협에 대한 영국, 미국, 소련의 반응을 논의한다. 마지막으로, 첫 번째 자유주의체제에 대해 전반적으로 평가하고, 체제가 지속되지 못한 이유를 설명하면서 결론 짓는다. 글상자 7.1은 자유주의체제의 주요 특징을 요약한다.

파리평화회의의 배경

제1차 세계대전 종전 시점에 연합국 동맹의 주요 승전국은 미국, 영국, 프랑스, 이탈리아였다. 일본도 전쟁 발발 직후 독일에 선전포고하

🖎 글상자 7.1   첫 번째 자유주의체제

시기: 1919년부터 1939년

주요 행위자들: 미국, 영국, 프랑스, 독일, 일본. 미국은 세계 최대 경제 대국이었으며, 이 체제의 설계를 주도했다.

이 체제는 어떻게 국제질서를 창출했는가? 국제연맹 규약은 법적, 개념적 틀을 제공했다. 규약은 자유주의에 영감을 받았고, 세력정치 대신 국제적 행위의 공식적, 보편적 규칙을 만들려 시도했다. 규약은 회원국의 침략 행위를 금지했고, 국제분쟁의 평화적 해결 절차를 규정했다. 규약은 회원국이 침략자에 대해 집단적 조치에 참여함으로써 국제 안보를 유지할 의무를 부과했다.

국제질서에 대한 잠재적 위협은 주로 영토의 현상 유지에 불만을 품은 독일과 일본으로부터 왔다. 그럼에도 이들 국가는 초기에는 영토 확장에 대한 제한을 받아들였다. 그들은 핵심 경제 파트너인 미국과의 관계 악화를 우려했기 때문이다. 또한, 독일은 군사적으로 다른 강대국에 도전할 만한 위치가 아니었다. 그러나 1930년대에 이르자 영국과 프랑스는 군사 행동을 통해 영토의 현상을 유지하려 하지 않았으며, 미국은 대공황으로부터 독일과 일본이 회복할 수 있도록 효과적인 경제 지원을 하지 않았다. 이러한 상황에서 독일과 일본은 더이상 자제를 해야 할 설득력 있는 이유를 찾지 못했다. 이 두 나라에서 모두 군국주의자들이 정권을 잡게 되고, 대규모의 영토 정복정책을 개시했으며, 첫 번째 자유주의체제를 무너뜨렸다.

여 승전국 편에 섰지만, 전쟁의 참여는 매우 제한적이었고 주로 동아시아와 태평양에서 독일의 영토를 점령하는 데 열중했다. 패전국 편에는 독일, 오스트리아-헝가리, 오스만제국, 불가리아 등 중부 유럽국가들이 섰다. 러시아는 독일에 대항해 연합국 편에서 싸웠으나, 전쟁으로 인해 크게 손실을 본 나라 중의 하나였다. 내부 혁명으로 인해 러시아는 전쟁 종결 전에 물러났다. 그 결과 독일은 러시아에 엄청난 영토 손실을 입힐 수 있었다.

제1차 세계대전의 특징은 엄청난 수의 인명 피해와 군사적 교착상태였다. 교착상태가 나타나기 전인 전쟁 초기에는 전세는 전반적으로 독일에 유리했다. 서부 전선에서 독일 육군은 벨기에를 통과해 북부 프랑스에 진입했다. 동부 전선에서 독일 육군은 러시아 영토로 수백 마일 진군했다. 그러나 모든 참전국의 군대가 방어 태세를 굳히면서 전황은 교착상태에 빠졌다. 당시 군사 기술은 방어에 훨씬 유리했기 때문에 군사적 공격으로 우위를 장악하려는 시도는 대체로 실패했다. 소총과 수류탄으로 무장한 보병들은 참호, 기관총, 철조망으로 보호된 방어 진지를 상대로 전진하는 것은 사실상 불가능했다. 따라서 서부와 동부 전선에서 모두 전선은 안정화되고 전투는 소모전으로 흘렀다.[1] 그러나 그렇다고 전쟁의 비용이 낮아진 것은 아니다. 우위를 점하는 데 절실했던 양측은 모든 인력과 산업 생산력을 전쟁에 쏟아부었다.

두 가지 중대한 상황 전개가 드디어 교착상태를 깼다. 첫째는 러시아 내의 혁명이었다. 독일과의 전쟁은 러시아인들에게 엄청난 고통을 주었으며, 그 부담은 결국 정치적 봉기로 이어졌다. 차르의 정권은 1917년 3월 붕괴되었다. 8개월 뒤 레닌(Vladimir Lenin)이 이끄는 볼셰비키 혁명가들은 러시아정부를 장악했다. 그들의 목표는 러시아를 공산 사회로 개조하는 것이었다. 러시아인들은 독일과의 전쟁을 계속할 의사가 없었기 때문에, 볼셰비키들은 독일이 요구한 어떤 조건으로든 평화를 받아들이기로 결정했다. 브레스트-리토프스크조약에 따라 러시아는 동부 유럽의 영토 수십만 평방미터를 잃었다. 독일은 유럽의 영구적 지배를 위해 이 영토를 자신이 통제하는 여러 개의 위성국가로 만들 의도였다.[2] 독일과 러시아는 1918년 3월 그 조약에 서명하고, 러시아는 전쟁 참여를 종결했다.

또 다른 중요한 상황 전개는 1917년 4월 미국의 참전이다. 미국의 참전 결정이 즉각적으로 독일에 불리하게 작용하지는 않았다. 유럽에 병사를 배치하기 위한 충원과 훈련에 시간이 걸렸기 때문이다. 그러나 1918년 서부 전선에 약 200만 명의 미군이 도착하면서 군사적 균형은 결정적으로 변했다. 독일의 패배는 필연적이었다. 독일 지도부는 최후까지 싸우기보다 휴전을 제안했다. 그들은 협상에 의한 평화조약을 통해 독일이 최소한 일부 전쟁 목표라도 성취할 수 있길 기대했다. 그러나 연합국은 휴전에 동의하기 전에 상당한 조건을 부과했다. 독일은 점령한 영토에서 철수하고 브레스트-리토프스크조약 취소에 동의해야 했다. 그 결과 독일은 러시아에 대한 승리의 과실을 빼앗겼다. 서부에서 독일은 북부 프랑스와 벨기에에서 철수해야 했으며, 벨기에를 독일의 위성국으로 만들려는 계획이 좌절되었다. 휴전은 1918년 11월 11일 발효되었다.

1919년 1월 최종적인 평화조약의 조건을 결정하는 회의가 파리에서 개최되었다. 회의에는 27개국이 참가했으나, 대부분의 핵심 결정은 미국 대통령 윌슨, 영국 수상 조지(David Lloyd George), 프랑스 수상 클레망소(Georges Clemenceau) 3인에 의해 막후에서 이루어졌다. 회의는 5개의 평화조약을 만들어냈다. 우선 가장 중요한 조약은 1919년 6월 28일 서명된 연합국과 독일 사이의 베르사유조약이다. 이어서 연합국과 오스트리아, 불가리아, 헝가리, 오스만제국 사이의 조약들이 체결되었다.

승전국은 평화롭고 안정된 국제질서의 기초를 놓으려 노력했다. 이

탈리아와 일본은 미국, 영국, 프랑스에 비해 훨씬 역할이 적었다. 강대
국 중 가장 약했던 이탈리아는 승전동맹의 구성원으로서 주로 전리품
으로 영토를 획득하는 데 관심이 있었다. 일본은 주변 지역 밖에서 국
제질서를 책임질 능력이나 열망이 없었다. 그러나 세계 최대 산업국가
이자 채권국이었던 미국은 글로벌 리더십을 행사할 좋은 위치에 있었
다. 영국과 프랑스는 전쟁으로 인해 크게 약화되었으나, 패전국 독일
에 대해 일시적인 우위에 섰으며 신질서 수립에 중요한 역할을 할 수
있었다.

독일에 대한 프랑스, 영국, 미국의 시각

국제질서 안정의 미래는 독일 문제에 달려있었다. 제1차 세계대전의
가장 비극적인 면은 수백만 명의 희생에도 불구하고 유럽의, 세계의
강대국으로서의 독일의 위치라는 문제를 해결하는 데 실패한 사실이
다. 실제 전투는 거의 전부 독일 밖에서 벌어졌으며, 독일의 산업 능력
은 그대로 남겨졌다. 독일은 잠재적으로 유럽의 최강 군사대국으로 유
지되었다. 패전에도 불구하고 독일이 무력으로 유럽을 지배하려는 장
래의 시도를 배제하지 못했으며, 독일을 평화적 행위자로서 체제에 통
합하지 못하면 어떤 국제질서도 실패했을 것이다. 그러나 파리회의에
서 프랑스, 영국, 미국 대표들은 독일을 어떻게 관리할지 동의하지 못
했다. 그들은 회의에서 많은 시간을 상호 이견을 좁히는 데 할애했다.
　프랑스 대표단의 최우선순위는 장래 독일의 침공 가능성에 대비해
안보를 확실히 하는 것이었다.[3] 강력한 독일은 프랑스에 치명적인 위
협이 된다고 확신했던 클레망소는 독일의 군사력에 대한 영구적 제한

과 미국-영국-프랑스 동맹의 영구화를 통해 독일을 길들이려 했다. 만일 독일이 자신의 침략 행위가 자동적으로 그러한 동맹을 상대하게 됨을 안다면 또 다른 전쟁을 일으키는 것을 주저했을 것이다. 독일은 프랑스보다 부유하고 산업이 발전했으며 훨씬 더 많은 인구를 가지고 있었기 때문에 (독일은 6,000만, 프랑스는 4,000만), 프랑스 혼자서는 독일을 억제할 수 없었다. 프랑스 지도자들은 독립국으로서 자국의 생존은 궁극적으로 영국과 미국이 제공하는 지원에 달려있다고 믿었다.

평화회담에 임하는 영국의 입장은 글로벌 제국을 지키면서 대륙에서의 군사 개입을 최소화하는 전통적 외교정책 우선순위를 반영했다. 영국은 해군력과 제국주의 경쟁자인 독일을 제거하고 싶었으나 유럽 강대국으로서의 독일을 파괴하려는 의사는 없었다. 프랑스는 독일을 주적으로 간주했으나 영국은 독일을 유럽의 안정 유지를 위한 미래의 파트너로 보았다. 영국의 시각에서 독일은 세력균형의 필수불가결한 요소였다.[4] 무력화된 독일은 볼셰비즘 확산을 막는 효과적인 방어벽이 될 수 없었으며, 독일 자체가 공산혁명에 취약해질 수 있었다. 그에 더해 전쟁 전 독일은 영국의 최대 무역 상대국이었다. 영국의 경제성장은 상당 부분 독일경제 부활에 달려있었다. 또한, 영국 관리들 사이에는 독일보다 프랑스를 장기적으로 가장 큰 위협을 주는 강대국으로 보는 경향이 있었다. 그러한 인식은 심각한 오류였지만 프랑스의 의도에 대한 영국의 의구심을 더해주었다. 영국은 대륙의 문제로부터 벗어나 제국의 문제에 집중할 수 있도록, 프랑스와 독일 사이의 안정적 세력균형이 이루어지길 희망했다.

윌슨은 파리회의에서 다른 승전국 지도자들과는 상이한 목표를 가지고 있었다. 다른 지도자들은 전쟁 승리를 이용해 자국에 구체적인 이익을 가져가려 했으나, 윌슨은 평화 회담을 국제체제의 기본 규칙을

다시 만들 기회로 보았다. 미국의 전쟁 목표를 규정하는 데 있어서 윌
슨은 미국이 영토나 배상을 추구하지 않는다고 강조했다. 그는 미국의
정책을 결정하는 기본 틀은 "모든 민족과 국민들에 대한 정의의 원칙
과 그들이 강하든 약하든 상관 없이 상호 간에 자유와 안전의 동등한
조건하에 살 권리"라고 설파했다.[5]

윌슨은 전쟁의 근본 원인이라고 믿는 것을 제거함으로써 안정적 평
화를 보장하려 했다. 전쟁이 끝나기 1년 전에 했던 14개조 연설에서
윌슨은 자신의 구상의 주요 요소를 제시했다. 그것은 해상의 자유, 무
역 자유화, 전반적 군비축소, 비밀 조약 배제, 국제분쟁 해결과 침략
방지를 위한 영구적 국가 협력체 창설 등을 포함했다. 또한, 그는 민족
자결 원칙을 크게 강조했다. 윌슨에게 민족자결은 민족 독립을 열망하
는 폴란드인이나 체코인들과 같은 모든 동유럽 민족들이 자신의 정치
적 운명을 스스로 결정할 수 있어야 한다는 것이었다.

윌슨의 시각에 의하면 평화와 정의는 긴밀히 연결되어 있었다.[6] 정
의는 국가 내에서는 민주적인 정부가 국가 간에는 무역의 자유를 필요
로 한다. 또한, 정의는 약소국이 강대국과 동일한 독립과 안전을 향유
할 수 있어야 한다. 윌슨은 불의가 전쟁의 원인이라고 믿었다. 따라서
그는 군사동맹, 비밀 조약, 세력권, 배타적 무역 지역 등 전통적 세력
정치를 대표하는 장치들을 반대했다. 윌슨의 시각에 의하면 그러한 장
치는 누군가의 희생을 대가로 일부가 부당하게 이득을 보기 때문에 필
연적으로 원한과 갈등을 만든다. 그는 정의롭고 지속적인 평화를 성취
하는 유일한 방법은 국가 간 경쟁을 배제하고, 그것을 모두에게 평화
와 안전을 보장하는 집단안보 조직(국제연맹)으로 대체하는 것이라고
결론 내렸다. 그는 만일 전 세계인이 민주적 제도를 통해 자국 정부를
통제하고, 자유화된 무역을 통해 경제적 기회를 추구할 수 있고, 전 세

계 모든 국가를 위한 집단적 안보를 통해 침략자로부터의 보호가 보장
된다면 전쟁을 일으킬 유인이 없으리라고 생각했다.

파리회의에 대한 윌슨의 접근은 승자이기보다는 중재자의 사고방
식이었다. 윌슨은 독일이 타국의 권리를 침해하지 않고 평화로운 방법
을 쓴다면 미국은 독일의 영향력 확장을 막으려 하지 않는다고 주장했
다. 윌슨은 동맹국과 연합국이 자신을 모두의 이익을 위한 공평한 중
재자로 받아들이도록 설득하려 했다. 또한, 그는 정의롭지 못한 전쟁
을 일으킨 독일을 단죄하는 것이 마땅하다고 생각했다.[7] 그는 순진하
게도 그 징벌이 독일 사람들을 군국주의를 배척하고 평화를 받아들이
도록 설득하길 바랐다. 생각을 바꾼 독일은 국제적 안정을 지지하게
되고, 미국은 질서 유지의 집행자로서의 책임 부담을 회피할 수 있으
리라는 생각이었다.

국제연맹은 독일을 평화로운 행위자로서 국제체제에 통합하려는
윌슨의 계획의 핵심이었다. 윌슨은 연맹을 통해 표출된 글로벌여론이
국가의 침략 행위를 억제할 강력한 도덕적 힘이라고 믿었다.[8] 그는 연
맹의 창설이 독일 문제 해결에 크게 기여할 것으로 믿었다. 대조적으
로 클레망소와 조지는 독일의 행동을 억제하는 데 있어서 도덕적 설득
의 힘을 믿지 않았다. 이후의 상황 전개에서 보여졌듯이, 미국, 영국,
프랑스와 같은 국가들의 실제적인 집행력이 뒷받침되지 않은 글로벌
여론은 불만 있는 국가들을 억제하지 못했다.

베르사유조약

파리평화조약의 조건들은 독일을 영원히 무력화하려는 프랑스의 희망과 독일을 대륙 강대국으로 유지하려는 영국의 희망이 타협한 결과였다.[9] 기본적으로 독일을 그대로 유지하는 데 프랑스가 동의한 대가로, 영국과 (의회의 승인을 조건으로) 미국은 독일의 침략이 있을 시 프랑스를 돕겠다는 보장을 제안했다. 프랑스와 접경한 독일 지역인 라인란트는 영구히 비무장화되었다. 즉 독일은 이 지역에서 군대 주둔이나 군사 시설 구축이 허용되지 않았다. 독일 서쪽 국경에 방어망을 없앰으로써 연합국은 장래에 독일의 프랑스 혹은 벨기에 침략이 실리적이지 않도록 만들기를 기대했다. 평화조약 조건의 준수를 보장하기 위해 라인란트는 15년간 연합군 점령하에 두게 되었다. 그 이후 독일이 조약의 의무를 이행했음을 전제로 연합군은 철수한다는 것이었다.

평화조약으로 독일은 영토의 일부를 잃었으나 그로 인해 전반적 산업 능력이 심각히 손상되지는 않았다. 독일이 1871년 전쟁으로 빼앗은 알자스와 로렌 지방은 프랑스에 반환되었다. 다른 국경 조정으로 작은 영토 조각들이 독일에서 벨기에와 덴마크로 넘겨졌다. 독일의 동쪽 국경으로는 상당한 규모의 영토가 폴란드로 넘겨졌다 (도표 7.1 참조). 그 지역 대부분의 주민은 폴란드 민족이었으나, 백만 명 이상의 독일인들도 섞여 있었다.[10] 이 독일인들은 원치 않게 폴란드 통치하에 살게 되었다. 또한, 독일의 해외 식민지도 분할되어 승전국에 넘겨졌다. 독일의 식민지들은 일반적으로 경제적 가치가 높지 않았으나, 제국주의 경쟁자로서의 독일을 제거한 것은 영국과 일본에게는 중요한 전략적 이득이 되었다. 일본은 동아시아에서 더이상 독일의 경쟁에 직면하지 않게 되었으며, 영국은 아프리카와 태평양의 독일 군사 기지로

도표 7.1 1924년의 유럽

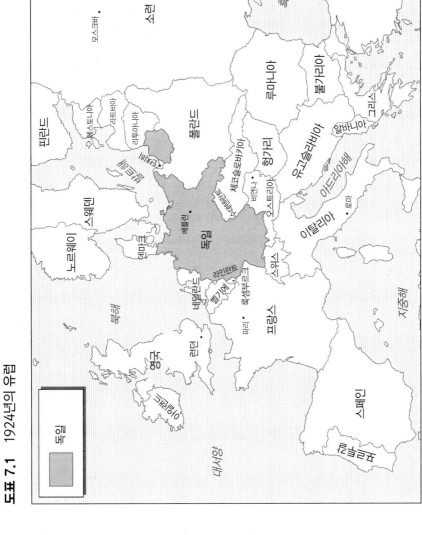

독일

부터 자국 식민지가 위협받을 걱정을 할 필요가 없게 되었다.

베르사유조약의 다른 조항들은 독일의 무장에 제약을 가했으며, 전쟁 책임을 다루었다. 독일은 극히 일부를 제외하고 군대를 해산해야 했으며, 탱크, 중화기, 잠수함, 군용기 보유가 금지되었다. 육군은 10만 명 미만이어야 하고 해군은 약간의 함정으로 제한되었다. 연합군은 독일이 국경 정찰과 국내 질서 유지에 필요한 만큼만 군사력을 허용하려 했다. 또한, 독일에 거액의 배상금 지불 의무가 부과되었다. 배상금 부과를 정당화하기 위해 전쟁 유죄 조항은 독일과 그 동맹에 의한 침략이 전쟁의 원인임을 확인했다. 조약의 또 다른 조항은 황제 빌헬름 2세를 전범으로 규정했다. 그러나 빌헬름의 네덜란드 망명이 허용되었기 때문에 재판에 회부되지는 않았다.

평화조약의 조건을 알게 된 독일인들은 충격과 분노로 반응했다. 동부 전선에서 승리했고 서부 전선에서 연합국과 대등하게 싸웠다고 믿은 그들은 왜 조약이 독일을 패전국 취급했는지 이해하지 못했다. 그들은 전쟁 범죄 조항과 황제를 전쟁 범죄자로 규정한 데 분노했다. 대부분의 독일인들은 독일이 다른 강대국보다 더 비난받을 이유가 없다고 보았다. 독일인들은 폴란드에 대한 영토 양보에 대해 특히 분개했다.[11] 그들은 독일인과 폴란드인이 혼재하는 독일 영토를 폴란드에 넘겨주어야 할 이유를 찾지 못했다. 베르사유조약에 대한 정치지도자들과 논평가들의 비난이 널리 퍼진 가운데 대부분의 독일인들은 그 조약이 정의롭지 않으며 수정되어야 한다고 믿게 되었다.

베르사유조약에 대한 독일의 적대적 반응에도 불구하고 그 조약이 유럽에게 필연적으로 또 다른 대전을 겪을 운명을 정해준 것은 아님을 강조할 필요가 있다. 독일이 평화조약 조건에 불만을 가진 것은 사실이지만, 미국, 영국, 프랑스를 합한 국력에는 전혀 상대가 될 수 없었다. 이 3개국이 협력하면 독일의 공격을 막을 수 있는 견고한 국제질서를 창출할 충분한 능력이 있었다. 그러나 그들은 실패했다. 1920년대에 미국과 영국은 자국의 단기적인 이익만을 좇았으며, 강대국 사이의 평화를 위한 강력한 기초를 만들지 못했다. 이들 중 어느 쪽도 불만에 찬 독일과 일본의 도전으로부터 생존할 수 있도록 국제체제에 능력을 부여하려는 정치적 의지가 없었다. 간접적으로 미국과 영국의 정책은 독일과 일본의 군국주의적 팽창주의 부상에 기여했으며, 그것은 국제체제의 파괴로 이어졌다.

전쟁의 정치적 결과

제1차 세계대전은 동부 유럽과 중동의 정권 및 국경선에 중대한 변화를 가져왔다. 러시아, 독일, 오스트리아-헝가리, 오스만제국은 모두 군주 통치를 폐지한 내부 혁명을 겪었다. 이미 언급했듯이 러시아에서는 1917년 볼셰비키가 권력을 잡았고, 공산주의 정치 및 사회체제를 강제하기 시작했다. 1922년 초 러시아는 주변 소비에트 공화국들과 함께 공식적으로 소비에트사회주의연방공화국, 즉 소련이 되었다. 전후 독일에서는 내외의 압력으로 인해 급격한 정치적 전환이 촉발되었다. 바이마르시에서 개최된 의회는 독일을 공화국으로 바꾸는 신헌법을 제정하고 민주적 제도를 수립했다. 새로운 민주주의 정치체제의 독일은 바이마르공화국으로 불리게 되었다. 오스트리아-헝가리의 군사적 패배로 합스부르크 제정은 붕괴되어 오스트리아 제국은 소수민족 단위로 분열되었다. 그 일부 조각은 주변국에 흡수되고, 일부는 독립국이 되었다. 또한, 제1차 세계대전은 오스만제국의 종말을 가져왔다.

역자해설 7.1   소비에트사회주의연방공화국(소련)의 탄생

소련은 1917년 러시아혁명과 그 후에 벌어진 내전의 결과 1922년 탄생하였다. 그 과정에서 러시아 황제 니콜라이 2세는 하야하고 러시아제국은 붕괴되었다.

레닌이 이끈 볼셰비키는 1917년 10월 혁명으로 권력을 쟁취하고 사회주의정부를 수립하였다. 이후 5년간의 내전에서 반공산주의 세력을 물리친 레닌과 볼셰비키는 러시아와 우크라이나, 벨라루스, 트랜스코카시아 등 주변 사회주의 공화국들을 통합하여 1922년 소비에트사회주의연방공화국, 즉 소련을 수립했다.

소련은 마르크스-레닌주의 이념에 기반한 계급과 국가가 없는 사회 건설을 목표로 했다. 그 목표 실현을 위해 소련은 중앙집권적 계획 경제, 모든 정치적 반대를 억압하는 전체주의정부를 수단으로 했다.

수 세기 동안 오스만제국 통치하에 있었던 이라크, 시리아, 요르단, 레바논, 팔레스타인 등 아랍인 거주 영토는 오스만제국으로부터 분리되어 영국과 프랑스의 통제에 들어갔다. 한편 튀르키예 민족주의자들은 오스만의 중심 영역을 재조직하여 근대 터키공화국을 수립했다.

동맹국과 러시아의 군사적 패배의 결과로 다수의 동부 유럽국가들이 새롭게 탄생했다. 핀란드, 에스토니아, 라트비아, 리투아니아, 폴란드는 브레스트-리토프스크조약에 의해 러시아로부터 분리된 영토에 수립되었다. 체코슬로바키아, 헝가리, 오스트리아는 오스트리아-헝가리가 점했던 영토에서 별개의 국가가 되었다. 또 다른 신생국 유고슬라비아는 오스트리아-헝가리의 남부 지역의 세르비아와 통합되어 탄생했다.[12]

다수의 독일인들은 구 오스트리아-헝가리와 관련된 영토 설정에 불만을 가졌다. 불만의 한 가지 쟁점은 독립국 오스트리아의 수립이었다.[13] 중부 유럽 제국의 지위를 빼앗긴 오스트리아는 이제 영세한, 육지로 둘러싸인, 800만 독일계 주민이 거주하는 국가가 되었다. 신생 오스트리아는 경제적으로 그다지 생존력이 높지 않았으며, 제국 없이는 존재해야 할 설득력 있는 이유가 없었다. 많은 오스트리아인들은 독일과의 합병을 더 선호했다.[14] 그러나 연합국은 그러한 합병을 단호히 막으려 했고, 평화조약에 그것을 명확히 금지하는 조항을 포함시켰다. 연합국은 패전 침략국 독일이 영토 획득으로 보상받아서는 안 된다고 믿었다. 그들은 독일에 인구와 세력을 더해주고 싶지 않았다. 그러나 독일 사람들은 독일과 오스트리아의 강제적 분리는 윌슨이 주창한 민족자결 원칙에 반하는 것으로 보았다.

또 다른 잠재적인 문제는 체코슬로바키아였다. 이 신생 국가의 주된 민족 집단은 체코인이었으나, 약 300만 명의 독일어 사용 소수 민족을 포함하여 다른 소수 민족들이 있었다. 소수 독일 민족은 독일과의 국경 주변의 수데텐란트로 알려진 산악 지대에 집주하였다. 독일 사람들은 왜 수데텐란트가 독일이 아닌 체코슬로바키아에 속해야 하는지 의문을 가졌다. 민족자결의 원칙하에서 주로 독일 민족이 거주하는 지역은 체코인이 아닌 독일인에 의해 통치되어야 하지 않는가? 그러나 연합국은 독일의 오스트리아 흡수에 반대한 같은 이유로 수데텐란트를 독일에 넘겨주는 데 반대했다.

대부분의 독일인들에게 오스트리아나 수데텐란트와 독일의 합병이 저지된 것은 긴급한 문제가 아니었다. 오스트리아 사람이나 수데텐란트 거주 독일인들은 과거부터 독일이 아니라 오스트리아-헝가리에 속해있었기 때문에 그들이 독일에 흡수되어야 한다는 주장은 역사적 권리라기보다는 추상적 원칙에 근거하였다. 그러나 연합국이 민족자결을 이상적 지침으로 내세우면서 그들은 독일을 다루는 데 있어서 위선적이라는 비난을 받았다. 오스트리아와 수데텐란트는 독일 민족주의자들이 베르사유조약의 정통성을 부정하는 데 이용할 수 있는 분쟁 거리를 제공해주었다.

윌슨 이후 미국과 국제질서

제1차 세계대전 후 자유주의 국제질서를 수립하려던 미국의 노력은 최소한 표면적으로는 이타적 동기로 보일지 모른다. 분명히 대부분의 미국인들은 자유주의 국제체제가 미국뿐 아니라 모든 사람들에게 혜택을 줄 것으로 생각했다. 그러나 미국이 자유주의 제도를 지지한 것은 글로벌 정치 및 경제 안정을 유지하는 미국의 책임을 최소화하려는 이기심의 반영이기도 하다. 전쟁의 근본 원인을 제거하려 노력하는 데 있어서 윌슨은 본질적으로 안정적이고, 따라서 주요 강대국의 감시를 요하지 않는 국제체제를 창출하려 했다. 세계대전의 여파로 미국은 더이상 자신이 중요한 글로벌 강대국이 된 현실을 회피할 수 없었다. 미국은 이제 세계 투자 자본의 주요 원천이었으며, 그 산업 생산량은 미국 다음의 6대 강국을 모두 합한 것보다 많았다.[15] 세계경제의 미래는 대체로 미국이 내린 결정에 달려있었다. 그러나 미국은 세계 질서 관리의 책임을 받아들일 준비가 되어있지 않았다. 미국 내 여론은 자국의 정책이 다른 나라들의 필요에 의해 제약된다는 관념에 회의적이었다.

　1921년 윌슨의 임기가 끝났을 때 미국은 파리회의에서의 공약을 지키지 않을 것임이 명백해졌다. 비록 미국 여론은 대체로 국제연맹 가입에 찬성했으나 의회 내 다수의 공화당 의원들은 그렇지 않았다.

그들은 무엇보다 각 회원국에 모든 다른 회원국을 침략으로부터 지켜야 할 의무를 부과한 연맹규약 10조를 반대했다. 그러한 의무는 미국의 이익과 상관없는 전쟁에 자국을 끌어들일 것이라고 공화당 의원들은 주장했다.[16] 윌슨이 서명한 파리회의 합의 사항이 상원 인준에 부쳐졌을 때, 필요한 3분의 2의 찬성을 얻지 못했다. 이는 미국의 국제연맹 가입을 거부를 의미했다. 또 그것은 윌슨이 프랑스에 제시했던 안보 공약을 부정한 것이다. 영국은 이 안보 공약에 미국의 비준을 조건으로 참여하였으나, 상원의 거부로 인해 영국도 이를 철회하였다.

어떤 면에서 상원의 거부는 유럽에 대한 미국의 전통적 정책으로의 회귀를 의미했다. 미국은 그 역사 초기에서부터 유럽 강대국과의 동맹이나 유럽전쟁에의 관여를 피했었다. 제1차 세계대전 참여는 그 전통으로부터의 중요한 탈피이지만, 그것은 일시적이었다. 전쟁이 끝나자 유럽에 대한 지속적인 정치적 공약에 반대하던 세력이 미국 정치에서 다시 우위를 점하게 되었다.

비록 유럽에서 벗어나면서도 미국은 국제체제가 자국의 이익에 부합하도록 만들기 위해 노력했다. 윌슨의 후임자인 하딩(Warren Harding) 대통령은 해군 함대 규모를 제한하는 국제적 합의를 위한 노력에 앞장섰다. 미국이 지원한 해군 군축회의가 1921년 말부터 1922년 초에 워싱턴에서 개최되었다. 회의는 미국, 영국, 프랑스, 이탈리아, 일본, 중국, 벨기에, 네덜란드, 포르투갈이 참가했다. 회의를 개최를 통해 미국은 영국 및 일본과의 고비용 해군 군비 경쟁 가능성을 피하고, 일본의 국력 확장에 제약을 가하려 했다.[17]

유럽에서 국제질서의 주된 문제가 독일의 새로운 침략 행위 방지였다면, 동아시아에서 주된 문제는 미국과 일본의 상충하는 목표를 관리하는 것이었다. 일본은 급속히 산업화하던 국가였으나 자국 영토는 천연자원이 빈약했다. 일본 관리들은 해외로부터의 안정적인 에너지 및 천연자원 공급 필요성에 대해 절실히 인식하고 있었다. 그들은 서구 제국주의의 진출에 대응해 동아시아에서 일본의 이익을 확고히 주장하려는 의지를 다졌다. 그러한 목표를 위해 일본은 19세기 말 스스로 제국주의 국가가 되었다. 1910년에 이르자 일본은 타이완과 한국을 식민지화했고, 천연자원이 풍부한 만주 지역과 북한에 세력권을 설정했다. 제1차 세계대전 중 서구 열강이 유럽에서 전쟁에 몰두한 동안 일본은 아시아에서 제국을 확대하려 했다. 일본은 서태평양에서 독일령 도서들을 장악했고, 중국 산둥성에서 독일 세력을 몰아냈다. 또 일본은 중국정부를 위협하여 중국 전체를 일본의 위성국으로 만들려는 조치를 받아들이도록 했다.

당시 중국은 외세 제국주의 앞에 취약한 국가였다. 전쟁 전 20년간 일본뿐 아니라 영국, 프랑스, 독일, 러시아도 중국 영토에서 세력권을 설정했다. 각각의 세력권 내에서 제국주의 국가들은 중국정부가 내어준 다양한 독점적 권리를 누렸다. 그러한 권리에는 무역 특권, 광물 채굴권, 철도 부설권, 지역 사법과 치안 통제 등이 포함되었다.[18] 그와 대조적으로 미국은 소위 문호개방정책을 주장하였다. 미국은 중국에서의 세력권 욕심을 부인하고, 여타 국가에도 중국의 정치적 완결성을 존중하고, 그들의 세력권에서도 대외 무역과 투자를 허용할 것을 요구했다. 배타적 경제 지역 설정에 반대하면서 미국은 중국 전체를 미국의 투자와 상품 시장으로 유지하려 했다. 미국 관리들은 전쟁 중 일본의 행동이 문호개방정책을 위협한다고 보았다. 워싱턴 군축회의에서 미국의 핵심 목표 중의 하나는 동아시아에서 일본의 세력을 제한하고, 일본이 외교정책을 수행하는 데 있어서 미국이 주장하는 자유주의 원칙에 따르도록 설득하는 것이었다.

미국의 입장에서 워싱턴회의는 대성공이었다. 회의는 4개국 조약, 5개국 조약, 9개국 조약이라는 3개의 조약을 체결했다. 4개국 조약에서 미국, 영국, 일본, 프랑스는 장래 동아시아 위기 시에 행동하기 전에 상호 협의하기로 합의했다. 이들 국가에 이탈리아가 추가된 5개국 조약이 체결되어 각국이 소유할 수 있는 주요 군함의 수와 크기를 제한하는 데 합의했다. 이 합의로 5개국은 다수의 기존 군함을 해체하고 신규 건조 계획을 보류했다. 모든 회의 참가국이 서명한 9개국 조약은 중국에 대한 문호개방을 확인했다.

워싱턴합의는 몇 가지 측면에서 미국의 목표에 부합했다. 해군 군비 경쟁을 방지함으로써 5개국 조약은 그러한 조약이 없었다면 미국이 지출했을지도 모르는 군비 지출을 훨씬 낮게 억제해주었다. 4개국 조약을 통해 미국은 1902년부터 존재했던 일본과 영국의 해군동맹을 깨는 데 성공했다. 미국 관리들은 늘 그 동맹을 싫어했었다. 그것이 일본의 제국주의 외교정책을 비호한다고 믿었기 때문이다.[19] 4개국 협의 장치는 일본으로부터 그 보호막을 빼앗았다. 또 워싱턴회의 결과 일본은 산둥지역에 대한 통제권을 중국에 반환하는 데 합의했다.

워싱턴회의의 결과는 미국이 자국 선호대로 국제질서를 형성할 수 있음을 보여주었다. 미국은 그 경제 규모와 역동성을 회의에서 지렛대로 사용했다. 영국과 일본은 만일 미국을 자극해 해군 군비 경쟁을 하게 되면 자신들이 패자가 될 것임을 알았다. 그들은 그 상황에서 미국과 적대적 관계보다 협조적 관계가 자국의 이익에 부합한다고 결정했다. 영국에게 해군력 제한의 경제적 혜택은 명백했다. 영국경제는 전쟁으로부터의 회복에 힘겨웠으며, 해군 군비 경쟁은 다른 곳에 절실히 필요한 자원을 빼앗을 것이기 때문이다. 영국 관리들은 5개국 조약 덕분에 해군력 강화가 불필요해졌기 때문에 안도했다.

　일본에서 워싱턴합의는 더 많은 논란을 일으켰다. 강경한 국수주의자들, 특히 군부 인사들은 군비나 외교정책에 대한 어떤 제약도 반대했다.[20] 그러나 일본의 민간 지도자들은 조약에 참여하지 않으면 외교적으로 고립되고, 미국과의 중요한 경제관계를 위태롭게 할 것임을 알았다. 미국은 일본 수출의 40퍼센트를 흡수하는 최대 무역 상대국이었다.[21] 비록 워싱턴조약이 일부 제약을 가했지만 이득도 있었기 때문에 일본의 온건한 인사들은 그것을 받아들였다. 5개국 조약은 서명국의 신규 해군기지 건설이나 태평양의 요새화를 금지했다. 그 조항은 실질적으로 서태평양에서 기존의 일본 해군력 우위가 지속되도록 보장해주었다.[22] 9개국 조약은 문호개방 원칙을 확인했으나 만주에서의 일본의 세력권을 암묵적으로 인정해주었다. 이 조약에 동의함으로써 일본은 자국의 기존 세력권을 미국이 비공식적으로 인정한 것을 대가로, 기본적으로 중국에서 더이상 세력을 확대하지 않기로 하였다. 워싱턴조약은 최소한 단기적으로는 미일관계를 전반적으로 우호적이고 협조적인 것으로 만들어주었다.[23]

　하딩 대통령하의 미국 외교정책의 전반적인 기조는 쿨리지(Calvin Coolidge)나 후버(Herbert Hoover)와 같은 공화당의 후임자들도 유지하였다. 1921년부터 1933년까지의 3개 공화당 행정부가 추구한 정책은 어느 면에서는 자유주의적이고, 어느 면에서는 국수주의적이었다고 묘사할 수 있다. 공화당 대통령들은 국제질서가 동맹, 비밀 조약, 세력권 등 배타적 장치보다 가능한 한 보편적 원칙과 개방적 교환에 기반해야 한다는 윌슨의 자유주의적 신념을 공유했다. 윌슨과 마찬가지로 그들은 전 세계적 비무장화를 통해 국제평화를 고취하려고 하였다. 비무장화는 국내에서 인기가 있었으며, 낮은 세금과 정부 지출 제한이라는 공화당의 선호에 부합했다.[24]

공화당의 외교정책은 동시에 국수주의적이었다. 미국 내 여론을 반영하여 공화당은 영국과 프랑스에 대해 전쟁 중 미국이 제공한 수십억 달러의 융자를 상환하도록 종용했다. 부채 상환으로 인해 1920년대를 통해 영국과 프랑스경제는 많은 부담을 안았으며, 전후 복구에 큰 어려움을 겪었다.[25] 또 공화당은 윌슨의 관세 자유화정책을 거부하고 강경한 무역정책을 폈다. 공화당은 전 세계에서 미국의 수출을 지원하기 위해 문호개방정책을 폈으나 대내적으로는 보호무역정책을 폈다.[26] 1922년 하딩에 의해 서명 발효된 포드니-맥컴버 관세(Fordney-McCumber Tariff)는 미국의 수입 관세를 급격히 높였다. 또 공화당은 미국이 타국을 지원해야 할지 모르는 어떤 조약도 철저히 회피하려 했다. 따라서 중국에 대한 일본의 팽창주의를 막아주기 위해 체결된 9개국 조약은 아무런 집행 조항이 없었다. 유사하게 공화당은 미국이 국제연맹에 가입하지 않게 못박았다.

베르사유조약 집행의 문제

소위 독일을 어떻게 관리할 것인가 하는 유럽 국제질서의 핵심 문제는 베르사유조약 체결 후 곧 다시 수면위로 부상했다. 배상금 지불, 독일의 군사력 제한과 같은 조약의 주요 항목이 성공적으로 실현되려면 독일의 협조가 필요했다. 그러나 국내정치적 상황으로 인해 독일정부는 그러한 의무사항을 회피했다. 여론은 조약에 대해 적대적이었고, 과격한 국수주의자들은 정부가 조약을 준수하지 못하도록 폭력적인 행동을 벌였다. 반대는 특히 연합국이 1921년 설정한 일정에 따라 지불하기로 정해진 배상금에 집중되었다. 배상은 현금과 석탄, 목재, 산업용

도료 등 특정 상품의 특정 물량으로 이루어지게 되었다. 배상 금액은 상당했으며, 그 의무를 전부 이행하려면 독일정부는 국민들을 희생시켜야만 했다. 독일정부는 그럴 의사 (또는 능력)가 없었다. 그 대신 독일은 반복해서 배상금 지불과 석탄 및 목재 수송을 불이행했다.[27]

독일의 의무 불이행은 영국과 프랑스 간 관계에 위기를 촉발했다. 프랑스는 자국 안보가 베르사유조약의 엄격한 집행에 달려있다고 믿었으며, 배상금이 지불되도록 강력한 조치를 취할 의사가 있었다. 반면 영국 지도자들은 독일에게 조약의 조건을 엄격히 이행하도록 하면 독일을 재정적으로 무력화하고 취약한 민주주의 제도가 신뢰를 잃게 될 것이라고 믿었다.[28] 영국은 독일을 다시 군국주의로, 혹은 소련과의 반서구 동맹 결성으로 몰아가는 행동을 취하는 것은 자멸적이라고 생각했다. 영국은 독일 사람들이 받아들일 수 있는 수준으로의 배상금 감축을 원했다. 미국은 배상금 문제에 직접 관여하는 것은 꺼렸으나 영국과 유사한 입장이었다.[29]

1923년에는 배상금 위기가 고조되었다. 오직 강제적인 행동만이 독일로부터 충분한 배상금을 받아낼 수 있다고 결론을 내린 프랑스는 독일 산업의 중심지에 있는 주요 석탄 생산지인 루르 분지를 점령하기 위해 군대를 보냈다. 프랑스는 루르를 점령하여 생산된 석탄을 직접 장악하고, 이를 미지불된 배상금 대신 프랑스로 수송하려 의도했다. 그러나 영국과 미국이 이에 반대하면서 프랑스는 강대국들 사이에 정치적으로 고립되었다. 한편 독일정부는 루르의 노동자, 광부, 관리에게 점령군에 협조하지 말고 저항하라고 지시를 내렸다. 이 '소극적 저항' 움직임은 프랑스의 점령 비용을 높였으나, 독일경제에는 심각한 손상을 입혔다.[30]

그 위기의 경제적 충격이 확산되어 독일뿐 아니라 프랑스경제가 침

몰 위기에 직면하자 미국정부는 독일의 배상금 부담을 재협상하는 데
비공식적으로 지지를 표명했다.[31] 미국은 최소한의 배상을 주장했었
기 때문에 독일의 배상금 지불 문제에 직접적으로 걸려 있는 손익이
크지 않았다. 그러나 미국은 유럽의 경제적 번영과 정치적 안정에 큰
이익이 걸려 있었으며, 이것이 그 위기로 인해 위험해진 것이었다. 미
국의 은행가 도스(Charles Dawes)가 의장을 맡은 국제 위원회는 독
일의 배상금을 크게 감축하고 독일에 미국 민간은행의 대규모 대출을
제공하여 독일경제를 안정화하는 방안을 제안했다.[32] 독일과 연합국
은 도스계획을 받아들여, 계획은 1924년 8월 발효되었다. 프랑스 군
대는 루르에서 철수하기 시작하였고 위기는 종결되었다.

양보를 통한 평화

도스계획의 채택은 장래 독일의 침략을 방지하는 전략의 중요한 전환
점이 되었다. 1919년 평화체제의 주요 특징 중의 하나는 독일에 대해
광범위하게 제약을 가하는 것이었다. 이 체제는 독일을 무장 해제하고
상당한 배상금을 부과함으로써, 독일이 또 다른 전쟁을 시작할 수단
을 제거하여 평화를 유지하도록 설계되었다. 그러나 미국과 영국은 그
러한 조치에 기반한 평화는 자신들의 선호에 부합하지 않는다고 보았
다. 독일이 계속해서 그 의무를 회피한 것을 고려하면, 조약의 조건을
유지하기 위해서는 연합국이 독일을 감시하고 이행을 강제하는 지속
적인 의지가 필요함이 분명해졌다. 영국도 미국도 그러한 책임을 받아
들일 의사가 없었다. 도스계획은 독일에 양보하고 의무 이행을 강제하
기보다 적극적 협조를 얻어내는 방식의, 유럽의 평화에 대한 대안적인

접근을 제시했다. 프랑스정부는 새로운 접근을 받아들이는 데 주저했으나 사실상 선택이 없다고 결론 내렸다. 배상금 위기의 상황 전개는 프랑스가 독자적으로 평화의 조건을 결정할 만큼 강력하지 않음을 보여주었다. 프랑스의 대독일정책은 영국과 미국의 지지 여부에 의해 제약을 받았다.

독일에서 외상 슈트레제만(Gustav Stresemann)과 같은 정치적 온건주의자는 독일과 연합국의 관계를 보다 협조적으로 만들 수 있는 기회를 환영했다. 비록 대부분의 독일인들은 베르사유조약의 제약에서 벗어나서 강대국들 사이에서 강력한 위치를 되찾는 것이 필수적이라는 데 동의했으나, 그 목표를 실현할 최선의 방법에 대해서는 이견이 있었다. 호전적 국수주의자들은 조약의 조건에 대한 일시적인 양보조차도 거부한 반면, 슈트레제만 같은 온건파는 연합국과의 협력과 협상 전략을 선호했다. 슈트레제만은 유화적 접근을 택함으로써 연합국이 독일을 동등하게 취급하도록 설득할 수 있으리라 믿었다.

1925년 슈트레제만의 주도로 영국, 프랑스, 독일은 서유럽의 영토적 현상유지를 상호 보장하는 새로운 방법에 대해 논의하기 시작했다. 이 논의는 프랑스, 벨기에, 독일이 상호 기존 국경을 존중하고, 무력으로 국경선 변경을 시도하지 않기로 합의한 로카르노조약으로 이어졌다. 더불어 독일은 라인란트의 비무장지대화를 받아들였다. 영국과 이탈리아도 조약에 참여하여, 프랑스, 벨기에, 독일 중 한 국가가 다른 국가의 침략을 받으면 그 국가를 지원하기로 공약하였다. 로카르노조약은 유럽의 문제를 관리하는 데 독일이 영국 및 프랑스와 평화적으로 협력할 의사가 있음을 보여주었고, 1926년 독일의 국제연맹 가입의 길을 열어주었다.

취약한 국제질서

로카르노조약이 체결됨으로써 국제질서는 어느 정도의 안정을 찾는
듯 보였다. 슈트레제만의 지도하에 독일은 드디어 연합국과 협력 및
협상정책을 추구하게 되었다. 동아시아에서 워싱턴회의 조약하에서
의 협력으로 해군 군비 경쟁을 피하고 일본의 제국주의 팽창을 제한하
게 되었다. 그러나 국제적 안정은 취약한 기반 위에 서 있었다. 독일과
일본의 과격한 국수주의자들은 기존 국제체제를 받아들이지 못했으며
계속해서 급격한 변화를 주장하였다. 그 체제는 독일과 일본에 상당한
제약을 가했지만 효과적인 집행 장치는 부재했기에, 점점 더 많은 사
람들이 과격분자들의 시각을 지지하게 되었다. 궁극적으로 과격한 국
수주의로 인해 국제체제는 제 수명을 다하지 못하고 붕괴될 운명에 처
했다.

독일이 국제연맹에 가입하자 독일 국민들은 머지않아 베르사유조
약의 조건들에 중요한 수정이 이루어질 것으로 기대했다. 연맹의 회원
국으로서 독일은 이제 자국에 가해진 차별적 조치들을 해제하도록 요
구할 수 있는 더 강한 위치에 서게 되었다. 독일인들은 배상금 지불과
라인란트 점령을 종결하도록 촉구했고, 독일이 잃은 영토를 되돌리는
협상에 연합국의 지지를 받기를 희망했다. 그러나 그것은 근거 없는
희망이었다. 프랑스는 이미 독일의 배상금의 상당한 삭감을 받아들일
수밖에 없었기 때문에, 더이상의 평화조약의 수정을 받아들일 의사가
없었다. 비록 영국의 지도자들은 독일의 희망에 동조했으나, 독일의
국력을 제한하는 체제를 전반적으로 해체하는 것은 고려할 의사가 없
었다.[33] 독일의 좌절감이 고조되는 가운데 히틀러(Adolf Hitler)의 나
치당과 같은 과격 집단은 베르사유조약에 대한 맹렬한 비난을 계속했

다. 평화조약을 뒤집기 위한 더 강경한 행동을 촉구하는 과격분자들의 요구가 다수 독일인에게 점점 더 설득력 있게 보였다.

한편 일본에서 상당한 수의 육군 및 해군 장교들은 국제질서가 일본을 종속적인 지위에 두었고, 서구 열강의 선의에 의존하게 만들었다고 생각하였기에, 그것을 거부하였다.[34] 많은 장교들은 일본이 일방적 군사 행동을 통해 국익을 확보해야 한다고 믿었다. 이러한 시각으로 인해 그들은 서구 열강과의 협력정책을 견지했던 민간인 정치지도자들과 대립하였다. 국제질서에 대한 일본의 불만은 1924년 미 의회가 이민법을 제정하면서 더 고조되었다.[35] 이 법은 일본으로부터의 이민을 완전히 금지하였으나 (이 제한은 다른 아시아 국가에는 이미 적용되고 있었다), 미국은 북유럽국가로부터의 대규모 이민은 계속 허용했다. 다수 일본인들은 미국이 일본에 대해 인종차별적 태도를 가졌으며, 유럽국가들과 같은 존중으로 일본을 대우할 의사가 없다고 결론내렸다.

1920년대 말의 상황 전개는 새로운 문제의 원인을 제공했다. 1920년대 후반 독일의 견조한 경제성장은 대부분 도스계획 채택 이후 독일에 쏟아진 미국 민간 부문의 융자 덕분이었다. 그러나 1928년 미국 투자자들은 독일에서 철수하기 시작했다. 미국의 주가 상승으로 미국 내 주식 시장에 투자하는 것이 수익성이 더 높았다.[36] 그 결과 독일경제는 침체되기 시작했고 고용이 급격히 감소했다. 1929년 10월 미국 증시 폭락으로 상황은 더 악화되었다. 미국의 은행들은 위기를 맞아 대출을 축소하고 해외 대출을 회수하였다. 미국으로부터의 신용대출이 끊어지고 다른 대안을 찾을 수 없었던 많은 독일 기업은 파산했다. 독일의 실업률은 치솟았다.

또 다른 문제의 원천은 미국의 무역정책에 있었다.[37] 1928년 미국

선거 결과 의회는 양원 모두 공화당이 큰 차이로 다수가 되었다. 공화당은 보호무역을 주장했다. 선거 승리 후 공화당은 관세율을 크게 높이는 법안을 제출했다. 미국의 관세율은 이미 상당히 높았으며 미국의 무역 수지는 상당한 흑자였기에 그러한 조치에는 합당한 경제적 이유가 없었다. 실제로 유명 경제학자들은 스무트-홀리 관세(Smoot-Hawley Tarrif)로 후일 알려지게 된 이 조치는 다른 나라가 무역 장벽을 높이도록 자극함으로써 미국이 손해를 볼 것이라고 경고했다. 의회는 개의치 않고 이 법안을 통과시켰고, 전 세계가 대공황으로 돌입하기 시작한 1930년 후버 대통령이 서명하여 법이 발효되었다. 미국의 무역 상대국은 스무트-홀리 관세에 분개했으며 미국 상품에 대한 차별적 조치를 취하면서 대응했다. 그렇게 미국의 보호무역주의는 전 세계가 배타적 무역 진영으로 분열되는 데 기여했으며, 이런 상황은 미국에 경제적 손실을 끼쳤고, 독일과 일본의 영토 팽창의 동인이 되었다. 스무트-홀리 관세 채택은 1920년대 미국 외교정책 방향에 영향을 준 냉정한 국수주의의 전형이었다. 그 조치는 사실상 의회가 의도적으로 전 세계 다른 나라 사람들의 운명에 대한 책임을 의도적으로 부인한 행위였다.

국제적 현상 유지는 동아시아에서도 위험에 빠졌다. 1920년대 전반 장제스(蔣介石) 장군의 군부 주도하에 강화된 중국 중앙정부가 부상하였다. 1928년 중국 지도자들은 중국 내에서 제국주의 국가들이 누리던 특권에 대해 재협상을 요구했다.[38] 중국은 온전한 주권국가로 취급해 줄 것을 요구했다. 중국의 요구는 본질적으로 만주에서의 일본의 세력권을 위협했으며, 일본이 자국의 이익을 방어하기 위해 군사 행동을 취할 가능성이 높아졌다.

군국주의자들의 권력 장악

독일이 지속적으로 평화조약 개정을 요구하자 1929년 국제 협상이 진행되어 독일의 배상금 지불을 더 감축하는 합의가 이루어졌다. 또 연합국은 라인란트 점령을 베르사유조약에서 정한 기한보다 5년 앞당겨 1930년 7월까지 종료하기로 합의했다. 비록 이러한 조치는 조약 개정이 느리게 진행되는 데 대한 독일의 불만에 건설적으로 대응하려는 의도였으나, 오히려 의도치 않게 정치적 극단주의를 향한 문을 열었다. 라인란트가 연합국 점령하에 있을 때 대부분의 독일인들은 공격적 외교정책 추구가 불가능하다고 이해했다. 그러나 일단 점령이 종료되자 연합국은 더이상 독일을 억제할 효과적 도구가 없었다. 독일 유권자들은 자유롭게 주류 정당에 대한 충성에서 벗어나 나치당과 같은 극단주의로 이동하게 되었다.[39] 수백만 명이 그렇게 하였다. 그때까지만 해도 주변부의 운동에 불과했던 나치당은 독일 정치의 주요 세력으로 부상했다. 1930년 9월 총선에서 나치당은 총 투표의 18퍼센트를 받아 독일 의회에 진출한 많은 정당 중 제2의 정당이 되었다.

1930년대 초 독일에 광범위한 고통을 가져온 대공황은 나치당에 더 많은 표를 가져다주었다. 경제적 절망은 더 많은 유권자들로 하여금 민주주의가 실패했으며, 나치당이 독일의 힘과 지위를 되찾는 일을 더 잘할 것으로 생각하게 만들었다. 1932년 7월 총선에서 나치당은 37퍼센트를 득표하여 의회 최대 정당이 되었다. 이어서 다른 정당들이 히틀러의 정부 장악을 원치 않자 헌법적 위기 상황이 뒤따랐다. 그러나 히틀러는 위기를 길게 끌 만한 충분한 정치적 영향력이 있었으며, 결국 1933년 1월 수상에 지명되었다. 취임 수주 후 비상조치권을 이용해 그는 나치당 반대 세력을 탄압하고 1당 국가를 만들었다. 독일은 독재로 빠져들었다.

대공황은 일본을 군국주의로 밀어붙인 중요한 요인이었다. 일본의 대미 수출은 부분적으로 공황의 여파로, 부분적으로 스무트-홀리 관세로 인해 1929년 이후 급격히 감소했다. 수출 수익 감소로 초래된 광범위한 경제난은 일본 여론이 서구 열강과의 협조정책에 대해 반대로 돌아서는 데 기여했다. 일본의 전략적 이익을 방어하기 위한 군사 행동을 주장했던 강경 국수주의자들은 여론이 자신들에 유리하게 변화했음을 감지했다.[40] 1931년 9월 일본군은 만주 주둔 중국군에 군사 공격을 감행했다. 그 목표는 만주를 확고히 일본의 통제하에 두고, 중국 중앙정부가 만주에서의 일본의 영향력을 축소하려는 시도를 저지하는 것이었다. 만주 침략은 일본 국내정치에서 새로운 시대를 열어, 민간 정치인들이 정책에 대한 영향력을 대부분 상실하고, 국가 전략 방향을 주로 육군과 해군 지도자들이 결정하게 되었다.

만주에서 중국군을 몰아낸 후 일본은 만주를 사실상 식민지화하였다. 중국의 영토를 침탈했다는 타국의 비난을 피하기 위해 일본은 만주가 자발적으로 중국의 통치로부터 이탈했으며, 이제 독립 국가라는 구실을 내세웠다. 일본은 이 신생 국가를 '만주국'이라고 불렀으며, 괴뢰 정권을 통해 통치했다. 비록 서구 열강들은 일본의 행동에 대해 실질적인 조치를 취하지 않았으나, 만주의 지위 변화에 대한 공식 승인을 거부했다. 이에 대응하여 일본은 국제연맹에서 탈퇴하고 점점 더 자유주의 국제질서에서 이탈했다. 서구 열강과의 협력정책을 버리고 일본은 자국이 주도하는 동아시아의 위계적인 질서를 세우기 시작했다. 일본의 새로운 노선은 1937년 중국과의 전면전으로, 그리고 수년 후에 미국과의 전쟁으로 이어졌다.

히틀러 치하 독일의 외교정책

독일에서 히틀러의 부상은 자유주의 국제질서에 근본적인 도전이 되었다. 히틀러는 독일과 여타 유럽국가와의 평화 공존에 관심이 없었다. 그보다 그는 전쟁과 정복을 수단으로 하여 독일을 세계적 강대국 지위에 올려놓으려 했다. 그는 몇 단계를 거친 독일의 부상을 꿈꾸었다.[41] 첫 단계에 독일은 재무장을 하고, 남부와 동부 유럽의 군소 국가를 희생시켜 영토를 확장하고자 했다. 히틀러는 영국, 프랑스와 전쟁을 일으키지 않고 이 목표를 실현하려 했다. 독일이 아직 그러한 전쟁을 수행할 만큼 강하지 않았기 때문이다. 다음 단계는 유럽 대륙의 완전 장악이 독일의 목표였다. 그것은 (가능하다면 영국과의 전쟁을 피하면서) 프랑스를 파괴하고, 소련을 괴멸하는 전쟁을 일으키는 것이었다. 그러면 독일은 소련 서부의 비옥한 농토와 엄청난 천연자원을 확보하여, 제1차 세계대전 중 영국이 했던 것과 같은 해상 봉쇄에도 견딜 수 있는 거대하고 자급자족적인 국가가 되는 것이었다. 최종 단계에 독일은 글로벌패권을 놓고 미국에 도전할 것이었다. 비록 히틀러는 이러한 전반적인 계획에서 결코 흔들린 적이 없지만 자신의 의도를 조심스럽게 감추었다. 히틀러는 영국과 프랑스가 그의 진정한 목표를 알아챘을 때는 이미 너무 늦어 손을 쓸 수 없게 되길 바랐다.

집권 후 히틀러의 우선 목표는 독일을 베르사유조약의 남은 제약으로부터 벗어나게 하고, 유럽을 무력 지배할 수 있는 수준의 군사력을 구축하는 것이었다. 전쟁 후 독일에 부과된 제약은 독일의 군사력을 약화시켰기 때문에 다른 강대국에 성공적으로 도전하려면 사전 준비가 필요했다. 취임 첫해에 히틀러는 독일을 국제연맹에서 탈퇴시키고 군사력 강화를 위해 공공연한 비밀인 대규모 재군비 작업에 착수했다. 1936년 그는 라인란트를 재무장하고 수천 명의 병력을 배치했다. 히틀러가 1935년 전 세계에 공표한 재군비 계획과 라인란트 재무장은 베르사유조약의 직접적인 위반이었다. 히틀러는 그 조치들이 자국 영토 통제와 자기방어에 필요한 만큼의 군비에 대한 주권적 권리 주장에 불과하다고 정당화했다. 영국은 이에 대해 상당히 동조했다.[42] 히틀러는 그러한 행동을 취함과 동시에, 자신의 의도는 평화적이며, 자신이 무력화한 베르사유조약을 대체할 새로운 합의를 위해 기꺼이 협상하겠다고 외국 지도자들을 안심시켰다. 영국과 프랑스는 히틀러의 움직임에 대응해 그들의 군비를 증강했으나 독일에 대해 군사 행동을 취할 준비는 하지 않았다.

오히려 1937년 영국의 수상이 된 체임벌린(Neville Chamberlain) 하에서 영국정부는 독일에 대한 타협정책을 강화했다. 나치 정권의 군비 증강에 직면하여 체임벌린과 대부분의 영국 여론은 독일의 불만에 대한 만족스러운 해결책을 찾는 일이 시급하다고 판단했다. 그들은 그렇게 함으로써 평화를 유지하고 전쟁으로 인한 상상하기 힘든 살육과 파괴를 피하길 간절히 희망했다. 독일이 평화로운 방법으로 그들의 목표를 추구하는 데 동의한다면 체임벌린은 상당한 양보를 제시할 준비가 되어 있었다.[43] 예를 들어, 그는 독일의 오스트리아, 체코슬로바키아 및 폴란드 내 독일어 사용 주민들에 대한 통제를 금지한 베르사유조약의 규정을 무시할 용의가 있었다. 그는 동부 유럽에서 독일의 경제적 영향력 확대를 묵인할 준비가 되어 있었다. 그는 박탈되었던 독일 식민지의 일부를 회복시켜줄 가능성도 배제하지 않았다. 그러나 체임벌린이나 영국 국민들은 정복을 통한 독일의 동부 유럽 팽창을 받아들일 생각은 없었다. 동진 정복은 히틀러의 계획의 핵심이었기 때문에 체임벌린의 목표는 궁극적으로 히틀러의 목표와 타협이 불가능했다.

체임벌린의 유화정책은 히틀러가 오스트리아 합병과 체코슬로바키아 괴멸이라는 2개의 단기 핵심 목표를 성취하는 데 있어서 공격적으로 움직일 수 있게 해주었다. 1938년 초 히틀러는 오스트리아를 독일 편에 더 가깝게 서도록 압박했다. 오스트리아 지도자들은 다른 서유럽 열강들이 도와줄 의사가 없음을 확인하고 그 요구에 굴복했다. 히틀러의 계속된 압박으로 오스트리아 수상은 내각을 해산하고 사퇴하여, 오스트리아는 정부가 사라졌다. 독일군은 신속히 오스트리아로 진군해 통제권을 장악했다. 다수 오스트리아인들은 독일과의 통합을 원했으며 그 상황을 환영했다. 다른 사람들은 복종을 강요받았다. 오스트리아는 저항 없이 독일에 흡수되었다. 영국과 프랑스는 독일의 행동에 항의했으나, 그것을 저지하기 위한 의미있는 조치는 취하지 않았다.

수개월 후 히틀러는 수데텐란트와 그곳의 독일계 주민 300만 명을 체코슬로바키아에서 분리해 독일에 넘길 것을 요구하며 새로운 국제 위기를 일으켰다. 영국은 협상을 제안하며 그 요구에 대응했고, 결국 1938년 9월 뮌헨에서 회담이 개최되었다. 이 회담에는 체임벌린, 히틀러, 프랑스 외상 달라디에(Edouard Daladier), 이탈리아의 독재자 무솔리니(Benito Mussolini) 등 유럽 4강국 지도자들이 모였다. 어떻게 하든 전쟁을 피하려는 체임벌린과 달라디에는 독일이 수데텐란트를 차지하는 데 동의했다. 무솔리니도 동의한 이 결정을 접한 체코정부는 마지못해 수데텐란트를 히틀러에 넘겨주었다. 이 양보로 인해 정치적으로 약화된 체코정부는 곧 영토의 다른 부분도 폴란드와 헝가리에 이양했다. 1939년 3월 독일은 기습 공격으로 체코슬로바키아의 나머지 영토를 휩쓸었고, 독일 통제하에 괴뢰정권을 세웠다.

뮌헨 회담과 그 뒤를 이은 체코슬로바키아의 파멸은 히틀러에 대한 영국과 프랑스의 태도가 변한 전환점이 되었다. 이전에 주류 여론은 독일과의 대립을 거부했으나, 이제는 영국과 프랑스의 여론은 히틀러가 정복을 작정했으며 그를 무력으로 저지해야 한다고 결론 내렸다.[44] 영국과 프랑스 지도자들은 히틀러에 대항하려는 의지를 굳혔고, 1939년 9월 독일이 폴란드를 침공하자 전쟁을 선포하였다.

전쟁에 접근하는 미국과 소련의 반응

소련의 지도자들은 나치 정권이 소련에 가하는 위협을 잘 알고 있었으며, 1930년대를 통해 그것을 어떻게 관리할지를 두고 고심했다. 그들의 분석은 이념, 그리고 볼셰비키 혁명 이후 소련과 서구 열강 사이에 존재했던 상호 불신에 의해 영향을 받았다. 소련정부는 1933년까지는 주요 서유럽국가들과 외교관계를 수립하고, 다음 해에 국제연맹에 가입했으나, 소련 지도자들은 국제질서에 대해 이중적인 생각을 가졌다.[45] 그들은 모든 자본주의 국가(영국, 프랑스, 미국, 그리고 나치 독일을 포함하는 범주)가 본질적으로 공산주의에 적대적이며 궁극적으로 소련 정권을 파괴하려 한다고 생각했다. 서구 국가에 이념적으로 우호적인 정권을 실현해 줄 노동자 혁명이 없었기에 소련 지도자들은 자국을 안전하게 만들 수 있는 명확한 길을 찾지 못했다.

1924년 레닌 사망 후 소련의 최고 지도자로 부상한 스탈린(Joseph Stalin)하에서 소련정부는 소련을 가능하면 신속히 산업화하려 노력했다. 비록 소련의 많은 인구와 광대한 영토는 소련이 세계 주요 강대국이 될 수 있는 잠재력을 주었지만 영국, 프랑스, 독일에 비해 소련은 빈곤하고 기술적으로 낙후된 상태에 머물렀다. 자국의 약점을 절실히 인식했던 스탈린은 소련이 대규모 전쟁에 휘말리는 것을 방지하려 애

썼다.[46] 또 그는 외세의 침공으로부터 방위할 수 있는 능력을 높이려 노력했다. 히틀러하에서 독일의 급속한 재무장에 직면하여 스탈린은 소련의 산업 능력을 대대적으로 무기 생산으로 전환했다.

1939년 8월 독일이 폴란드 침공의 마지막 준비를 마치는 상황에서 스탈린은 폴란드의 패배는 곧 독일의 소련 침공으로 이어질 것을 우려했다. 그러한 가능성을 피하기 위해 그는 히틀러와 상호 불가침 협정을 체결했다.[47] 히틀러는 궁극적으로 소련을 침공하고 점령할 의도를 가지고 있었지만, 스탈린과의 협정은 단기적으로 그의 이익에 부합했다. 히틀러는 독일이 1914년 경험했던 것처럼 2개의 전선에서 전쟁에 뛰어들고 싶지 않았다. 독일의 폴란드 침공으로 프랑스와 영국이 선전포고로 대응한다고 해도, 불가침 협정은 독일이 동시에 소련과 전쟁을 하지 않도록 보장해 주었다. 그 협정은 독일, 영국, 프랑스가 소련을 상대로 연합하기보다 (최소한 단기적으로라도) 서로의 전쟁에 몰두하도록 하여 스탈린의 이익에도 부합했다. 그 협정은 소련이 군사력을 강화하고, 서구 열강이 서로에게 큰 상처를 입혀 소련을 공격할 엄두를 내지 못하도록 시간을 벌어주었다. 결국 협정은 소련에게 거의 2년의 여유를 제공해주었다. 궁극적으로 히틀러는 오랫동안 의도했던 소련에 대한 괴멸적 전쟁을 감행했지만, 그것은 1941년 6월이었다.

한편 미국은 유럽에서의 점증하는 전쟁 위협에 반응하여 내부로 눈을 돌렸다. 미국은 아직 대공황으로부터의 회복에 어려움을 겪고 있었으며, 여론은 해외 전쟁에 말려들 수 있는 어떤 조치도 강하게 반대했다.[48] 1935년부터 1937년 사이 의회는 대중의 고립주의적 분위기를 반영하여 일련의 중립법을 제정하였다. 첫 번째 중립법은 교전 중인 국가에 미국의 무기 판매를 금지했다. 두 번째 중립법은 교전 중인 국가에 대한 융자를 금지했으며, 세 번째는 교전 중인 국가의 선박을 이용한 미국인의 여행을 금지했다. 이 조치들은 미국을 전쟁에 개입되지 않도록 하는 의도였다. 그러나 불개입정책이 현실적인 선택이 되기에는 미국은 유럽과 아시아에서 너무나 큰 이익이 걸려 있었다.[49] 일본이 아시아에서 점점 더 많은 영토를 점령한 데 분노하고, 히틀러가 1940년 초 서유럽 대부분을 신속히 점령한 데 충격 받아 미국의 여론은 행동을 요구하기 시작했다. 1940년과 1941년에 미국은 일본에 대해 점점 더 강력한 제재를 가했고 영국에 대한 군사 지원을 강화했다. 중립이라는 아이디어는 실패했다. 일본은 1941년 12월 7일 진주만의 미 함대를 기습 공격하였으며, 4일 뒤 독일은 미국에 선전포고하였다. 해외 전쟁에 개입하지 않으려는 20년간의 미국의 노력은 그렇게 무위로 끝났다.

1918년 이후 국제체제에 대한 평가

제1차 세계대전 후 형성된 국제체제는 세력정치가 아니라 자유주의 원칙에 기반한 국제질서를 만들려는 시도였다. 그 저변의 논리와 실질적 장치에 있어서 새로운 체제는 유럽협조체제와 매우 달랐다. 강대국 간의 실용적 타협을 통해 만들어진 협조체제와 대조적으로, 새로운 체제는 국가들이 국제연맹 규약에 규정된 명확한 행동 규칙을 준수하도록 의무화하여 질서를 유지하려 했다. 협조체제는 강대국 간 협조를 유지하기 위해 빈번히 약소국이나 약소 민족의 이익을 희생시켰으나, 새로운 체제는 모든 국가의 독립과 영토적 완결성 존중이라는 원칙 위에 세워졌다.

  1918년 이후 체제는 국제평화 그 자체를 추구해야 할 목표로 취급했으나, 협조체제의 경우는 그렇지 않았다. 분명 협조체제 강대국들은 그들 사이의 전쟁을 피하려 했다. 그러나 그 이유는 대규모 전쟁이 자신들의 이익을 해친다고 보았기 때문이지 그들이 평화라는 원칙에 헌신했기 때문은 아니었다. 반면 1918년 이후 체제의 설계는 평화 자체가 가치 있는 목표라는 자유주의 신념을 반영했다. 근대 자유주의자들은 전쟁은 근원적으로 악이라고 인식했다. 왜냐하면 인간의 자유와 존엄은 살생과 파괴가 만연한 상황에서는 향유될 수 없기 때문이다. 평화를 지키기 위해 국제연맹 규약은 회원국이 침략 행위를 삼가고, 국제분쟁을 중재에 맡기고, 군축 협상과 집단안보 조치에 참여하도록 의무화했다. 그러한 의무는 어느 것도 협조체제에는 존재하지 않았다. 세력정치 시대에 강대국들은 전쟁을 정당한 외교정책 도구로 간주했다. 그러나 연맹 규약에 규정된 행동 규칙에 의하면 더이상 그렇지 않았다. 연맹 규약이 전쟁을 명확히 불법화하지는 않았으나, 전쟁에 대해 가해진 다양한 제약을 고려하면 대부분의 경우 전쟁은 부당하다고 간주한 것과 다름이 없었다.

새로운 체제의 주된 설계자는 미국이었으며, 그 체제의 대부분은 미국의 이익과 선호를 반영했다. 미국은 연맹 규약이 회원국에 가한 자기 억제의 의무로부터 가장 큰 혜택을 보았다. 예를 들어, 규약은 회원국에 대해 "국가 안보와 국제적 의무에 따른 공동 행동에 필요한 최소 수준으로의" 군비축소를 요구하였다. 그 규정은 해군 군축회의 추진에서 보여졌듯이 미국의 선호와 완전히 일치했다. 미국의 지도자들은 타국과 군비 경쟁을 할 의사가 전혀 없었으며, 군비축소가 글로벌한 우선순위로 설정되는 것에 대단히 만족했다. 또 미국은 모든 회원국이 침략을 자제해야 한다는 규약의 규정에도 혜택을 보는 입장이었다. 미국 국민들은 또 다른 해외 전쟁에 말려드는 것을 결코 원치 않았다. 규약에 포함된 침략 금지 조항은 평화로운 세계를 원하는 미국의 선호가 직접 반영된 것이었다. 미국 기업들은 다른 나라들끼리의 경쟁에 휘말리지 않고 전 세계에 상품을 팔 수 있는 평안한 국제환경을 원했다.

자유주의적 성격에 더해 1918년 이후 국제체제는 전쟁 전으로부터 물려받은 상당히 많은 세력정치적인 요소들을 포함했다. 영국, 프랑스, 포르투갈, 일본, 벨기에, 네덜란드, 이탈리아, 미국은 여전히 해외 식민지를 유지했다. 그들 식민 제국은 아프리카, 아시아, 중동의 거의 전부를 포함했으며, 유럽과 아메리카 이외의 세계에서는 자유주의 원칙이 아니라 식민주의가 국제질서의 주된 원천을 제공했음을 의미했다. 또 세력정치는 연합국이 독일에 부과한 평화 협정에도 적용이 되었다. 독일의 오스트리아 및 수데텐란트 합병을 금지함으로써 연합국은 독일의 선의를 믿지 않음을 보여주었다. 이를 허용했다면 독일의 국력이 상당히 강화되었을 것이다.

윌슨이 전후 국제체제의 핵심으로 구상한 집단안보는 실제로는 국제질서 유지에 역할을 전혀 하지 못했다. 어떤 강대국도 자국을 직접 위협하지 않는 침략에 대응하기 위해 자원을 쓰는 데 관심이 없었다. 영국의 자원은 대부분 방대한 식민 제국을 감시하는 데 쓰였다. 프랑스는 보편적 원칙으로서의 집단안보를 지키는 것보다 독일을 억제하는 데 신경을 썼다. 미국은 평화를 집행하는 어떤 공식적 책임도 받아들이길 거부했다. 독일, 일본, 이탈리아, 소련은 모두 전후 체제에 대해 이중적인 입장이었으며, 그것을 지키기보다 무너뜨리려 시도할 가능성이 높았다. 따라서 국제연맹이 구축한 집단안보체제는 강대국들이 서로 합의하는 사소한 문제에 있어서만 효력이 있었다.[50] 강대국들이 이견이 있는 문제에 관해서 연맹은 할 수 있는 것이 별로 없었다.

그런 면에서 국제연맹은 그것을 계승한 유엔과 유사했다.

전간기 국제질서에 대한 최대의 위협은 독일과 일본에 의한 정복을 통한 대규모 영토 확장의 가능성이었다. 미국과 영국이 집단안보를 실행할 의사가 없는 가운데 국제적 안정은 결국 독일과 일본의 자제에 달려있었다. 그러나 그 국가들이 왜 스스로 자제해야 했을까? 그 대가로 그들은 무엇을 받을 수 있었는가? 기본적으로 그 답은 미국으로부터의 선의라는 약속을 받는 것이었다. 자유주의 원칙에 의한 국제질서를 구축함으로써 미국은 평화적인 수단에 의해서라면 독일과 일본의 경제 성장과 번영을 막지 않겠다는 신호를 보냈다. 독일과 일본의 강경 국수주의자들에게 그것은 받아들일 수 없는 약속이었다. 그러나 처음에는 강경주의자들의 영향력은 제한적이었다. 왜냐하면 자유주의 질서가 독일과 일본에 충분한 경제적 성장의 기회를 제공했기 때문이다.

미국이 유럽과 아시아가 대공황을 극복하는 데 도움 주길 거부하자 국제질서는 무너지기 시작했다. 스무트-홀리 관세를 제정함으로써 미국은 무역 상대국에 손해를 입히고 독일과 일본의 평화적 무역에 대한 믿음을 무너뜨렸다. 독일과 일본의 군국주의자들은 오랫동안 진정한 국가 안보는 자국의 경제적 자급자족을 보장할 충분한 영토와 자원의 정복을 필요로 한다고 주장했었다. 스무트-홀리 관세가 촉발한 글로벌한 보호무역주의의 물결은 많은 독일과 일본 국민들로 하여금 군국주의자들이 옳았다고 믿게 만들었다. 동시에 미국이 자유주의 국제질서를 지킬 군사적 의지가 없는 듯 보임으로써 독일과 일본이 정복 전략에 성공할 수 있다고 믿게 되었다. 따라서 미국의 행동들은 독일과 일본이 군사적 침략을 시도할 유인을 제공했다.[51]

제2차 세계대전 후 미국은 다시 독일과 일본이 자기 억제적인 외교 정책을 채택하도록 촉구하였다. 1945년 후 미국의 그러한 노력은 전간기에 비해서 훨씬 더 성공적이었다. 그러나 그 노력은 독일과 일본의 안녕에 대한 강력하고 실질적인 미국의 공약이 뒷받침되었다.

주

1) De Groot, *The First World War*, chaps. 2–3 참조.
2) Fischer, *Germany's Aims in the First World War*.
3) Stevenson, "France at the Paris Peace Conference," 14–16.
4) Sharp, *The Versailles Settlement*, 188, 191–192.
5) Wilson, "The Fourteen Points Speech." 또한, Knock, *To End All Wars*, 121 참조.
6) Knock, *To End All Wars*, 112–113 참조.
7) Stevenson, *The First World War and International Politics*, 278–279; Kennedy, "Woodrow Wilson," 17–22.
8) Ambrosius, *Wilsonianism*, 51–52; Knock, *To End All Wars*, 225; Boyce, *The Great Interwar Crisis*, 46–47.
9) 평화조약의 조건에 대한 유용한 개괄은 다음을 참조. Sharp, *The Versailles Settlement*; Henig, *Versailles and After*; Dockrill and Goold, *Peace without Promise*.
10) Marks, *The Illusion of Peace*, 21.
11) Sharp, *The Versailles Settlement*, 123, 129.
12) 1929년까지 유고슬라비아는 공식적으로 세르비아, 크로아티아, 슬로베니아 왕국으로 알려짐.
13) Sharp, *The Versailles Settlement*, 151–152. Dockrill and Goold, *Peace without Promise*, 111–112 참조.
14) Gould, "Austrian Attitudes toward Anschluss" 참조.
15) Herring, *From Colony to Superpower*, 439.
16) Ambrosius, *Wilsonianism*, 92–95 참조.
17) Pyle, *Japan Rising*, 159–160.
18) Mancall, *China at the Center*, 159.
19) Pyle, *Japan Rising*, 161.
20) Pyle, *Japan Rising*, 174–179 참조.
21) Iriye, *After Imperialism*, 26.

22) Storry, *Japan and the Decline of the West*, 126.
23) Asada, "Between the Old Diplomacy and the New."
24) Herring, *From Colony to Superpower*, 452.
25) Henig, *Versailles and After*, 64.
26) Boyce, *The Great Interwar Crisis*, 82–83.
27) Marks, "The Myths of Reparations," 237–241 참조.
28) Cohrs, *The Unfinished Peace*, 95; Boyce, *The Great Interwar Crisis*, 94, 111, 116, 122.
29) Cohrs, *The Unfinished Peace*, 87–88.
30) Craig, *Germany*, 448–449.
31) Steiner, *The Lights that Failed*, 232; Boyce, *The Great Interwar Crisis*, 127–128.
32) 이 논의는 Cohrs, *The Unfinished Peace*, chaps. 9 and 10 참조.
33) Cohrs, *The Unfinished Peace*, 361–362, 375, 424–426 참조.
34) Pyle, Japan Rising, 179–183 참조.
35) Iriye, *After Imperialism*, 35–36, Pyle, *Japan Rising*, 163–164.
36) Frieden, *Global Capitalism*, 174; Boyce, *The Great Interwar Crisis*, 218.
37) 이 문단은 Irwin, *Peddling Protectionism*, 16–17, 83–85, 145–182에서 참조함.
38) Iriye, *After Imperialism*, 228.
39) Marks, *The Illusion of Peace*, 113.
40) Iriye, *After Imperialism*, 278–279, 283–284, Iriye, *The Origins of the Second World War*, 5–10 참조.
41) Hillgruber, *Germany and the Two World Wars*, 49–55; Rich, *Hitler's War Aims*, 3–16; Overy, *The Origins of the Second World War*, 39–41; Henig, *The Origins of the Second World War*, 72–85 참조.
42) Henig, *The Origins of the Second World War*, 26; Bell, *The Origins of the Second World War in Europe*, 235 참조.
43) Hillgruber, *Germany and the Two World Wars*, 60–61.
44) Steiner, *The Triumph of the Dark*, 765–770, Bell, *The Origins of the Second World War in Europe*, 278–280, 284–286.
45) Jacobson, "The Soviet Union and Versailles" 참조.
46) Ulam, *Expansion and Coexistence*, 223, 243.
47) Weinberg, "The Nazi-Soviet Pacts"의 분석 참조.
48) Herring, *From Colony to Superpower*, 503–509 참조.
49) Herring, *From Colony to Superpower*, 518–536 참조.
50) Henig, "The League of Nations" 참조.
51) Overy, "Economics and the Origins of the Second World War" 참조.

8장

자유주의 질서와 냉전, 1945~1989년

▌ 제2차 세계대전 종전 당시 상황
▌ 전후 질서에 관한 미국의 비전
▌ 전후 질서에 관한 소련의 비전
▌ 냉전 격화
▌ 무역 자유화
▌ 자유주의 '대타협'
▌ 미소경쟁의 안정화
▌ 국제질서와 개발도상 지역
▌ 냉전의 제2단계
▌ 결론

제2차 세계대전 이후 미국과 소련은 세계의 지배적인 군사 대국으로 부상하였으며, 그들의 사활적 안보 이익을 지킬 수 있는 전후 국제질서 창출을 추구했다. 그러나 질서에 대한 미국과 소련의 비전은 대체로 상충했다. 소련의 지도자들은 세력정치의 렌즈를 통해 세계를 보았으며, 타 강대국의 간섭 없이 주변국을 장악할 수 있는 세력권 구조의 측면에서 국제질서를 그렸다. 반면 미국의 지도자들은 국제질서의 자유주의 비전에 계속 전념했다. 그들은 모든 국가의 주권적 독립을 지키고, 개방적 무역을 증진하며, 인권을 존중하는 체제를 구축하려 했다.

질서와 관련한 미국과 소련의 충돌은 특히 두 초강대국의 사활적 이익이 걸려있는 유럽에서 중요했다. 소련의 엄청난 군사력을 고려할 때 미국은 새로운 세계대전을 일으키지 않고서는 유럽에서 소련의 이익을 무시할 수 없었다. 그 대신 미소관계 안정은 어떤 형태이든 상호 타협이 필요했다. 궁극적으로 초강대국들은 유럽 문제를 실용적 합의로 관리했다. 미국은 동유럽에서의 소련의 지배력을 암묵적으로 받아들였으며, 소련은 서유럽과 미국의 동맹을 받아들였다. 독일은 소련에 군사적 위협을 가하지 못하도록 보장하기 위해 2개의 국가로 분할되었다.

미국은 자유주의 국제질서 수립의 목표를 포기하지 않았으나, 소련의 반대로 인해 전 세계를 포괄하는 자유주의 질서 창출이 불가능함을 깨닫게 되었다. 그 대신 미국 관료들은 미국과 서방의 다른 나라들로 구성된 자유주의 질서를 만들기 위해 노력했다. 그 목표를 추구하면서 미국은 일본, 캐나다, 호주 등 대부분의 서유럽국가에 안전보장을 제공했다. 또 미국은 서구 자본주의 국가들 사이의 무역을 촉진하는 새로운 다자간 협정을 위한 협상을 개시했다. 미국은 독일과 일본에 자유민주주의 국가를 수립하고 여타 서구 국가들의 자유주의 제도들을 강화할 목적으로 광범위한 조치를 취했다.

따라서 냉전 시대의 국제질서는 단일 체제가 아니라 2개의 분리된 체제의 조합으로 가장 잘 이해될 수 있을 것이다. 한 체제는 세력정치의 논리에 의해 작동했다. 유럽을 비공식적으로 미국과 소련의 세력권으로 분단하여 이 체제는 미소관계에 어느 정도의 질서와 안정을 제공했다. 또 다른 체제는 주권의 평등, 분쟁의 평화적 해결, 개방적 무역, 시장 자본주의, 개인의 자유 등 자유주의 원칙에 기반하였다. 그것은 미국과 그 서방 동맹국들에 의해 관리되었으며 미국의 경제적, 군사적 보장에 의해 지지되었다.

이 장은 제2차 세계대전 후 국제상황과 1930년대에 붕괴된 국제체제를 대체할 자유주의체제를 창출하려는 미국의 계획에 대해 논의한다. 이 장은 어떻게 미국과 소련의 상충하는 목표가 냉전을 초래했고, 자유주의체제를 유지하는 전반적인 책임을 미국이 떠맡게 되었는지 보여준다. 또한, 이 장은 어떻게 초강대국들이 자국의 사활적 이익을 지키기 위해 유럽에서 점차 타협하게 되었는지 논의한다. 이어서 이 장은 유럽 식민지의 해체와 그 지역에서 초강대국들의 이익 추구를 포함해서 제3세계에서의 상황 전개를 알아본다. 이어서 이장은 냉전 종식의 길을 점진적으로 열어준 요인들에 대해 논의하면서 마무리한다. 글상자 8.1은 1945년 이후 국제체제의 주요 특징을 요약하였다.

글상자 8.1 1945년 이후 국제체제

시기: 1945년부터 1989년

주요 행위자들: 미국과 소련은 두 군사 초강대국이었으나 미국은 유일한 경제 초강대국이었다. 기타 주요 행위자는 영국, 프랑스, 서독, 일본, 중국이었다.

이 체제는 어떻게 국제질서를 창출했는가? 당초 유엔 안전보장이사회는 국제질서 집행의 핵심 기구로 의도되었다. 그러나 미소경쟁으로 인해 대부분의 문제와 관련해 안보리는 마비되었다. 그 결과 1945년 이후 시대 국제질서는 대체로 자유주의체제와 냉전체제라는 2개의 비공식체제에 의해 유지되었다.

자유주의체제의 핵심 구성원은 미국과 대부분의 서유럽국가들, 일본, 캐나다, 호주, 뉴질랜드였다. 자유주의체제는 미국이 타 구성원들을 공격으로부터 보호해줄 것을 약속하고, 에너지 및 자원에의 글로벌한 접근을 보장하는 책임을 받아들인 비공식적 대타협에 기반하였다. 미국은 타국에 자국 시장을 개방하고, 미국 자본과 기술 제공에 동의했다. 그 대가로 다른 구성원들은 미국의 리더십을 받아들이고 공산주의에 대항해서 미국을 지원하기로 동의했다. 그들은 자유화된 국제무역체제에 참여하는 데 동의하고, 서로 전쟁을 일으키거나 군사적 침략을 하지 않기로 암묵적으로 공약했다.

한편 냉전체제는 미국과 소련 사이의 실용적 타협을 통해 형성되었다. 이 타협은 자유주의 원칙이 아니라 세력정치 위에 세워졌다. 냉전체제하에 미국은 동유럽에 대한 소련의 지배를 인정했고, 소련

계속 ▶

은 미국과 서유럽 및 일본 사이의 동맹을 받아들였다.

제3세계 사람들에게 1945년 이후 국제질서는 혜택과 문제를 모두 가져다주었다. 유엔헌장은 모든 사람들이 주권과 자치의 권리를 향유해야 한다는 관념을 지지했다. 헌장은 식민 지배를 부당한 것으로 규정했고 식민 제국 해체를 촉진했다. 그러나 제3세계 국가의 많은 사람들은 국내정치적 혼란, 비민주적 정부, 극심한 빈곤으로 고통받았다. 냉전체제는 빈번히 그러한 문제를 더 어렵게 만드는 방향으로 작용했다.

제2차 세계대전 종전 당시 상황

1945년 제2차 세계대전이 끝나자 전후 국제질서를 형성할 힘은 주로 미국과 소련이 가지고 있었다. 영국과 함께 이 두 나라는 전쟁의 주요 승전국이었으며, 전후 세계 정치와 영토 문제를 결정하는 데 상당한 역할을 할 것이 예상되었다. 전쟁의 결과 소련은 유럽의 최강 군사 대국으로 부상했다. 전쟁의 전환점은 소련군이 독일군에 결정적 승리를 거둔 1942~1943년 스탈린그라드 전투였다. 그 시점 이후 전황이 소련군에 유리해지기 시작했다. 소련군은 독일군을 소련 영토 밖으로 몰아냈고 동유럽국가들을 독일로부터 해방했다. 종전되기 수개월 전 소련군은 독일로 진격해 베를린을 점령하고 더 깊숙이 독일로 진격했다. 1945년 5월 독일의 항복 시점에 소련군은 동부 독일과 대부분의 동유럽에 진주했다.

유사하게 미국은 전후체제 결정에 강력한 발언권을 보장받았다. 렌드-리스법(Lend-Lease Act)에 따라 1941년 초 미국은 엄청난 군사 장비, 식량, 기타 보급품을 소련과 영국에 제공했다. 그 원조는 두 나라가 전쟁을 지속하는 데 결정적으로 중요했다. 1944년 6월 주로 미군과 영국군으로 구성된 연합군이 프랑스의 대서양 연안에 상륙하면서 미국의 지상군은 대규모로 유럽 전장에 투입되었고, 독일에 두 번째 전선을 열었다. 이들 군대는 동진하여 독일로부터 프랑스를 해방했고 서쪽에서부터 독일로 진격했다. 독일의 항복 시점에 독일의 서쪽 절반은 미국과 영국이 점령했다. 한편 서태평양에서 일본이 통제하던 전략적 도서 기지들로부터 그들을 몰아내기 위해 미군은 길고 힘든 전투를 벌였다. 그 기지들은 일본에 방어 완충지대를 제공했으며, 미군이 진격함에 따라 일본 본토가 공격에 취약하게 되었다. 1945년 초 미국은 일본의 도시들에 대한 체계적 폭격을 시작하고, 전면적 육상 침공을 준비하기 시작했다. 그러나 미국이 원자폭탄 개발에 성공함으로써 침공은 불필요해졌다. 미국은 1945년 8월 6일 히로시마에, 8월 9일에 나가사키에 원자폭탄을 투하했다. 며칠 뒤 일본은 항복을 선언했다.

제2차 세계대전의 결과 다수의 영토 경계 및 소유권의 중요한 변화가 일어났다. 소련은 승전을 이용해서 제1차 세계대전 후 상실했던 영토의 대부분을 되찾았다. 거기에는 에스토니아, 라트비아, 리투아니아, 루마니아와 핀란드 일부, 폴란드 서부의 절반이 포함되었다. 소련군은 종전 당시 이미 이들 지역을 장악하고 있었으며, 소련정부는 그들에 대한 합병을 공식화하였다. 미국의 지도자들은 소련의 행동에 반감을 가졌지만 그것을 막을 수 없었고, 그럴 이유도 찾지 못했다.[1] 승전국들은 동쪽에 있는 영토의 절반을 잃은 폴란드를 보상하기 위해 독일로부터 빼앗은 넓은 영토를 주었다. 제1차 세계대전 후 폴란드에 영토를 잃었던 독일은 제2차 세계대전 후 그보다 더 넓은 영토를 폴란드에 빼앗겼다. 또 승전국들은 독일이 전쟁 전에 획득했던 영토를 박탈했다. 1938년 독일이 흡수한 오스트리아는 독립국이 되었다. 1938~1939년 체코슬로바키아로부터 빼앗은 땅은 체코 소유로 회복되었다.

아시아에서 승전국은 일본 본토 이외의 모든 일본 영토를 박탈했다. 일본군은 항복 당시 통치하고 있었던 동아시아와 동남아시아에서 철수 명령을 받았다. 만주와 타이완에 대한 통제권은 중국에 반환되었다. 승전국은 1910년부터 일본의 식민지였던 한국을 5년간의 이행기를 거쳐 독립시키기로 결정했다. 한편 한국은 소련군이 북쪽을, 미군이 남쪽을 장악한 채 2개의 점령 지역으로 분할되었다.[2]

종전 당시 독일과 일본에 최종적으로 어떤 평화 조건이 부과될지 유동적이었다. 군사적 점령을 목적으로 승전국은 독일을 미국, 소련, 영국, 프랑스가 각 지역을 통제하는 4개 지역으로 분할하였다. 소련의 지도자 스탈린은 수도 베를린이 소련 점령 지역 내에 있었음에도 불구하고, 그에 대한 통제를 4개국이 공유하는 데 동의했다. 모든 당사국은 이러한 합의가 평화조약이 체결될 때까지 일시적인 것으로 생각했다. 일본에서 미국은 단독으로 군정을 실시했다. 소련은 최종 평화조약에 자국의 이익이 반영되도록 하기 위해 일본 내 소련의 점령 지역을 미국에 요구했다. 그러나 미국은 소련의 요구를 거부했다.

전후 질서에 관한 미국의 비전

제7장에서 주장했듯이 1918년 이후 국제체제 붕괴의 주된 원인 중의 하나는 세계 최강의 경제 대국 미국이 그 체제를 지탱할 만한 충분한

역할을 다하지 않았기 때문이었다. 미국은 독일과 일본의 군사적 팽창을 제한하기 위해 설정한 조치를 집행하지 않았으며, 보호주의 무역정책을 채택하여 영토적 현상 유지를 받아들인 독일과 일본을 약화시켰다. 제2차 세계대전 종결 후 국제적 안정의 미래는 미국의 선택과 행동에 달려 있음이 그 어느 때보다 명확했다. 미국은 전쟁을 치르는 동안 본토가 피해를 입지 않았고 경제는 번영하였다. 미국경제의 산출은 전 세계의 절반에 달했다.[3] 반면 다른 주요 국가들은 자국 영토가 막대한 물리적 손상을 입었다. 미국 이외의 모든 주요 국가는 전쟁에서 회복하는 데 여러 해가 필요했다.

전후 국제질서를 위한 미국이 계획은 1933년부터 1945년 4월까지 대통령직을 수행했던 루스벨트(Franklin D. Roosevelt)하에서 형성되었다. 루스벨트의 계획은 제1차 세계대전 종결 후 윌슨이 주창한 자유주의 비전과 같았다. 루스벨트는 세계 모든 사람들을 침략으로부터 보호해줄 평화로운 국제체제 구축을 추구했다. 윌슨과 마찬가지로 그는 주요 국가들 사이의 경쟁이 글로벌 불안정의 주된 원천이라고 보았으며, 전쟁을 일으키는 주된 동기를 제거하는 국제적 규칙을 세움으로써 그러한 경쟁관계를 관리하길 희망했다. 그가 제안한 체제의 핵심 요소는 집단안보, 자결, 군축, 무역 자유화였다.

루스벨트의 아이디어는 중요한 면에서 윌슨과는 달랐다. 윌슨은 국제연맹을 통해 표현된 세계 여론의 도덕적 힘이 국가들이 침략 행위를 삼갈 것으로 희망했다. 그러나 전간기의 사건들은 그의 믿음이 헛된 것임을 보여주었다. 루스벨트는 평화가 안정적이려면 소수 주요 국가들이 새로운 침략의 발생을 방지하는 책임을 직접 부담해야 한다고 결론 내렸다.[4] 윌슨은 평화와 군축이 같이 간다고 믿었으나 루스벨트는 국제평화와 안정을 집행하는 강대국들이 군비를 축소하면 그 의무를 효과적으로 수행할 수 없다고 믿었다. 그 대신 강대국들은 그 외의 국가들에 군비를 축소하도록 한다는 것이다.[5]

국제질서에 대한 자신의 아이디어를 전개하면서 루스벨트는 미국 내 여론이 가하는 제약 안에서 움직였다. 전간기 미국의 여론은 유럽이나 아시아에서 미국의 지속적인 안보 공약이라는 관념을 단호히 반대했다. 따라서 루스벨트는 그러한 공약을 최소화하는 국제체제를 설계하려 했다. 그는 미국, 소련, 영국, 중국이 국제평화를 유지하는 책임을 공유하는 구조를 상정했다. 루스벨트는 그 국가들을 '4인의 경찰'이라 불렀다. 영국과 소련은 유럽의 질서 유지에 책임을 공유하고, 중국은 아시아를 책임진다는 것이었다. 미국은 20세기 초부터 그러했듯이 아메리카의 질서를 유지할 것이다. 4인의 경찰은 국제연맹을 계승하는 새로운 기구인 유엔의 틀 속에서 그들의 행동을 조율할 것이다. 미국 유권자들은 이 새 기구에 미국이 가입하는 것을 지지했다. 그들은 미국이 국제연맹에 불참한 것이 제2차 세계대전 발발에 기여했음을 인식했다.[6]

루스벨트의 계획하에 안보문제에 관한 국제적 권위는 구성원이 제한된 유엔 안전보장이사회에 주어졌다. 4인의 경찰은 안보리 상임이사국이 되고, 그들의 의사는 다른 국가에 우선하게 되었다. 루스벨트는 4인의 경찰을 모든 인류의 이익에 부합하는 국제평화를 지키는 임무를 맡은 신탁관리자로 상정했다. 이 체제가 작동하려면 4인의 경찰이 자기가 책임진 세계의 해당 지역에서 긴밀히 협력하고 자제력을 발휘해야만 했다.[7]

루스벨트가 제안한 국제체제는 몇 가지 측면에서 문제가 있었다. 우선 그것은 독일의 패배로 형성된 유럽의 세력 공백을 관리할 현실적 전략을 결여했다. 루스벨트는 독일을 장래에 다시 침략을 일으키지 못하도록 영구히 비무장화하려 했다. 그러나 소련의 세력에 대항하는 보루로 기능하는 독일 없이는 소련이 유럽 대륙 전체로 정치적 지배력을 확대하는 것을 막을 방법이 없었다. 영국은 홀로 유럽에서 소련 세력을 견제할 능력이 없었다. 이 문제를 인식한 영국의 지도자들은 프랑스가 유엔 안보리 상임이사국에 포함되도록 제안했다. 그들은 프랑스가 유럽의 안정화에 기여하고 소련의 영향력 팽창을 억제할 것으로 희망했다.[8] 루스벨트는 그 제안에 동의했다. 그러나 1940년 독일에게 손쉽게 패하고 제2차 세계대전 동안 독일의 점령하에 있었던 프랑스는 전쟁을 치르면서 크게 약화되었다. 영국과 프랑스가 협력한다고 해도 소련의 세력을 상쇄할 능력은 없었다.

루스벨트의 계획의 또 다른 문제는 중국과 관련된 것이었다. 독일의 패망이 유럽에서 세력 공백을 만들었듯이 일본의 패망은 아시아에서 세력 공백을 만들었다. 루스벨트는 중국이 아시아의 평화와 안정 유지에 주도적 역할을 할 것으로 생각했다. 미국은 전쟁 중 중국에 광범위한 군사 지원을 제공했다. 미국 관리들은 장제스가 이끄는 중국정부가 미국의 우려에 반응할 것으로 믿었다. 그러나 중국은 진정한 강대국이 될 능력이 없었다.[9] 중국군은 잘 훈련되지 못했고, 정부는 부패하고 비효율적이었다. 중국 영토의 많은 부분은 1930년대에 일본에 의해 점령되었으며, 단지 일본이 미국에 패한 결과로 다시 중국의 통제로 복원되었다. 더욱이 중국정부는 공산당의 반란에 맞선 내전에 휘말려 있었다. 중국이 루스벨트가 염두에 둔 책임을 다할 수 있으리라는 믿음은 근거가 없었다. 루스벨트가 중국을 4인의 경찰로 선택한 것은 다른 선택이 없었기 때문인 듯하였다. 그는 일본을 무장 해제 상태로 남기려 했고 소련이 아시아에서 지배적인 세력이 되는 걸 원치 않았다.[10] 그러다 보니 경찰의 역할을 할 수 있다고 생각되는 지역 국가는 중국뿐이었다.

근본적으로 국제질서에 대한 루스벨트의 계획은 전간기 미국 외교 정책을 약화시킨 것과 동일한 모순으로 어려움을 겪었다. 그 계획은 미국의 가치 및 이익과 일치하는 자유주의 국제체제 구축을 시도했으나 그 체제를 관리, 집행하는 미국의 책임은 최소화하려 했다. 미국 경제의 상대적 규모와 능력을 고려할 때 자유주의체제는 그것을 작동하는 핵심적인 책임을 미국이 부담할 때만이 가능했다. 1920년대와 1930년대에 미국은 그 책임을 부담할 의사가 없었다. 루스벨트의 전후 질서에 관한 계획은 미국 유권자들이 계속해서 유럽과 아시아에서의 안보 공약에 저항할 것이라는 가정에 기반을 두었다. 냉전이 시작되고서야 비로소 미국은 자신의 능력에 걸맞는 글로벌한 책임을 받아들이기로 결정했다.

전후 질서에 관한 소련의 비전

국제질서에 관한 스탈린의 비전은 무엇보다도 소련이 필요로 하는 물리적 안전보장이었다.[11] 1941년 독일이 정당한 이유 없이 소련을 침략하여 2,000만 명 이상의 소련인들을 살상했고, 소련 땅에는 헤아릴 수 없는 파괴를 가져왔다. 스탈린은 소련의 서쪽 국경에 접한 국가들을 친소련정부가 통치하여 장래에 소련을 위협하지 않는 것이 사활적 이익이라고 간주했다. 그는 동유럽을 소련의 세력권에 포함시켜 그 지역의 국가들이 정치, 경제, 문화적으로 소련과 긴밀히 관계를 맺도록 하였다. 또 스탈린은 승전국이 독일의 국력을 철저히 억제하고, 장래에 독일의 침략을 방지하는 안전장치를 제공하는 평화조약이 필수적이라고 생각했다.

소련의 서쪽 국경에 친소련 국가를 세우려는 스탈린의 계획은 자유 무역과 주권국 독립에 기반한 국제체제를 지향하는 미국의 비전과 충돌했다. 루스벨트는 두 차례의 세계대전의 원인은 강대국들이 자신들을 위해서 전 세계 도처에서 배타적인 경계선을 그으려 했던 데 있다고 보았다. 식민 제국과 마찬가지로 세력권은 배타적 구조였다. 세력권과 식민 제국 구축을 추구하면서 유럽 강대국들은 누구도 이길 수 없는 경쟁관계에 빠져들었다. 어느 한 강대국의 득은 그 경쟁국들의 실을 의미했기 때문이다. 전쟁은 그 필연적 결과였다. 따라서 루스벨트는 약소국과 약소 민족이 자유롭게 원하는 상대와 무역과 문화 교류를 추구할 수 있는 개방적 세계를 유지하는 데 주요 강대국의 협력이 필수적이라고 보았다.[12] 루스벨트의 그러한 믿음은 의회와 미국 여론을 반영했다.

그러한 시각에 따라 미국 관리들은 소련이 독일의 통제에서 해방시킨 국가에서 자유 선거를 허용하도록 촉구했다. 그러나 대부분의 동유럽에서 정치 엘리트는 압도적으로 반소련 성향이었다. 만일 자유 선거를 실시했다면 폴란드, 루마니아, 아마 그 외 지역에서도 소련에 적대적인 정부가 집권했을 것이다.[13] 그것을 저지하기 위해 스탈린은 동유럽 주둔 소련군을 이용해 지역 공산당에게 권력을 주었다. 스탈린은 그가 선택한 관료들에게 자신의 명령에 따를 것을 명확히 하였다. 초기에 스탈린은 동유럽정부들이 친소련 외교정책을 채택하는 한 국내 정책 결정에 상당한 자율성을 유지하도록 허용했다. 후에 냉전이 격화되면서 그는 더 경직된 접근을 채택했다.[14]

스탈린은 유엔 창설과 소련의 참여에 동의했다. 그러나 그는 전적으로 유엔을 소련의 안보 이익을 투사하는 데 어떻게 이용할 수 있을

까의 관점에서 보았다.[15] 스탈린과 소련 지도자들은 미국과 여타 서구 열강을 깊이 불신했다. 소련 지도자들은 전간기에 서유럽 강대국들이 소련을 고립시키려 시도한 것을 잊지 않았으며, 자본주의 강국인 미국은 소련의 공산주의 정치, 경제체제를 결코 진정으로 받아들이지 않을 것이라고 믿었다. 스탈린은 소련의 안보는 제2차 세계대전 승전을 통해 성취한 이득을 공고히 다지는 데 있다고 보았다.[16] 소련의 유엔 안보리 참여는 유엔에 의해 실행되는 어떤 안보 행동도 소련의 승인이 필요하도록 하여 그 목표 실현에 기여할 수 있었다.

국제질서에 관한 스탈린의 생각은 19세기 유럽협조체제의 세력정치 논리와 매우 흡사했다. 스탈린은 전쟁 중 미국과 소련의 협력관계가 전후에도 지속되길 희망했다. 소련이 독일과 일본을 견제하려면 미국의 도움이 필요했다.[17] 그러나 스탈린은 서구 열강들을 불신했기에 소련의 안보를 서구의 선의에 의존하도록 만드는 것은 절대로 피하려 했다. 그는 서구 열강이 동유럽과 독일에서 소련의 사활적 이익을 존중한다면, 미국과 영국의 안보 이익을 기꺼이 존중할 수 있었다. 그는 서구의 이익과 소련의 이익과 일치하는 분야에서는 협력할 의사가 있었다. 따라서 스탈린은 유엔 안보리를 미국, 소련, 영국이 상호 간에 이익이 되는 타협을 볼 수 있는 협조체제 형태의 기구로 보았다. 19세기 체제와 마찬가지로 강대국들은 상대방의 세력권에 개입을 피하고, 그들 사이의 협조관계 유지에 필요히면 약소국의 이익과 독립을 희생시킬 수 있었다.[18] 이것은 안보리를 배타적 합의 장치 없는 세계를 유지하기 위해 주요 국가들이 공동으로 행동하는 기구를 상정했던 루스벨트의 비전과는 명확히 달랐다.

제2차 세계대전 막바지 미국, 소련, 영국 관리들은 유엔의 구조와 헌장에 관한 세부 사항을 논의했다. 많은 논쟁 끝에 그들은 안보리 5

개 상임이사국이 안보리의 행위에 대해 거부권을 가지는 데 합의했다. 다시 말해 안보리는 하나의 이사국이라도 반대하면 나머지 이사국이 지지한다고 해도 어떤 조치도 승인할 수 없었다. 소련 관리들은 유엔이 소련의 이익을 공격하는 서구 국가들의 도구가 될지 모른다는 스탈린의 우려를 반영하여 거부권 보유를 강하게 주장했다. 결국 미국 관리들도 거부권에 동의했다. 그들은 만일 안보리가 미국의 의지에 반하는 결정을 강요할 능력이 있다면 의회가 유엔을 받아들이지 않을 것을 알았다. 거부권이 없었다면 소련이나 미국이 유엔에 가입할 가능성이 없었다.[19]

루스벨트는 안보리를 국제질서의 자유주의 원칙을 실행할 핵심 기구로 상정했다. 그러나 소련은 세력권에 기반한 협조체제 형태의 체제를 선호했기 때문에 안보리는 루스벨트가 의도한 역할을 할 수 없었다. 1945년 10월 유엔이 공식 창설되었다. 비록 유엔헌장은 국제 안보 문제에 관해 안보리에 광범위한 권위를 부여했으나, 초강대국 간 이견으로 인해 대부분의 문제와 관련하여 안보리가 마비되는 것이 명확해졌다. 따라서 자유주의 국제체제 창출이라는 목표를 성취하려면 미국은 소련의 지지에 의존하지 않는 제도를 구축해야만 했다. 전쟁 이외에는 동유럽에서 소련의 세력권 공고화를 막기 위해서 할 수 있는 것이 별로 없었기 때문에 미국이 창출한 자유주의 질서는 소련과 그 동유럽 위성국을 배제할 수밖에 없었다.

냉전 격화

1945년 12월 미국과 소련은 양자간 마찰의 몇몇 핵심 문제를 해결한 비공식 타협에 도달했다. 미국은 소련의 동유럽 지배를 암묵적으로 용인했고, 그 대신 소련은 미국의 일본 점령을 용인했다.[20] 그 합의는 각자가 자국에게 사활적으로 중요한 이익을 취하고 부차적 이익을 포기하여 안정적 미소관계 구축을 향한 중요한 걸음이었다.

그러나 양국 모두에게 가장 중요했던 독일 문제는 해결되지 않고 남았다. 미국 지도자들은 최종 평화조약에 관해 소련과의 협상 개시를 주저했다. 그들은 독일을 독립국으로 복원시키면 다시 미국의 이익에 적대적인 정책을 추구할까 우려했다. 또 미국 지도자들은 평화조약이 체결되고 독일에서 미 점령군이 철수하면 스탈린이 동유럽 세력권을 확장하여 독일 전체를 장악하게 될까 우려했다. 이미 소련 점령 구역에서 스탈린은 친소련 공산당 지도자들을 강화하고 여타 정당의 활동을 제한하는 조치를 취했다.

점차 미국의 정책은 독일을 서구와 정치, 경제적으로 매우 긴밀하게 연계하여 침략국으로 돌아가거나 소련의 영향권에 들어가지 않도록 하는 대안적 목표를 중심으로 정리되었다.[21] 그것은 전쟁과 패전으로 괴멸된 독일경제를 부흥하는 것을 의미했다. 그 길을 택하면 독일 문제에 관해 소련과 합의에 이를 가능성을 없애는 것이었다. 소련의 정책은 독일로부터 배상금을 받아내고 서방측 점령 지역 내로 소련의 세력권을 확장할 길을 만드는 것이었다.[22] 독일과 관련하여 미국과 소련의 목표는 양립 불가함이 점점 명백해졌다. 다음 단계에 무엇을 해야할지에 대한 점령 4개국의 논의는 반복해서 교착상태에 빠졌다.[23]

독일에 관한 계획에 소련이 협조하지 않을 것을 인식한 미국, 영국,

프랑스는 점차 소련의 동의를 구하거나 그들의 계획에 소련 점령지역을 포함하려 하지 않고 3국 간에 협의를 이어나갔다. 1947~1948년 서방 3개국은 그들의 점령 지역을 하나로 통합하고 중앙에서 관리하였다. 그 지역은 독일연방공화국, 즉 서독이라는 신생국가 형성의 기반이 되었다. 서방 점령국의 감시하에 서독의 정치지도자들은 연방공화국의 민주적인 헌법을 작성하고 선거를 실시하여 정부를 구성했다. 1949년 9월 서방 국가들은 그 신생국의 자치를 허용했다. 이러한 사건들은 1948년부터 서유럽 재건을 위한 원조로 수십억 달러를 제공하는 미국의 프로그램인 마셜플랜과 동시에 진행되었다. 마셜플랜은 서독을 포함하는 서유럽 전체의 경제 회복에 중요한 추진력을 제공했다.

스탈린은 마셜플랜과 독일에서의 미국의 행동이 소련의 안보를 심각히 위협한다고 보았다.[24] 그의 시각에서 미국은 부활한, 잠재적으로 재무장한 독일을 포함하는 통합된 반소련 진영 형성에 나선 것이었다. 독일의 서방 3개국 점령 지역은 독일 인구의 4분의 3과 대부분의 산업 시설을 포함했다. 소련이 자국의 점령 지역을 통제한다 해도 나머지 독일에 대한 영향력에서 배제된 것은 중대한 전략적 패배였다.

서유럽에서 미국의 정책 변화에 대응하여 스탈린은 동유럽에 대한 장악력을 강화했다. 이전에 그는 동유럽국가들의 내정에 있어서 어느 정도 자치를 허용했으나, 이제 스탈린은 그들의 대내정책과 제도와 관련하여 직접적으로 소련식 모델 채택을 종용하기 시작했다.[25] 그는 독일연방공화국 수립에 대응하여 독일의 소련 점령 지역을 국가로 전환했다. 공식적으로 독일인민공화국, 비공식적으로 동독으로 알려진 그 신생 국가는 소련에 단단히 묶였다. 여타 동유럽국가들과 마찬가지로 동독의 지도자들은 스탈린으로부터 직접 명령을 받았다. 1948~1949년 스탈린은 서방 국가들이 1945년 이후 행정적으로 관리하던 서베를린에서 그들이 병력을 철수하도록 거칠게 압박했다. 그러나 그 계략은 목표 달성에 실패했다. 더욱이 그것은 미국과 서유럽의 여론에 경각심을 불러일으켜 1949년 4월 북대서양조약기구(NATO) 창설을 촉발했다. NATO는 소련의 위협에 대응하여 서유럽 방어를 목적으로 하는 정치적, 군사적 동맹이다. 그 창설 회원국은 미국, 캐나다, 영국, 프랑스, 이탈리아, 그리고 다수 유럽 군소국가를 포함했다. NATO 창설은 유럽에서 미국의 전략적 존재감을 확고히 했으며, 스탈린은 더이상 서구 국가들 사이를 이간질할 수 없게 되었다.

한편 한국에서 미소의 교착상태는 독일의 경우와 유사했다.[26] 반도의 북쪽에서 소련은 지역 공산당 지도자들이 관리하는 임시정부를 세웠으며, 반도 남쪽에서는 미국이 반공주의자가 이끄는 임시정부를 수립했다. 통일된 독립국 한국을 만들려는 논의는 전혀 진척이 없었다. 왜냐하면 어느 초강대국도 상대방이 수용할 만한 조건으로 한국을 통일시킬 생각이 없었기 때문이었다. 그 대신 그들은 각각 자국이 수립한 정부를 독립시켜 주었다. 1948년 8월 미국은 남한(공식적으로 대한민국)을 승인했다. 수 주 후에 소련은 북한(공식적으로 조선민주주의인민공화국)을 승인했다. 이러한 상황 전개로 한국에서는 2개 국가로의 분할이 굳어졌다.

통일된 독일이나 한국을 유지하려는 노력을 포기하면서, 미국은 제2차 세계대전 종전 당시 자국 외교정책 방향을 잡아주었던 가정에서 급격히 멀어졌다. 미국의 지도자들은 1950년에 상당히 위협적이라고 생각된 상황 전개에 대응하여 더 많은 정책을 바꾸었다. 1949년 8월 소련은 핵실험에 성공했다. 미국은 소련이 미국 본토에 생각할 수 없는 파괴를 가져올 수단을 가졌음에 경악했다. 1949년 9월 중국 내전은 공산당의 승리로 끝났으며, 중국 본토는 중화인민공화국으로 재편

되었다. 패배한 국민당정부는 타이완으로 퇴각하여 자신이 중국 전체의 정당한 정부임을 계속 주장했다. 대부분의 미국인들은 중국 공산당의 승리가 평화로운 자유주의 국제질서라는 미국의 비전에 대한 중대한 타격이라고 생각했다. 1950년 6월 북한의 공산정부는 남한을 전면 침공했다. 남한을 구하기 위해 미국은 한반도에 육, 해, 공군을 파견했다. 이에 대응하여 중국 공산정부는 북한을 위해 병력을 파견했다. 한반도의 전쟁은 1953년까지 끌다가 두 개의 한국을 분할하는 경계를 재확인한 휴전과 함께 멈추었다.

1949~1950년의 사건들을 계기로 미국은 유럽과 아시아에서 공산주의의 영향력 팽창을 저지하려면 무력을 사용할 준비가 되어있어야 한다고 믿게 되었다.[27] 제2차 세계대전 후 미국은 대부분의 병력을 동원 해제하였다. 1950년에 미국은 방향을 수정해 대규모의 새로운 군비 증강에 착수했고 서유럽과 동아시아에 군사력 전개를 크게 확대하였다. 미국은 독일과 일본에 대한 정책도 수정했다. 전쟁 후 미국의 정책은 독일과 일본을 무장 해제 상태로 두는 것이었다. 실제로 미군정 당시 제정된 일본의 전후 헌법은 전쟁 포기와 절대로 재무장을 하지 않겠다는 다짐을 포함했다.[28] 그러나 1949~1950년의 사건들로 인해 미국 관리들은 다른 접근이 필요하다고 결론 내렸다. 만일 미국이 지원하는 국가들이 공산주의에 공격 받을 위험에 처한다면 미국은 그들 국가를 보호할 것이라고 보장해야만 했다. 1950년대 초 미국은 일본, 호주, 뉴질랜드와 안보 동맹을 맺었으며, 서독을 NATO에 통합할 준비를 시작했다. 미국은 서독과 일본이 군사력을 재건하기 시작해야 한다고 촉구했다.[29] 그리하여 그들과 미국 사이의 전략적 협력관계를 강화하고, 자국 방위의 부담을 짊어질 의지를 보여주려는 것이었다.

1955년 5월 서독은 NATO 회원국 자격을 얻었다. 소련은 그에 대

적하는 군사동맹인 소련, 동독, 동유럽 위성국으로 구성된 바르샤바
조약기구를 결성하여 대응했다 (도표 8.1 참조). 동독과 서독이 적대
적 군사동맹에 각각 포함되면서 냉전으로 인한 유럽의 분열은 강화되
었다. 1968년 알바니아의 바르샤바조약기구 탈퇴나 1982년 스페인의
NATO 가입 등 제한적인 변화를 제외하면 도표 8.1에 보여진 이 동맹
구조는 냉전이 종식될 때까지 지속되었다.

무역 자유화

1945년 이후 미국 외교정책의 핵심 목표 중의 하나는 개방적 국제무
역체제 수립이었다. 미국의 지도자들은 1930년대 세계가 보호무역을
추구하는 무역 진영으로 분열된 것이 제2차 세계대전의 주요 원인 중
의 하나라고 믿었다.[30] 1930년대에 보호무역주의가 확산된 데는 자국
생산자들을 외국의 경쟁으로부터 보호하려 높은 관세를 채택한 미국
에 상당한 책임이 있다. 미국의 관세 인상에 대응하여 영국과 프랑스
도 자국과 그 식민 제국에 보호주의적 무역 진영을 만들었다. 미국, 영
국, 프랑스의 보호무역주의는 세계 여러 시장과 천연자원에서 차단된
독일과 일본에 불리하게 작용했다. 그들은 자신들도 자급자족적인 무
역 진영을 형성할 수 있는 영토를 확보하기 위해 팽창적 침략을 감행
했다. 미국 관료들은 과거 실수의 반복을 피하려는 확고한 의지가 있
었다. 그들은 보호주의적 무역 진영을 해체하고, 그것을 모든 국가가
전 세계에서 차별 없이 시장에 접근할 수 있는 새로운 체제로 대체하
려 했다. 그들은 국제무역의 개방적 체제는 군사적 충돌의 동기를 현
저히 줄일 수 있다고 믿었다. 그들은 자유 시장 자본주의에 기반한 미

도표 8.1 1955년의 유럽

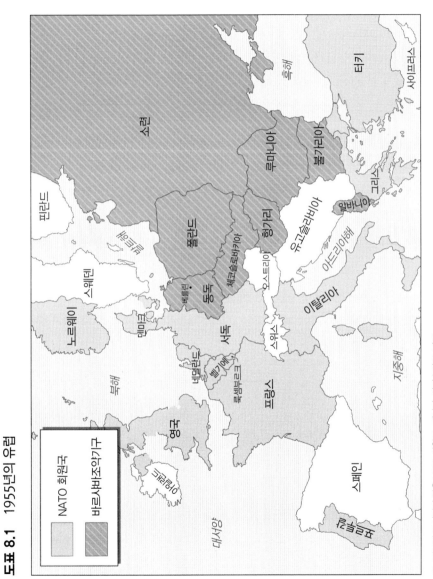

주: 지도에 표시(도시) 않은 NATO 회원국: 캐나다, 미국, 아이슬란드, 미국

국경제가 효과적으로 기능하려면 세계 시장에의 개방적 접근이 필요하다고 믿었다.[31]

전쟁이 끝나기 전에 미국은 이미 그들이 그리는 개방적 무역체제의 기초를 놓기 시작했다. 1944년 뉴햄프셔의 브레튼우즈에서 개최된 국제 통화 회의에서 미국 관리들은 환율 안정을 위한 일련의 장치에 관해 동맹국과 합의에 도달했다. 또 그 회의는 참여국들 사이에 자본 흐름을 원활하고 전후 재건을 촉진할 수 있도록 국제통화기금(IMF)과 세계은행을 창설했다.

1946년 말 미국과 17개국 대표들은 국제무역의 새로운, 다자간 틀을 만드는 협상을 개시했다. 그 협상은 1947년 서방 국가들 사이의 무역 자유화를 향한 중요한 진전이라고 할 수 있는 관세와 무역에 관한 일반협정(GATT)으로 마무리 되었다. 그 합의를 통해 참여국들은 광범위한 물품에 대해 상호 간에 상당한 관세를 축소했다.[32] 이어진 후속 협상은 추가적인 관세 축소로 이어져 서구 선진국 간 국제무역에 대한 장벽으로서의 관세의 중요성이 점차 사라졌다. 시간이 흐르면서 더 많은 국가가 서구 시장에의 접근을 확보하기 위해 GATT 가입을 추구했다. 1970년에 이르자 70개국 이상이 GATT에 가입했다.

GATT 수립을 둘러싼 협상은 험난했다. 일례로 영국은 자국이 가진 보호된 무역 진영에서 누리는 경제 안보를 포기하는 데 주저했다.[33] 자유무역에 동의하도록 영국을 설득하기 위해 미국 관리들은 미래 영국의 번영의 중심축으로서 대미 수출에 의존할 수 있음을 확신시켜주어야 했다. 사실상 GATT는 미국이 자국 시장을 서방의 파트너들에 개방하고, 전간기의 보호무역주의로 후퇴하지 않겠다는 암묵적 약속을 함으로써 가능했다.

당초 미국의 지도자들은 그들이 창출하려던 자유화된 국제무역체제에 소련과 중국도 포함시키길 희망했다. 그러나 냉전이 시작되면서 미국의 무역정책은 많은 부분이 공산 세력과의 전략적 경쟁에 의해 영향을 받았다. 그 전략의 한 부분으로서 미국은 소련을 서구와의 무역이 주는 혜택에서 배제하려 했다. 1940년대 말 미국은 소련과의 무역에 광범위한 제한을 가했다. 그것은 소련의 외교정책에 대한 불쾌감을 보여주고, 소련을 군사, 경제적으로 약화시키려는 의도였다.[34] 냉전 중 서구와 소련 사이의 무역은 낮은 수준으로 유지되었다. 또 미국은 공산 중국에도 경제적 조치를 취했다. 중국이 한국전쟁에 개입하자 미국은 미중무역에 포괄적 체제를 가했다. 그 후 20년간 미국과 공산 중국 사이의 무역은 없었다.[35]

냉전이 격화되면서 미국의 지도자들은 GATT를 외교 전략의 핵심 도구로 보게 되었다. 특히 그들은 GATT를 서독과 일본의 서방 정치 진영에의 통합을 촉진하여 이들이 중립, 또는 친소련정책을 채택할 가능성을 줄이는 수단으로 보았다.[36] 서독은 서방과의 경제적 통합을 환영했으며 1951년 GATT에 가입했다. 비록 일본이 철저히 보호된 자국 시장을 개방할 의사를 보이지 않았음에도 불구하고 미국의 지도자들은 일본의 GATT 가입을 적극 지지했다. 일본 상품에 대한 미국 시장 개방의 대가로 일본이 단지 부분적으로만 자국 시장을 개방했음에도, 냉전의 맥락에서 보면 미국의 정책은 적절한 것이었다. 일본에게 서방의 풍부한 수출 시장을 제공함으로써 미국은 일본이 소련이나 공산 중국에서 시장을 찾으려는 유인을 줄이려 했다. 미국의 지원에 힘입어 일본은 1955년 GATT에 가입했다.

자유주의 '대타협'

1950년대 초에 이르자 전후 자유주의 국제체제의 주요 윤곽이 드러나기 시작했다. 그러나 새로운 체제는 마찬가지로 자유주의 원칙을 기반으로 했던 전간기 국제체제와는 다르게 작동했다. 1918년 이후 자유주의체제와 1945년 이후 자유주의체제의 가장 큰 차이는 미국의 역할에 있었다. 제1차 세계대전 후 미국은 세계 최강의 경제 대국이었음에도 불구하고 국제체제의 집행이나 관리 책임을 거부했다. 제2차 세계대전 후 미국은 여전히 망설였다. 그러나 미국과 소련 사이의 점증하는 적대관계로 인해 의회와 미국 여론은 국제질서 유지를 위한 더 많은 책임을 받아들였다. 미국인들은 만약 자국이 자유주의 국제질서 방어에 적극적으로 나서지 않으면 유럽과 아시아가 소련이 주도하는 공산주의의 영향하에 들어갈 것을 우려했다. 만약 그렇게 된다면 자유주의 국제체제는 무너질 것이고 자유주의에 기반한 미국식 삶의 방식은 절멸의 위협을 받았을 것이다.[37]

미국의 지도자들은 안정적이고 평화로운 세계는 오직 국가들의 자발적 협력과 자기 억제를 통해서만 가능하다고 믿었다. 그 속성상 자유주의 정치질서는 강압이 아니라 합의에 기반한다. 미국이 직면한 과제는 다른 국가의 자발적 참여를 얻어 내는 자유주의 국제체제를 만드는 것이었다. 자유주의 원칙에 따른 외교정책 수행을 거부한 소련은 그 체제에서 배제되었다. 그러나 미국은 가능하면 전 세계의 많은 국가들을 포함하는 체제를 설계하려 노력했다. 미국의 지도자들은 그것이 전후 세계에서 (초강대국을 제외하고) 가장 강력한 국가들이 될 것으로 보였던 영국, 프랑스, 서독, 일본의 참여를 이끌어내는 데 핵심적으로 중요하다고 보았다.

한편 영국, 프랑스, 서독, 일본의 입장에서는 미국이 자유주의 국제질서 구축에 앞장섰으나 그것을 유지하는 책임을 거부했던 전간기를 다시 보고 싶지 않았다. 제2차 세계대전 후 그들 국가는 오직 미국이 부활한 자유주의 질서에 확고한 공약을 보여줄 경우에만 자신들도 그 체제에 동참할 것임이 명백해졌다. 그들이 자유주의체제를 받아들이도록 설득하기 위해 미국은 그 체제가 미국의 능력으로 최대한 지지될 것임을 보장해야 했다. 예를 들어, 영국과 프랑스가 자신들의 보호된 무역 진영을 포기하도록 설득하기 위해 미국은 자유화된 국제무역체제가 충분한 수출 시장, 에너지, 천연자원을 제공할 것이라고 안심시켰다. 자신의 약속을 이행하기 위해 미국은 이전의 보호무역주의를 포기하고, 무역 상대국들이 미국 시장에 수출을 크게 증대할 수 있도록 허용해야 했다. 그에 더해 미국은 경제력, 외교력, 군사력을 총동원하여 전 세계 천연자원과 에너지의 자유로운 무역이 유지되도록 보장해야 했다.

또한, 안전보장은 자유주의 국제체제의 핵심 요소였다. 많은 국가들은 소련의 적대감을 불러일으킬 수 있는 자유주의 질서에의 동참을 주저했다. 일본에서는 대부분의 유권자들이 냉전에 말려드는 것보다 경제 재건에 초점을 맞추고 싶어했다.[38] 프랑스와 이탈리아에서는 대규모 좌익 운동들이 친소련 외교정책 채택을 요구했다. 서독에서는 많은 사람들이 미국에 너무 긴밀히 엮이면 소련이 통제하는 동독과 통일할 수 있는 기회를 잃을 것으로 우려했다. 이들 국가나 여타 국가들이 자유주의체제에 참여하도록 설득하기 위해 미국은 소련의 반대편에 섬으로써 제기되는 군사적 위험으로부터 보호해줄 것이라는 보장을 해야 했다. 그 보장을 실행하기 위해 미국은 동맹국이 공격받을 시 방어를 공약하는 공식 군사동맹을 맺었다. NATO, 미일 방어조약, (오스트리아, 뉴질랜드, 미국으로 구성된) ANZUS 등이 그 예이다. 소련의 위협에 대응하는 안보 공약에 더해 NATO는 독일의 어떠한 침략 재현으로부터도 유럽을 보호해주었다. 재무장한 서독의 군사력은 NATO의 통제하에 두어 여타 NATO 회원국의 승인이 있어야만 사용될 수 있도록 하였다.[39]

따라서 1945년 이후 자유주의 국제체제 시대는 미국과 그 동맹국 사이의 소위 '대타협' 위에 세워졌다.[40] 그 타협의 핵심 요소들은 공식적 공약보다는 암묵적 이해의 형태를 띠었다. 미국은 무역 파트너에 대해 자국 시장 개방에 동의하고 미국의 투자와 기술에 접근하도록 허용했다. 미국은 개방된 세계경제 유지를 책임지는 데 동의했다. 또 미국은 소련의 위협으로부터 동맹국을 보호하기로 약속했다. 그 대가로 미국의 동맹국들은 자유주의 국제체제에 대한 미국의 리더십을 받아들였다. 그들은 공산주의에 대항하여 미국 편에 섰다. 그들은 상호 간에 전쟁을 일으키거나 군사적 침략 행위를 하지 않기로 동의했다. 그들은 (최소한 부분적으로라도) 다자간 무역을 위해 자국 시장을 개방했다.[41] 그리고 그들은 상당한 군사력을 유지하고, 그들 영토 내 미군 기지 설치를 허용하여 자유주의 세계의 군사적 방어에 기여했다. 이 대타협은 미국과 동맹국 사이의 모든 이해 충돌을 제거하지는 못했지만 서구 선진국들 사이의 안정되고 풍요로운 평화의 기초를 제공했다.

1945년 이후 자유주의체제 내 미국의 역할은 종종 패권적이라고 묘사되었다. 패권국가는 국제체제의 규칙을 집행하는 주된 책임을 지는 국가이다.[42] 어떤 국가가 패권국이 되려면 체제 내 타 국가에 대해 리더십을 발휘할 수 있는 충분한 경제력, 외교력, 군사력을 보유하여야 하며 타 국가는 그 리더십의 정당성을 인정해야 한다.[43]

세계사는 패권국이 주도하는 국제체제의 여러 사례를 보여준다. 하나의 사례로 14세기부터 19세기까지 중국이 주도한 전통적 아시아체제를 들 수 있다. 그 체제하에서 중국정부는 한국, 베트남 같은 작은 인접 왕국에 승인과 평화적 관계를 제공하고, 그 대가로 중국 문화의 우월성에 대해 공식적으로 인정받았다. 패권적 관계는 작은 왕국들이 독립을 유지하면서 무역과 문화적 유대를 누릴 수 있게 하였다.[44] 또 다른 사례로 19세기 영국의 독점에 가까운 해양 통제를 들 수 있다. 다른 강대국들은 영국의 해군력 우위를 암묵적으로 인정했다. 왜냐하면 영국은 대체로 타국의 이익과 충돌하지 않는 방식으로 해군력을 전개했기 때문이다.[45] 예를 들어, 영국 해군은 카리브해와 지중해의 해적들을 진압하였다. 다른 국가들은 그 행동을 환영했다. 자국 상선에 대한 위협을 줄여주었기 때문이다. 영국은 타국의 해상 무역을 저지하려 하지 않았다. 오히려 영국은 모든 국가의 상선에게 바다를 안전하게 만들려 했다. 그러나 영국이 육상에서 다른 유럽국가를 압도할 능력이 없었기 때문에 영국의 해상 패권은 유럽체제에서 전반적인 정치적 패권으로 전환되지는 않았다.

미국의 패권 형성은 제2차 세계대전 후 자유주의체제가 1918년 이후 형성된 자유주의체제와 다른 점이다. 전간기 체제는 패권 국가를 결여해었다. 영국, 프랑스, 미국은 각자의 방식으로 제1차 세계대전 후 국제질서 유지에 기여했으나, 그 체제를 관리하는 전반적인 책임을 진 국가는 없었다. 반면 1945년 이후 미국은 점차 국제 안보 유지와 글로벌경제의 원활한 기능을 보장하는 주된 책임을 짊어졌다.

미국의 패권을 규정하는 결정적 특징은 근본적으로 자유주의적인 성격이라는 점이다.[46] 미국은 1945년 이후 체제의 핵심 제도를 자유주의 원칙을 확인하고 강화하는 방식으로 구축하려 했다. NATO 동맹은 그 좋은 예이다. 미국은 NATO의 군사전략에 대한 일방적 통제를 주장하기보다, 주권의 평등과 국가 간 비차별이라는 자유주의 원칙에 따라 동맹 내 의사결정을 행하기로 동의했다. 따라서 모든 회원국, 가장 작은 회원국도 전략 결정에 참여할 수 있었다.[47] 미국은 NATO 전략에 관해 다른 회원국보다 더 많은 영향력을 행사했으나, NATO의 절차에 따라 미국은 다른 회원국에 명령하기보다 협상과 설득을 통해 자신의 정책 선호에 대한 지지를 얻어야 했다.

미국 패권의 자유주의적 성격은 서독과 일본에서 민주주의를 육성하려는 노력에서도 볼 수 있다.[48] 두 나라에서 모두 미 점령 당국은 민주주의에 대한 국민의 지지를 형성하기 위한 광범위한 정치적, 사회적 개혁을 시행했고, 권위주의 정치제도를 민주적인 것으로 대체하기 위해 해당국 관리들과 협조했다. 미국의 감시하에 서독과 일본은 개인의 자유를 보장하는 헌법을 채택했고, 정부 지도자들이 자유 선거를 통해 국민에 책임지도록 했다.

서독과 일본을 자유민주주의 국가로 바꾸려는 미국의 노력은 강압이 아닌 동의에 기반한 국제질서를 구축하려는 더 큰 목표를 반영한 것이다. 독일과 일본은 1945년 이전에도 주요 강대국이었으며, 패전에서 회복하면 다시 주요 강대국으로 재부상할 것이 충분히 예상되었다. 그러나 미국 관리들은 서독과 일본이 그 체제에 참여하도록 강제적 방법을 쓰려는 유혹을 물리쳤다. 그들은 그런 방법이 독일과 일본을 반대 방향으로 몰아갈지 모른다는 것을 깨달았다. 1930년대의 상황이 보여주었듯이 현상에 불만족한 독일과 일본은 전 세계를 혼란으로 몰아넣을 수 있었다. 이들 국가를 자유민주주의로 재편함으로써 미국은 그들이 스스로 전략적 선택을 할 수 있게 해주었다. 그 결과 서독과 일본 국민들은 자유주의 국제체제 참여 결정이 강제력에 의해 부과된 것이 아니라 자발적으로 이루어졌다고 생각했다.

요약하자면 1950년대 초에 형성된 자유주의 국제체제는 미국과 대부분의 서유럽, 그리고 캐나다, 일본, 오스트리아, 뉴질랜드를 포함했다. 이들은 미국의 자유주의 패권의 영역을 규정해준 대타협의 참여국이었다. 그러나 두 가지 중요한 면에서 국제질서의 구축은 불완전했다. 첫째, 미국과 소련은 적대적 관계로 고착되었으며, 상호 간의 적개심이 전면적으로 확대될 상당한 위험이 있었다. 초강대국들이 그들의 경쟁관계를 안정화시킬 방법을 찾지 못하는 한 국제질서는 취약한 상태가 지속되었다. 둘째, 남미, 아시아, 아프리카, 중동 등 개발도상 지역 국가들은 떠오르는 국제질서에 어떻게 맞추어질지도 미지수였다. 개발도상 지역은 미국과 그 핵심 서방 파트너들 사이에 존재하던 대타협 밖에 놓여있었다.

미소경쟁의 안정화

1950년대 미소관계에서 가장 골치 아픈 문제는 독일에 관한 것이었다. 제2차 세계대전 중 독일과 싸웠던 국가들은 아직 평화조약을 맺지 않았으며, 독일의 지위에 관한 중요한 문제들이 해결되지 않은 상태였다. 독일 문제는 두 초강대국들에게 가장 중요했고, 잠재적으로 그들을 원치 않는 전쟁으로 끌고 들어갈 수 있었다.

1953년 스탈린 사망 후 소련의 새 지도자 흐루시초프는 계속해서 독일 문제를 소련의 이익에 부합하는 방식으로 해결하려 했다. 흐루시초프(Nikita Khrushchev)는 양측이 독일의 2개 국가로의 분할을 공식적으로 받아들이는 해결책을 상정했다.[49] 소련 지도자들은 서방 측의 동독 승인을 받아내려 애썼다. 동독은 동유럽에서 소련의 영향력의

핵심이었으며, 소련 지도자들은 동독 정권의 생존을 보장하는 데 진력
했다.[50] 흐루시초프는 서방측의 공식적인 동독 승인은 소련이 용인할
수 있는 조건으로 유럽을 안정화시키는 데 크게 도움이 될 것으로 보
았다. 그러나 그의 생각은 처음에는 서구 국가들의 지지를 받지 못했
다. 서독정부는 동독 공산 정권은 정통성이 없다고 보고, 약화시키려
했다. 미국, 영국, 프랑스는 서독의 입장을 지지했다.

독일 문제는 2개의 추가적인 쟁점으로 인해 더 복잡해졌다. 하나
는 핵무기와 관련되었다. 1950년대 서방 군사 전략가들은 장래의 어
떤 전쟁도 당연히 핵무기 사용이 있을 것으로 보았다. 핵무기를 보유
한 국가는 그렇지 않은 국가를 쉽게 제압할 수 있었기 때문에, 평화 시
에도 비핵국가들은 핵무장한 경쟁 국가에 대한 정치적 영향력 행사를
별로 기대할 수 없었다.[51] 그러한 고려사항은 서독이 핵무기를 개발해
야 할지에 대한 의문을 제기했다. 그렇지 않으면 서독이 소련의 위협
에 취약했기 때문이다.[52] 그러나 소련 지도자들은 핵무장한 서독이라
는 개념에 큰 거부감을 가졌다.[53] 그들은 핵무기 보유는 서독을 대담
하게 하여 동독이나 소련과 군사 충돌을 야기할 가능성이 있다고 우려
했다.[54] 소련의 시각에서 그들이 수용할 수 있는 어떠한 독일 문제의
해결책도 서독이 절대로 핵무기를 보유하지 않을 것임을 보장할 필요
가 있었다.

독일 문제의 두 번째 쟁점은 미국, 영국, 프랑스 군대의 보호하에
있던 서베를린과 관련된 것이었다. 동독의 심장부에 존재하고 있다는
사실만으로 서베를린은 억압적이고 인기 없는 동독 정권에게 문제를
야기했다. 점령 기간 중 전승국 간 합의에 의해 서베를린과 서독 사이
의 육상 및 항공 통로는 개방되어 있었다. 따라서 동독 정권의 압제로
부터 탈출하려는 동독 국민들은 서베를린에 들어가 기차나 비행기로

서독으로 갈 수 있었다. 1950년대에 200만 명 이상의 동독인들이 서독으로 탈출했다.[55] 1952년에 이르자 동독정부는 자국민이 동독에서 직접 서독으로 넘어가는 것을 막는 물리적 장벽을 세웠다.[56] 그러나 동독인들이 서베를린으로 들어가는 것을 저지하는 유사한 장벽 없이 동독 정권은 그들의 탈출을 막을 수 없었다. 계속되는 탈출로 동독 정권은 붕괴 위험에 직면했다. 따라서 소련 지도자들은 독일 문제의 어떤 해결책도 서베를린 문제를 다루어야 한다고 주장했다.

시간이 흐르면서 독일 문제 해결을 위한 협상에 서방 국가들이 열의가 없자 흐루시초프의 불만이 고조되었다. 1958년 말 그는 6개월 내 독일과 평화조약이 체결되지 않으면 베를린으로 통하는 서쪽 통로를 폐쇄하겠다고 통보했다. 그는 베를린을 놓고 전쟁을 하고 싶지는 않았으며, 그의 위협은 어느 정도는 허세였다. 그러나 그것은 몇 년 동안 지속된 위기를 촉발했다. 결국 1961년 여름 흐루시초프는 일방적 행동을 취했다. 그는 서베를린과 서독 사이의 접근 통로 차단은 너무 위험스럽다고 생각했다. 그 대신 그는 동독 정권이 서베를린을 둘러싼 장벽을 세우도록 했다. 8월 13일 베를린 장벽의 건설이 시작되었다. 장벽이 들어섬으로써 동독 정권은 붕괴를 피할 수 있었다.

한편 서독의 핵무장 문제는 1960년대에 형성된 미소 간의 비공식 합의로 해결되었다. 합의의 첫 단계는 케네디(John F. Kennedy) 대통령 시절에 이루어졌다. 케네디와 그 보좌진은 핵무기 확산을 세계 정치의 불안정 요소로 보았고 핵무장 국가의 증가를 억제하려 했다. 1961년 케네디가 취임하면서 영국과 프랑스는 이미 핵보유국이 되었으며 공산 중국도 핵 능력 획득에 가까웠다. 서독도 핵무기를 개발하리라고 생각하는 데는 이유가 있었다.[57] 흐루시초프와 마찬가지로 케네디도 핵무장한 독일이 초강대국을 원치 않는 전쟁으로 끌어들일 수 있다고

우려했다. 그는 서독의 독자적인 핵무기 보유를 허용해서는 안 된다고 결론 내렸다.[58]

케네디의 생각은 핵무기 기술 확산 제한을 위한 조치와 관련하여 미소협력의 문을 열어주었다. 1963년 미국, 소련, 영국은 부분적 핵실험금지조약 협상을 체결하고 서명국의 지상 핵실험을 금지하였다 (지하 핵실험은 여전히 허용되었다). 그 조약은 보건과 환경 측면에서 바람직했다. 왜냐하면 지상 핵실험은 대기 중에 방사성 오염 물질을 방출했기 때문이다. 그러나 그 조약은 또한 서독과 공산 중국의 핵무장을 저지하려는 의도가 있었다.[59] 지하 핵실험은 지상 핵실험보다 더 고도화된 기술이 요구되었다. 조약에 가입한 비핵국가는 성공적으로 핵무장을 하기가 더 어려웠다. 세계 대부분의 국가들은 조약을 환영했고 신속히 서명했다. 비록 일부 독일 관리들은 자국의 핵무장 옵션을 열어두길 선호했으나 서독도 서명했다.[60] 공산 중국은 조약을 무시했으며 핵무기 개발을 계속했다.

부분적 핵실험금지조약에 가입함으로써 서독은 대체로 핵무기 개발 가능성을 포기했다. 그렇게 하여 서독은 미국에 전략적으로 의존하는 상황과 독일 통일이 미루어지는 것을 받아들였다. 이러한 상황 전개는 베를린에서의 사건들과 맞물려 독일 문제와 관련한 미소 간의 비공식적 합의라고 할 수 있다. 합의의 조건은 다음과 같이 요약할 수 있다. 향후 상당 기간 독일의 분단은 지속될 것이다. 미국은 서독의 핵무기 보유를 저지하고 동독과 그 공산 정권을 암묵적으로 용인한다. 그 대가로 소련은 서베를린이 서독 통제하에 남는 것을 용인하며 서독과 서베를린 사이의 접근 통로 개방을 보장한다.[61]

독일 문제에 대한 비공식 해결책은 1968년 핵무기확산금지조약(통칭 비확산조약, NPT)에 의해 강화되었다. 그 조약은 서명한 비핵 국가의 핵무기 보유를 금지했다. 서독 지도자들은 이 조약을 초강대국들이 서독의 외교 역량과 외교정책 선택지를 더욱 제한하려는 시도라고 보았기에 불만을 가졌다.[62] 그러나 조약 서명의 거부는 서독의 입장에 처한 나라에게 가능한 선택이 아니었다. 세계 대부분의 국가들은 조약 당사국이 되었다. 상당한 국내적 토론에 이어 서독도 조약에 가입했다.

독일을 둘러싼 미소 간 긴장 완화는 냉전의 중요한 전환점이 되었다. 서독이 비핵국가 지위에 묶이고, 미국에의 전략적 의존으로 억제되자 소련의 지도자들은 그들의 근본적인 안보 요구가 드디어 충족되었다는 자신감을 가지게 되었다. 유럽에서 초강대국 간 대결 가능성은 희박해지는 듯 보였으며 냉전은 덜 위험스러운 단계로 접어들었다.

미국과 소련의 핵 능력은 초강대국들이 유럽에서 만들어 낸 타협을 준수해야 할 또 하나의 이유가 되었다. 1960년대에 두 초강대국은 대규모의 핵탄두를 비축했으며, 장거리 미사일로 상대국 본토를 공격할 수 있는 능력을 가지게 되었다. 따라서 유럽의 합의를 뒤집는 어떤 시도도 핵무기에 의한 초강대국들 본토의 괴멸을 초래하는 갈등의 확대를 촉발할 것으로 보였다.

1960년대를 통해 핵무기 확산 방지는 미국 외교정책의 최우선 목표로 부상했다.[63] 따라서 미국은 서독뿐 아니라 모든 동맹국을 NPT에 가입하도록 설득했다. 전 세계적으로 NPT가 받아들여지자 미국의 동맹국들이 핵무기 개발을 자제할 것이라는 기대는 대타협의 일부가 되었다. 그 기대는 영국과 프랑스를 제외하고 미국의 공식적 안보 공약을 누리는 모든 국가에 적용되었다. 영국과 프랑스는 NPT가 탄생했을 때 이미 핵무기를 보유하고 있었으며, 그것을 포기할 의사가 없었기 때문에 미국은 그들 사례를 예외로 했다.

국제질서와 개발도상 지역

앞에서 분석한 내용이 시사하듯이 1945년 이후 국제질서는 자유주의 체제와 냉전체제라는 2개의 다른 체제에 의해 제공되었다. 각각은 참여자들 사이의 배후 거래에 의해 결정되었다. 자유주의체제는 서유럽의 경제 선진국 대부분이 포함되었으며, 동의, 시장 자본주의, 개방적 무역, 자유민주주의와 같은 자유주의 원칙을 반영했다. 그것은 참여 국가가 미국의 리더십을 받아들이는 대신 미국이 경제적 보장과 안전 보장을 제공한 미국의 패권에 의해 유지되었다. 냉전체제는 미국과 소련 사이의 비공식적 타협 위에 만들어진 강력한 정치적 장치였다. 미국은 소련의 동유럽 지배를 인정했고 소련은 서유럽과 일본이 미국 편에 서는 걸 받아들였다. 냉전체제는 초강대국 각자가 상대방의 사활적 안보 이익을 침해하지 않는다는 보장으로 그들 사이의 평화를 지켜주었다. 그런 의미에서 냉전체제는 19세기 유럽협조체제와 유사한 논리에 따라 작동했다.

이 두 개의 국제체제가 형성되는 가운데 개발도상 지역의 땅과 사람들은 그 체제에 어떻게 들어맞게 되는지의 문제가 남아 있었다. 개발도상 지역에는 남미, 카리브해, 아프리카, 중동, 아시아(일본 제외), 태평양(호주와 뉴질랜드 제외)이 포함되었다.

전후 시대 초기에 대부분의 개발도상 지역(또는 제3세계)은 유럽의 식민 통치하에 있었다. 유럽 식민주의 국가들은 해외 제국이 세계 속에 자신의 정치적, 경제적 지위에 필수적이라고 간주했으며, 그것을 포기할 의도가 없었다. 그러나 개발도상 지역에서는 식민 통치에 대한 저항이 거세지고 있었다. 수십 년간 대규모 독립 운동이 활발하던 인도에서는 제2차 세계대전 종식 이전에 이미 영국의 식민 통치는 지속

불가능함이 명백해졌다. 영국 관리들과 인도의 독립 운동 지도자들 사이의 협상을 통해 이루어진 합의에 따라 1947년 인도에 대한 식민 통치는 끝났다. 인도는 영국의 가장 크고 중요한 식민지였으며, 인도 독립은 유럽과 개발도상 지역의 근본적인 관계 전환의 시작을 알렸다.

전반적으로 전후 시대의 국제적 맥락은 제국의 영속보다는 탈식민지화에 유리했다. 유엔 창설은 제국주의 비판의 글로벌한 논의의 장을 제공하여, 유엔은 식민 통치를 고발하고 그에 반대하는 결의안을 채택했다. 유엔헌장은 민족자결의 원칙을 지지하고, 식민 통치의 정통성에 의문을 제기했다. 동시에 미국 주도의 자유주의체제로 인해 유럽 식민 제국들은 해외 제국을 포기하는 것이 가능하다고 생각하기 시작했다. 자유주의체제의 핵심에 있는 대타협은 미국이 유럽국가들을 침략으로부터 보호하고 수출 시장과 천연자원에의 접근을 보장했다. 그러한 상황에서 식민지는 전략적 불확실성에 대한 대비책으로서의 이전의 가치를 잃게 되었다. 식민 제국 유지의 비용과 불리한 점이 그 혜택보다 더 커지기 시작했다.[64]

유럽 식민주의 국가들은 점차 식민지 사람들이 자치를 원한다면 그것이 허용되어야 한다는 것을 받아들이게 되었다. 따라서 제2차 세계대전 후 수십 년간 우리는 아시아와 아프리카의 유럽 제국이 체계적으로 해체되는 것을 목격했다. 1946년부터 1976년 사이 수십 개의 식민지가 주권국가로 전환되었다. 대다수 사례에서 식민지 영토는 식민 통치국의 협조하에 평화적으로 독립을 성취했다. 그러나 모든 사례가 그렇지는 않았다. 유럽 강대국들은 그들의 가장 가치 있는 식민지를 포기하는 것을 원치 않았으며, 그들이 주저했던 일부 사례에서는 식민 통치국과 독립 반군들 사이의 길고 폭력적인 충돌이 벌어졌다. 그러한 사례에서조차도 궁극적인 결과는 독립이었다. 1976년에 이르자 전 세계 대양의 군소 도서 영토를 제외하고 유럽의 해외 제국은 거의 남아 있지 않았다.

미국에게 있어서 개발도상 지역을 어떻게 자유주의체제에 통합할 것인가의 문제는 쉽게 답할 수 없었다. 제3세계 국가들은 대부분 정치적 불안정 수준이 높았으며, 그 상황은 공산 반란이 일어날 좋은 토양이 되었다. 그것은 탈식민지 신생 독립국뿐 아니라 남미 국가들처럼 오래된 제3세계 국가들도 마찬가지였다. 미국 관리들은 제3세계 국가들의 내부 문제가 소련, 중국과 같은 외부 세력의 도움을 받은 공산 혁명주의자들이 집권할 기회를 만들어줄까 우려했다.[65] 미국은 제3세계의 공산 혁명 가능성을 미국의 이익에 대한 중대 위협으로 간주했다. 무엇보다 공산주의 경제정책은 자유주의 무역체제의 기반인 시장 자본주의와 양립할 수 없었다. 그에 더해 공산주의 국가들은 정치적으로 소련과 연계하여, 자유주의 원칙 위에 세계를 움직이려는 미국의 노력을 약화시킬 가능성이 높았다.[66]

제3세계에서의 자국의 이익을 지키기 위해 미국은 후견-피후견관계에 크게 의존하게 되었다. 피후견주의는 더 강력한 국가(후견)가 약한 국가(피후견)의 통치자를 도와 정권을 유지하도록 하는 것이다. 전형적인 후견-피후견관계에서 후견국가는 피후견 정권에 다양한 형태의 군사, 경제, 기술 지원을 제공하여 정권이 대내외의 적들로부터 스스로를 방어할 수 있게 해준다. 그 대가로 피후견국가는 후견국에게 일정의 서비스를 제공한다.[67] 예를 들어, 피후견국가는 자국 영토에 후견국가의 군사기지 설치를 허락할 수 있다. 피후견국가는 특정 국제 쟁점에 관해 후견국의 편에 서거나, 국내정치, 경제, 안보 제도를 수립하는 데 도움을 받을 수 있다.

미국은 모든 제3세계 국가와 후견-피후견관계를 설정하려 하지 않

았다. 그보다 미국은 규모가 큰 국가나 석유 같은 전략적으로 귀중한
자원 보유 국가와 후견-피후견관계를 설정하는 경향이 있었다. 자원이
풍부한 국가를 피후견으로 하여 미국은 서구 경제가 필요한 에너지와
천연자원에 충분히 접근할 수 있도록 하였다. 냉전기에 미국의 제3세
계 핵심 피후견국가는 1953년 초 사우디아라비아, 1953년부터 1979
년까지 이란, 1963년 초 콩고(또는 자이르), 1966년 인도네시아가 있
었다.[68] 그에 더해 미국은 혁명 후 쿠바를 제외한 남미의 거의 모든 국
가들과 후견-피후견관계를 형성했다. 남미에서 미국의 피후견국가 대
부분은 냉전 이전으로 거슬러 올라가며 서반구를 오랫동안 장악했던
미국의 영향력을 반영했다. 서반구 밖에서 미국은 약 20여개국과 후
견-피후견관계를 유지했다.[69]

미국이 제3세계 정권과 설정했던 후견-피후견관계는 캐나다, 일본,
서유럽국가 등 제1세계 국가와 형성했던 동맹 파트너관계와는 중요한
차이가 있었다 ('제1세계'라는 용어는 경제적으로 발전된 서구 국가들
을 지칭한다). 미국의 제1세계 동맹국들은 대부분 민주주의 국가였다.
따라서 다른 제1세계 국가들과 동맹에 합의하는 데 있어서 미국 관리
들은 민주적으로 선출되고 자국에서 광범위한 지지를 받는 지도자들
을 상대했다. 반면 미국의 제3세계 피후견국가들은 검열, 정치적 경쟁
자의 투옥이나 살인, 정치적 반대자의 불법화 등의 강압적 방법으로
권력을 유지하는 권위주의 정권이었다. 많은 미국의 피후견국가는 애
당초 미국이 혐오하는 정권을 미 정보국 요원이 배후에서 조종하여 폭
력적으로 전복시키거나, 미국의 목표에 더 협조적인 신정권으로 대치
하는 은밀한 개입을 통해 집권했었다.[70]

제3세계 권위주의 피후견 정권에 대한 미국의 지원은 자유주의 세
계질서라는 미국의 비전의 핵심인 민주주의와 인권 존중 원칙에 반하

는 듯 보였다. 그러나 냉전의 맥락에서 미국 관리들은 권위주의 피후
견에 대한 지원이 제3세계에서의 공산주의 확산보다는 낫다고 생각했
다.[71] 비록 많은 미국의 피후견 정권이 그 피치자들에 대한 심각한 인
권 유린 (경우에 따라 대량 학살)을 저질렀으나 미국은 그 정권이 반공
을 유지하는 한 대체로 지원을 철회하지 않았다.

냉전의 제2단계

냉전은 대략 1946년부터 1963년과 1963년부터 1989년 2개의 주요
시기로 나눌 수 있다. 제1기는 무엇보다도 독일을 둘러싼 미해결 문제
들로 인한 두 강대국 사이의 빈번한 위기와 극도로 긴장된 순간들로
점철되었다. 그러나 미국과 소련이 독일 문제와 관련해 비공식적 합의
를 보면서 초강대국 간 전쟁의 위협은 감소하고 냉전은 전반적으로 덜
치열한 제2기로 들어서, 유럽에서 상당한 긴장 완화가 이루어졌으며,
그러나 제3세계에서는 초강대국 간 경쟁이 계속되었다.
    1970년대에 초강대국들은 미소 간 핵무기 경쟁을 안정화시키기 위
해 일련의 군비축소 협상을 벌였다. 양국 간 합의로는 1972년 서명된
전략무기 제한협정(SALT I)과 탄도탄 요격미사일 조약(ABM), 그리
고 1979년 서명한 전략무기 제한협정(SALT II)이 있다. 두 SALT 합
의는 초강대국이 각각 보유할 수 있는 장거리 핵미사일 수에 상한선을
설정했다. ABM은 상대국의 장거리 핵미사일에 대한 최소한의 방어
이상을 구축하지 않도록 하였다. 이들 조약의 전반적인 효과는 각 초
강대국에 상대국이 핵 능력에 있어서 결정적 우위를 점하지 못하도록
보장하는 것이었다. 각 초강대국은 핵 공격으로 상대를 전멸시킬 능력

을 유지하고, 자신의 사활적 이익을 상대방이 감히 공격하지 못하리라
는 상당한 자신감을 가질 수 있게 되었다.

유럽에서 냉전의 긴장을 더 낮추기 위해 초강대국들과 유럽의 32개
국과 캐나다는 1975년 헬싱키협정에 합의했다. 그 협정으로 참여국은
독일의 경계선을 포함해서 유럽의 기존 국경선을 공식 인정하였다. 비
록 그 선언은 법적 구속력은 없었으나 소련에게는 매우 중요했다. 왜
냐하면 그것은 미국과 서독이 소련의 동유럽과 동독에 대한 지배에 도
전하지 않겠다는 신호였기 때문이다.[72]

1970년대의 군비 통제 합의와 헬싱키협약은 초강대국들 상호 평
화 공존의 기반을 강화하려는 실용적인 시도였다. 미국과 소련의 핵무
장 규모와 능력을 고려할 때, 초강대국들은 군사력으로 상대방을 제
압하려는 의도가 없음을 보장할 필요성을 인식했다. 그러나 1970년
대의 합의들은 초강대국 사이의 저류에 있는 이념적 갈등을 제거하지
는 못했다. 미국의 정치지도자들과 여론은 계속해서 공산주의가 근본
적으로 정당성 없는 형태의 정부라고 보았으며, 미국의 정책은 계속해
서 자유주의 원칙에 따른 세계를 구축하는 전반적인 목표를 추구했다.
한편 1964년부터 1982년까지 브레즈네프(Leonid Brezhnev)가 이끈
소련의 지도자들은 자본주의는 붕괴될 운명이며, 역사의 법칙은 전 세
계에서 공산주의의 궁극적인 승리를 가리킨다고 믿었다.[73]

비록 초강대국들이 유럽에서 상대국의 이익에 대한 직접적인 도전
을 회피할 필요가 있다고 인식하게 되었지만, 제3세계에서 그들은 계
속해서 경쟁하였다. 그 경쟁은 냉전이 종식될 때까지 미소관계 마찰
의 원천으로 남았다. 소련은 제3세계 사회주의, 반제국주의 세력에 원
조를 제공할 권리를 주장했다. 그것은 실제로는 미국이 자신의 이익에
적대적이라고 간주한 정부에 경제, 군사 원조를 제공하는 것이었다.

　장기적 추세는 소련이 냉전을 계속할 능력을 잠식했다. 1973년 소련경제는 저성장 시기에 접어들었고 거기서 다시 회복하지 못했다. 중앙집중적 계획경제와 국가의 생산 통제에 기반한 소련경제체제는 서유럽 민주주의의 시장 자본주의 경제에 비해 훨씬 비효율적으로 작동했다. 소련체제는 혁신 유인이 거의 없었으며 신기술 흡수나 환경 변화 적응에 어려움을 겪었다.[74] 1970년대와 1980년대에 서방경제는 생산의 세계화와 전산화된 데이터 처리 기술 사용의 결과 중요한 기술적 성과를 거두기 시작했다. 소련경제는 경직성과 세계 무역에서의 고립으로 인해 서구와 같은 성과를 올릴 수 없었다.[75]

　수십 년간 핵과 재래식 군비에 과도히 지출한 이유로 1970년대에 이르자 소련은 전반적 군사력에서 미국과 거의 대등해졌다. 그러나 경제성장 둔화와 기술 격차 확대로 소련은 대등한 위치를 유지하기가 갈수록 어려워졌다. 소련경제가 미국경제에 비해 훨씬 규모가 작았음을 고려하면 군사비 지출이 전체 경제 산출에서 훨씬 높은 비율을 점했다. 1980년대에 소련경제에서 군사비 지출은 25퍼센트에 달했을 것이며, 이는 미국경제에서 군비 지출이 5 내지 6퍼센트였던 것과 비교된다.[76]

　1985년 소련의 지도자가 된 고르바초프(Mikhail Gorbachev)는 소련경제를 재활성화하고 국민의 생활 수준을 향상시키려는 개혁 지향적인 인물이었다. 고르바초프는 냉전이 지속되는 한 그 목표를 달성할 수 없음을 이해했다.[77] 미소경쟁으로 소련은 첨단 서구 기술로부터 차단되었고, 경제 산출의 과도한 비율을 소비재보다 군비 지출에 집중할 수밖에 없었다.

　고르바초프는 동유럽에 대한 소련의 정책에 중요한 변화를 도입했다. 1945년부터 소련은 그 위성국들이 소련과 소비에트 경제모델에 충성하도록 담보하는 데 군사 위협(몇몇 사례에서는 실제 군사 개입)에 의존했다. 그러나 고르바초프는 동유럽에서 소련의 이익 방어를 위한 군사력 사용은 자멸적이라고 보았다.[78] 그는 동유럽국가들이 경제 문제에 대응하여 진정한 성과를 거두려면 그들 스스로 경제 및 정치 개혁의 길을 찾을 필요가 있다고 믿었다. 고르바초프가 동유럽 공산주의 정권 유지에 무력 사용을 거부하자, 1989년 말 그들 정권은 급격히 의도치 않게 붕괴되었으며, 그 상황 전개는 냉전의 종식을 알렸다.

결론

1945년 이후 국제질서는 미국과 소련의 전략적, 이념적 경쟁에 심대한 영향을 받았다. 공산주의 초강대국으로서 소련은 자유주의에 기반한 국제질서를 재건하려는 미국의 계획에 중대한 도전이 되었다. 미국은 가능하면 많은 선진국을 미국 리더십하의 자유주의 질서로 편입시키면서 소련의 도전에 대응했다. 미국 주도의 체제는 서서히 형성되었으며 미국과 그 동맹국들 사이의 비공식적 대타협에 위에 세워졌다. 그 타협으로 미국은 동맹국에 경제적, 안보적 보장을 제공하고, 그 대가로 동맹국들은 미국의 편에 서서 자유주의체제 규범을 따랐다.

한편 서구 민주주의 국가들 사이의 관계를 관리하는 자유주의체제에 더해 냉전체제가 형성되었다. 냉전체제는 초강대국들 사이의 마지못한 타협의 과정에서 부상했고 세력정치의 논리를 반영했다. 냉전체제는 초강대국들이 상호 전면전을 회피할 수 있게 해주어 국제질서에 기여했다. 냉전체제의 조건하에 소련은 서유럽과 일본이 미국 편에 서는 것을 받아들였고, 미국은 소련의 동유럽 장악을 수용하고 서독의 핵무기 개발 저지에 동의했다.

제2차 세계대전 후 자유주의체제는 서유럽국가들 사이의 평화롭고 호혜적인 관계를 공고히 하는 데 대단히 성공적이었다. 영국, 프랑스, 서독에 경제적, 안보적 보장을 제공함으로써 미국은 그들이 역사적 경쟁관계를 극복하고 궁극적으로 유럽연합 창설로 이어진 경제적, 정치적 통합 과정을 시작할 수 있게 해주었다. 서독과 일본이 자유민주주의 국가가 되도록 도와주고 그들을 자유주의 질서에 편입되는 걸 환영함으로써, 미국은 그들이 영토 확장의 야심을 버리도록 설득하는 데 성공했다. 미국과 제2차 세계대전에서 패배한 적국들 사이의 전쟁이 재개될 가능성은 사실상 사라졌다. 그것은 괄목할만한 성과이며, 국제적 리더십의 책임을 거부함으로써 자유주의체제 붕괴와 제2차 세계대전 발발에 기여한 전간기 미국 외교정책의 실패와 극명하게 대비된다.

▌주

1) Gaddis, *The United States and the Origins of the Cold War*, 135–139.
2) Kim, *History of Korea*, 361–365.
3) Ikenberry, *After Victory*, 167.
4) Kimball, *The Juggler*, 85–86; Bosco, *Five to Rule Them All*, 15.
5) Kimball, *The Juggler*, 99.
6) Patrick, *The Best Laid Plans*, 60–63.
7) Kimball, *The Juggler*, 95–96; DePorte, *Europe between the Superpowers*, 84–87; Patrick, *The Best Laid Plans*, 84.
8) Bosco, *Five to Rule Them All*, 26.
9) Mancall, *China at the Center*, 307–308.
10) Kimball, *The Juggler*, 141.
11) Leffler, *For the Soul of Mankind*, 30–32; Zubok and Pleshakov, *Inside the Kremlin's Cold War*, 11–35.

12) 세력권과 식민 제국에 관한 루스벨트의 시각에 대해서는 Kimball, *The Juggler*, 102-157 참조.

13) DePorte, *Europe between the Superpowers*, 69-70.

14) Naimark, "The Sovietization of Eastern Europe" 참조.

15) Bosco, *Five to Rule Them All*, 17-18.

16) Pechatnov, "The Soviet Union and the World," 91-95.

17) Leffler, *For the Soul of Mankind*, 54.

18) Trachtenberg, *A Constructed Peace*, 19; DePorte, *Europe between the Superpowers*, 90.

19) Hurd, *After Anarchy*, 85-88.

20) Trachtenberg, *A Constructed Peace*, 13-15, Schaller, *The American Occupation of Japan*, 57-61.

21) Trachtenberg, *A Constructed Peace*, 41-65.

22) Smyser, *From Yalta to Berlin*, 32-33, 40.

23) Smyser, *From Yalta to Berlin*, 53-61.

24) Zubok and Pleshakov, *Inside the Kremlin's Cold War*, 50-51; Pechatnov, "The Soviet Union and the World," 105.

25) Naimark, "The Sovietization of Eastern Europe," 191-197.

26) Kim, *History of Korea*, 371-384.

27) Herring, *From Colony to Superpower*, 635-647.

28) 이 공약은 "일본 국민은 국권이 발동되는 전쟁을 영구히 포기한다" 그리고 "육, 해, 공군과 기타 전력은 절대 보유하지 않는다"고 선언한 전후 일본 헌법 제9조에 포함되어 있다.

29) 독일에 관해서는 Trachtenberg, *A Constructed Peace*, 102-103 참조. 일본에 관해서는 Schaller, *Altered States*, 35-36 참조.

30) DePorte, *Europe between the Superpowers*, 81; Patrick, *The Best Laid Plans*, 110, 125.

31) Gardner, *Sterling-Dollar Diplomacy*, 12-23; McCormick, *America's Half-Century*, 48-52.

32) Patrick, *The Best Laid Plans*, 253-254, 258.

33) Zeiler, *Free Trade, Free World*, 20-40, 105-126.

34) Funigiello, *American-Soviet Trade in the Cold War* 참조.

35) Zhang, *Economic Cold War*, 288.

36) McKenzie, "GATT and the Cold War"; Forsberg, *America and the Japanese Miracle* 참조.

37) Leffler, *For the Soul of Mankind*, 69, 82.

38) Schaller, *Altered States*, 26.

39) Trachtenberg, *A Constructed Peace*, 127.

40) Ikenberry, *Liberal Leviathan*, 207-216 참조.

41) Krasner, "American Policy and Global Economic Stability," 33-35.
42) 패권 개념에 관한 이론적 논쟁의 개괄은 Clark, *Hegemony in International Society*, 18-33 참조.
43) 논평가들이 모두 패권을 이와 같이 정의하지 않음을 지적할 필요가 있다. 다수는 그 용어를 한 국가가 나머지를 압도하는 국제적 상황을 의미할 때 사용한다. 그러나 패권과 압도를 동일시하면 그 개념의 유용성을 손상한다. 왜냐하면 그것은 강압에 의한 위계적 관계와 상호 동의에 의한 위계적 관계를 구별하지 않기 때문이다.
44) Kang, "Hierarchy and Legitimacy in International Systems"; Kang, *East Asia before the West* 참조.
45) Kennedy, *The Rise and Fall of British Naval Mastery*, chap. 6.
46) Ikenberry, *Liberal Leviathan*, 70-75.
47) Hampton, "NATO at the Creation," 624-626.
48) Smith, *America's Mission*, 146-176 참조.
49) Zubok, "The Case of Divided Germany" 참조.
50) Zubok, "The Case of Divided Germany," 281-282, 289-290.
51) Trachtenberg, *A Constructed Peace*, 154-155.
52) Hanrieder, *Germany, America, Europe*, 42-44.
53) Zubok and Pleshakov, *Inside the Kremlin's Cold War*, 195; Leffler, *For the Soul of Mankind*, 163-164.
54) Trachtenberg, *A Constructed Peace*, 252-256.
55) Halle, *The Cold War as History*, 354; Smyser, *From Yalta to Berlin*, 138.
56) Stacy, *US Army Border Operations in Germany*, 50.
57) Trachtenberg, *A Constructed Peace*, 231-237 참조.
58) Trachtenberg, *A Constructed Peace*, 284-285, 305.
59) Trachtenberg, *A Constructed Peace*, 382-385.
60) Trachtenberg, *A Constructed Peace*, 394-396.
61) Trachtenberg, *A Constructed Peace*, 386-391, 398-399.
62) Hanrieder, *Germany, America, Europe*, 91-95.
63) Gavin, "Nuclear Proliferation and Non-Proliferation," 400-407.
64) Frieden, *Global Capitalism*, 308-309; Holland, *European Decolonization*, 205-209 참조.
65) Westad, *The Global Cold War*, chap. 4 참조.
66) Leffler, "The American Conception of National Security," 358-359, 365 참조.
67) 국제적인 후견-피후견관계의 역동성에 관한 논의는 Sylvan and Majeski, *U.S. Foreign Policy in Perspective*; Carney, "International Patron-Client Relationships"; Afoaku, "U.S. Foreign Policy and Authoritarian Regimes" 참조.

68) 여기 제시된 일자는 Sylvan and Majeski, *U.S. Foreign Policy in Perspective*
참조. 1997년부터 콩고(구 자이르)는 공식적으로 콩고민주공화국으로 알려지
게 되었으며, 인접한 훨씬 작은 콩고공화국과 혼동하면 안 된다.
69) Sylvan and Majeski, *U.S. Foreign Policy in Perspective*, 43, 45, 49, 59,
69 참조.
70) 잘 알려진 사례로는 미국의 이란(1953), 과테말라(1954), 콩고(1960), 브라질
(1964) 개입이 있다. Westad, *The Global Cold War*, 122, 137–140, 146–
150 참조.
71) Latham, "The Cold War in the Third World," 269–272.
72) Garthoff, *Détente and Confrontation*, 475–478.
73) Garthoff, *Détente and Confrontation*, 38–50.
74) 이 주장은 Hanson, *The Rise and Fall of the Soviet Economy*에서 되풀이 되
고 있다.
75) Brooks and Wohlforth, "Power, Globalization, and the End of the Cold
War," 25–26, 34–42.
76) Åslund, *How Capitalism Was Built*, 67.
77) Brown, *The Gorbachev Factor*, 212; Lévesque, *The Enigma of 1989*, 22.
78) Lévesque, *The Enigma of 1989*, 54–58; Kramer, "The Demise of the
Soviet Bloc," 1552–1554.

9장

탈냉전 세계의 국제질서

▌ 공산주의 붕괴와 소련 해체
▌ 탈냉전 국제체제
▌ 자유주의 규범과 유엔헌장
▌ 개방적 무역체제
▌ 미국의 자유주의 패권
▌ 자유주의 국제질서와 국내의 자유주의
▌ 자유주의 질서에 대한 러시아의 도전
▌ 중국의 부상
▌ 자유민주주의 확산의 한계
▌ 결론

여러 면에서 현재 존재하는 국제체제는 1945년 후에 구축된 자유주의체제의 연장이다. 유엔헌장, 개방적 무역체제, 미국의 자유주의 패권 등 오늘날 자유주의 질서의 핵심 요소는 전부 제2차 세계대전의 결과에서 기원했다. 그러나 40여 년 동안 냉전은 자유주의체제가 진정으로 글로벌화하는 것을 막았다. 자유주의에 대한 소련의 반대로 인해 미소관계는 자유주의 원칙이 아니라 세력 정치에 의해 작동했다. 또 미소 경쟁관계는 개발도상 지역에도 확산되어 자유주의 원칙에 대한 관심은 빈번히 뒷전으로 밀렸다. 자유주의체제는 사실상 주로 서구의 체제로 기능했다. 그것은 서구 국가들 사이의 관계를 관리했으나, 그 외의 세계에서는 국제관계에 크게 영향을 미치지 못했다.

냉전 종식은 자유주의체제의 범위를 확대할 유례 없는 기회를 제공할 듯이 보였다. 소련의 붕괴와 공산주의 이념의 추락으로 자유주의 질서를 강화하는 데 핵심 장애물이 사라졌다. 미국은 비서구 국가들이 자유주의체제로 더 깊숙이 들어오도록 독려하는 데 앞장섰다. 미국은 많은 새로운 국가들, 특히 중국이 포함되도록 개방적 무역체제 확대를 지원했다. 그리고 미국은 구 소련 진영과 제3세계의 정치적, 경제적 자유화를 촉진하는 노력을 강화했다. 미국의 정책은 자유주의 국가들은 비자유주의 국가들보다 더 신뢰할 수 있으며, 국제 질서를 지키는 믿을만한 파트너가 될 것이라는 신념을 반영했다.

　냉전 종식 후 초기에 비서구 국가들의 자유화를 독려하는 미국의 노력은 상당히 성공적이었다. 그러나 시간이 흐르면서 그러한 노력은 점증하는 저항에 직면했다. 가장 중요한 저항은 소련 붕괴 후 러시아와 중국으로부터 나타났다. 러시아와 중국의 통치 엘리트들은 자유주의적 가치를 자신들의 권력에 대한 위협으로 간주했으며, 자유민주주의에 대한 미국의 지원을 자신들을 미국의 지배하에 두려는 적대적 전략이라고 해석했다. 또한, 대부분의 제3세계에서의 상황이 자유민주주의에 불리하다는 것이 점점 더 명확해졌다. 그 결과 자유주의 국제체제는 상당 기간 공격을 받을 것이 필연적으로 보였다.

　이 장은 냉전을 종식시키고 새로운 시대를 열어준 사건들을 검토하면서 시작한다. 이어서 이 장은 탈냉전 시대 자유주의체제의 구조적 기초를 살펴보고 그것이 어떻게 국제질서를 창출했는지 설명한다. 계속해서 이 장은 비서구 국가들의 자유화 촉진으로 자유주의체제를 강화하려는 미국의 노력에 대해 검토하고, 그러한 노력이 어떻게 러시아와 중국의 저항을 촉발했는지를 보여준다. 이 장은 지속적인 정치적 자유화 확산에 대한 중요한 구조적 장애물에 관해 논의하고, 오늘날의 국제체제와 냉전 시대의 체제를 전반적으로 비교한다. 글상자 9.1은 냉전 후 국제체제의 주요 특징을 요약한다.

공산주의 붕괴와 소련 해체

1985년 소련 공산당 총서기에 선출되자 고르바초프는 소련경제 재활성화와 국민들의 생활 수준 향상에 착수했다. 그는 또 냉전 종식을 목

📝 글상자 9.1　냉전 후 국제질서

시기: 1990년부터 현재

주요 행위자: 미국은 유일한 초강대국이다. 중국은 어떤 면에서는 경제 초강대국이지만 아직은 초강대국으로서 국제질서 유지의 책임을 질 준비가 안 되어 있다. 다른 주요 행위자는 독일, 영국, 프랑스, 일본, 러시아, 인도, 브라질을 포함한다.

그 체제는 어떻게 국제질서를 창출했는가? 유엔헌장은 국제평화와 안보의 근본적인 법적 틀을 제공한다. 그것은 국가 간 관계를 규율하는 원칙을 설정한다. 유엔헌장하에서 국가는 국제분쟁을 평화적으로 해결할 의무를 가지며, 서로의 영토적 완결성과 정치적 독립을 존중해야 한다. 미국은 동맹국과 함께 헌장의 원칙들을 집행하는 데 대체로 지도적 역할을 했다. 핵확산금지조약과 같은 일부 쟁점에 있어서 미국은 러시아나 중국과 생산적으로 협력할 수 있었다.

무역 분야에서는 세계무역기구가 관장하는 다자간 협정들이 글로벌한 무역의 중요한 틀을 제공한다. 오늘날 세계 거의 모든 중요한 경제 강국들은 이 핵심 무역 협정에 가입했다.

끝으로 미국의 자유주의 패권은 체제 전체에 리더십을 제공하고 서유럽과 일본에게 그것을 보장하여 국제질서에 기여한다.

표로 했다. 그는 미국과 소련이 스스로를, 그리고 전 세계를 핵 파멸로 위협하는 적대적 관계를 지속하는 것은 양심에 반하는 일이라고 생각했다.[1] 그는 소련이 군비 지출에 경제력을 덜 투입하고 소비재 생산에 더 진력하도록 시도했다. 고르바초프는 그의 개혁 노력이 수년 후 동유럽 공산 정권 붕괴, 독일 통일, 소련 해체로 이어질 것은 예상하지 못했다.[2] 그러한 상황 전개는 의도치 않은 것이었으며 고르바초프는 아마 후회했을 것이다. 그러나 그는 냉전 종식과 세계 정치의 새로운 시대 개막이라는 목표를 달성했다.

고르바초프가 집권했을 때 동구권 국가들은 급증하는 외채와 국가가 운영하는 중앙집중적 계획경제의 비효율로 인해 심각한 경제적 어려움을 겪고 있었다.[3] 고르바초프는 개혁을 통해 경제 성과를 높이도록 이들 국가를 독려했으며, 소련의 개입 없이 각자의 길을 선택하도록 허용할 의사가 있음을 알렸다.[4] 그러나 동유럽 정권들은 국내적으로 지지를 받지 못했기에 어떤 본격적인 개혁 시도도 공산당의 권력을 잠식할 위험이 있었다. 1956년 헝가리나 1968년 체코슬로바키아에 대한 무력 개입에서 보여주었듯이 이전의 소련 지도자들은 동유럽에서 공산당 통치 유지를 위해 기꺼이 무력을 사용했었다. 그러나 고르바초프는 그러한 목적의 군사력 사용을 거부했다.[5] 나중에 드러났듯이 동구권 정권들은 그들을 지원하는 소련의 개입 위협 없이 생존할 수 없었다. 1989년 말 동독, 폴란드, 헝가리, 체코슬로바키아, 불가리아, 루마니아의 공산 정권이 무너지고, 다당제에 기반한 새로운 정치체제로의 전환이 시작되었다.

동독에서 공산 통치의 종식은 독일의 분단에 대한 문제를 제기했다. 정치적 혼돈으로 주어진 기회를 포착한 서독의 콜(Helmut Kohl) 수상은 1989년 11월 독일 통일을 위한 단계적 추진안을 제시했다.[6] 소련의 지도자들은 이 안에 대해 충격과 분노로 반응했다. 그들의 입장에서 유럽에서의 전략적 현상은 제2차 세계대전에서 소련이 힘겹게 얻은 승리를 반영하였으며 변경되어서는 안 되는 것이었다.[7] 그러나 고르바초프는 군사력으로 동독의 공산 정권을 지탱해줄 의사가 없었으며 소련은 긴박하게 진화하는 상황에 대해 제한적인 영향력밖에 없었다.[8] 소련의 이익을 보호할 수 있는 해결책을 찾으려는 소련 지도자들은 독일 통일이 진행된다면 서독이 NATO에서 탈퇴해야 한다고 주장하기 시작했다. 그렇게 하여 통일된 독일은 어느 초강대국과도 연결되지 않은 중립국이 된다는 의도였다.[9] 그러나 미국의 지지를 받던 콜 수상은 소련의 요구를 거절했다. 결국 소련 지도자들은 마지못해 독일 통일과 NATO 회원국 지위 유지를 모두 받아들였다. 소련의 안보 우려를 진정시키기 위해 독일은 핵무기 비보유 공약을 재천명하고 군 병력을 37만 명 이하로 제한하기로 했다. 1990년 10월 3일 동독은 사라졌다. 동독은 서독에 흡수되어 서독 헌법에 의해 통치되는 통일 국가 독일이 태어났다.

한편 소련 자체 내에서 공산 통치가 붕괴하기 시작했다. 고르바초프는 집권하면서 상당한 정치, 경제 개혁을 도입하기 시작했다. 그의 목표는 소련 공산주의를 약화시키는 것이 아니라 그것을 더 인간적이고 덜 억압적으로 만들어서 강화하려는 것이었다.[10] 그러나 대부분의 공산당 엘리트들은 그의 개혁에 저항했으며, 그것이 자신들의 권력과 특권을 위협한다고 보았다. 그에 대응해 고르바초프는 결국 당을 우회하고 직접 소련 인민들을 세력화하였다. 그의 노력은 1988년과 1990년에 단행된, 공산당의 권력 독점을 폐지하고 비공산주의 후보자도 공직선거에서 경쟁을 허용하는 중요한 선거 개혁으로 절정에 달했다.

이들 변화는 거의 즉각적으로 소련의 영토적 완결성을 위협하는 상황으로 이어졌다. 무엇보다 그로 인해 민족 분리주의가 결정적 정치 세력으로 부상했다.[11] 소련은 민족을 기반으로 한 15개 통합 공화국과 100개 이상의 소수민족 집단으로 구성된 다민족 국가였다. 각 공화국은 자신의 입법부를 가졌으며, 고르바초프 정치 개혁이 인민들에게 지도자 선출에 대한 진정한 선택권을 허용하사 공화국의 정치인들이 유권자들의 민족주의 의식에 호소하는 것이 자연스러웠다. 다수의 민족 집단은 강한 민족 정체성을 가졌다. 그중 일부는 자신의 의지에 반해 소련에 통합되었으며 오랫동안 소련의 권위에서 벗어나길 희망했다. 소련 정치체제를 더 개방적이고 민주적으로 만들려고 노력한 고르바초프는 소수민족의 민족주의가 소련을 하나로 묶어 놓은 끈을 약화시킬 수 있는 잠재력을 과소평가했다.

또 고르바초프는 이들 공화국의 정치지도자들이 개혁을 이용해 소련의 중앙정부를 약화시키고 그들의 권력 기반을 강화하리라 예상치 못했다. 그러나 그런 일이 벌어졌다. 심지어 옐친(Boris Yeltsin)이 이끄는 러시아공화국도 중앙 소련정부로부터 더 많은 자율성을 요구했다. 러시아는 소련 총인구의 절반, 영토의 4분의 3을 차지하는 압도적인 최대의 공화국이었다. 중앙 권력 구조에 대한 러시아의 지지 없이 정치적 주체로서 소련은 유지될 수 없었다. 공화국들에 대한 중앙정부의 권위가 서서히 무너지면서 소련 국가의 존재 기반이 사라졌다. 1991년 12월 26일 15개 연방 공화국이 독립국가가 되었음이 인정되면서 소련은 공식 해체되었다. 소련의 승계 국가로서 러시아는 유엔 안보리 의석과 소련의 핵무기에 대한 통제권을 을 물려받았다.

탈냉전 국제체제

1980년대 말과 1990년대 초의 사건들은 국제질서의 구조에 대단히 중요했다. 그들은 초강대국 소련의 소멸뿐 아니라 자유주의의 이념적 경쟁 상대 공산주의가 부정되었음을 의미했다. 냉전 시대를 통해 줄곧 소련의 행동들은 미국이 선호하던 자유주의체제에 대한 유일한, 최대의 반대 작용의 원천이었다. 동유럽에 공산주의 통치를 강제하고 제3세계에서 반자유주의 세력에 원조와 영감을 제공함으로써 소련은 진정으로 글로벌한 자유주의체제를 구축하려는 미국의 노력을 좌절시켰다.

제8장에서 보았듯이 냉전 시대 국제질서는 자유주의체제와 냉전체제라는 2개의 구별되는 체제를 제공했다. 자유주의체제는 서구 선진국 사이의 관계를 규율했으며 미국의 패권에 의해 유지되었다. 냉전체제는 미국과 소련의 관계를 규율했으며 세력 정치의 논리에 따라 작동했다.

소련의 해체로 냉전체제의 기반이 사라졌다. 두 개의 초강대국이 유럽과 기타 지역에서 서로의 영향력에 맞서는 대신 단 하나의 초강대국만 남게 되었다. 동유럽의 소련 세력권은 해체되었고 바르샤바조약기구도 사라졌다. 한편 자유주의 국제체제는 확고히 자리를 유지했다. 그 체제는 계속해서 오늘날 국제질서의 주된 틀을 제공한다. 그것은 제2차 세계대전 후 세워진 3개의 기둥 위에 서 있다. 첫째 기둥은 국제정치의 전반적 규칙을 규정한 유엔헌장이다. 둘째 기둥은 국가들이 군사적 침략이 아닌 평화로운 거래를 통해 경제적 번영을 추구할 수 있게 해주는 개방된 국제무역체제이다. 셋째 기둥은 서구 선진국을 미국의 리더십 아래 안보 공동체로 묶은 미국의 자유주의 패권이다. 다음은 이 3개의 기둥에 대해 논의한다.

자유주의 규범과 유엔헌장

1945년 유엔의 51개 창설 회원국에 의해 채택된 유엔헌장은 오늘날 국제체제의 규범적 기초 대부분을 제공한다. 헌장은 국가 간 관계를 관리하는 구체적 실행 원칙을 제시한다. 헌장은 국가들이 국제적 행위에 있어서 준수해야 할 근본적인 제약과 의무를 규정한다. 헌장 제1장에 열거된 핵심 원칙은 다음과 같다.

- 국가주권의 평등성 원칙 (각국은 모든 다른 국가와 동등한 주권적 권리와 독립성을 가짐을 의미)
- 민족 자결의 원칙
- 국제분쟁을 평화적 수단으로 해결할 회원국의 의무
- 타국의 영토적 완결성이나 정치적 독립에 대해 무력 위협이나 사용을 자제할 회원국의 의무

국제연맹 규약과 마찬가지로 이들 원칙은 근본적으로 자유주의적이다. 그들은 18세기와 19세기 국제관계의 성격을 규정한 세력 정치를 부정하는 것이다. 유엔헌장은 국가와 민족이 스스로 통치하고 더 강력한 국가의 강압 없이 정치적 선택을 스스로 할 권리를 확인한다. 헌장 아래 국가 간 관계는 상호 동의에 기반한다.

헌장은 현재 세계의 거의 모든 주권국가가 회원국이라는 사실로부터 권위를 가진다.[12] 유엔 회원국이 되면 국가는 헌장에 포함된 의무를 받아들인다. 따라서 헌장은 국제 안보를 관리하는 원칙에 대한 국가의 공식 합의를 반영한다. 어떤 국가가 헌장을 위배하면 그 국가는 법을 범한 것이며 법 집행의 대상이 된다.

유엔헌장 채택은 국제정치의 중요한 전환점이었다. 수 세기 동안 국제분쟁은 주로 영토 경쟁을 둘러싸고 벌어졌다. 강력한 국가들은 자국 영토와 식민 제국 확대를 통해 더 강해지려 했다. 그 추세는 제2차 세계대전이 끝날 때까지 계속되었다. 그러나 1945년 이후 수십 년간 유럽의 식민지배 열강들은 점차 해외 제국을 포기하고 식민지 독립을 인정했다. 식민지배 열강들 자신도 외국 사람들을 자기 의지에 반해

식민 통치하는 것은 부당함을 널리 인정하게 되었다. 한편 독일, 일본, 이탈리아 등 이전에 팽창주의적이었던 국가들은 영토 확장 추구를 포기했다. 영토 경쟁은 강대국 간 국제정치에서 사실상 사라졌다. 영토 경쟁 대신 정복에 의한 영토 획득을 금지하는 규범이 생겼다.[13] 그 규범은 미국과 소련이 냉전을 하는 방식에서 잘 보여주었다. 그들은 영토 확장이 아니라 군사력 강화와 동맹 및 피후견국가 확보를 통해 경쟁했다. 1945년 이후 영토 정복을 시도한 사례는 거의 없었으며, 그 대부분은 독립 당시 물려받은 국경선에 대한 불만을 가진 제3세계 국가들이 시작했다.[14] 강대국들 사이에서는 영토 경쟁이 다시 일어날 징조는 전혀 없었다.

영토 정복을 금지하는 규범의 형성에는 많은 요인이 있다.[15] 하나의 중요한 요인은 자본주의 국가들의 해외 제국 건설이나 영토 확장 동기를 줄여준 개방적 무역체제였다. 시간이 흐르면서 개방적 무역은 글로벌한 생산을 촉진하면서 정복의 동기를 더욱 축소했다.[16] 또 다른 중요한 요소는 영토 침략을 억제하고 그런 일이 발생하면 징벌하는 미국의 적극적 노력이었다. 이러한 요인과 그 밖에 저변에 있는 요인들이 없었다면 유엔헌장은 국가 간의 영토 경쟁 행태에 거의 영향을 미치지 못했을 것이다. 그러나 1945년 이후 시대의 상황에서 헌장에 열거된 원칙들은 큰 의미를 가졌다. 민족 자결을 국제적 규범으로 명시함으로써 유엔헌장은 탈식민지화 추세를 크게 강화하고 가속화했다. 헌장은 식민 통치에 저항하는 사람들에게 힘을 주고 식민 통치 지지자들을 수세로 몰았다.[17] 마찬가지로 헌장은 무력에 의한 영토 획득을 암묵적으로 금지하여 주요 국가들이 전략적 영토 확장을 포기하도록 촉진했다.[18]

1945년 이후 국가들의 행동이 항상 유엔헌장 원칙을 준수하지는 않았다는 점을 상기할 필요가 있다. 냉전 시대에 소련과 미국은 빈번히 타국의 정치적 독립 존중 원칙에 반하는 행동을 했다. 동유럽에 세력권을 구축하면서 소련은 자신의 영향권 아래 있는 국가들의 독립성을 극단적으로 제한했다. 미국은 제3세계 국가들의 독립성을 해치는 수많은 비밀 개입을 자행했다.

  냉전 후 시대에도 국가들은 타국의 정치적 독립성을 침해하는 행위를 빈번히 자행해왔다. 2003년 미국의 이라크 침공이나 2014년 러시아의 우크라이나 군사 개입은 잘 알려진 사례이다. 그러나 결코 그 사례뿐만이 아니다. 세계의 특정 지역, 특히 중동과 중앙 아프리카에서 외세에 의한 자의적인 군사 개입은 빈번히 일어났다. 전형적으로 외세 개입의 피해자가 될 가능성이 가장 높은 국가는 폭력적 내부 갈등이 있는 경우이다. 외국 세력은 자국의 이익을 보호하기 위해 그러한 갈등에 개입하려 한다. 예를 들어, 1990년대 자이르 중앙정부 권위의 약화는 르완다, 우간다, 앙골라 등 주변국의 개입을 불러왔다. 시리아에서 2011년 내전이 발생하자 이란, 사우디아라비아, 미국, 터키, 러시아 등 수많은 외부 세력이 자국이 선호하는 파벌에 군사 지원을 제공하면서 개입했다.

  이 사례들과 그 외 유사한 사례들이 보여주듯이 세력 정치는 국제 관계에서 사라지지 않았다. 그럼에도 유엔헌장 원칙은 현대 세계의 국제질서에 핵심으로 남아있다. 실제로 이들 원칙은 미소 경쟁에 의해 빈번히 무시되던 냉전 시대보다 오늘날 더 중요시된다고 주장할 수 있다. 그 원칙들은 서구 선진국과 대부분의 개도국이 공유하는 규범적 합의를 대표한다. 서구 국가들의 눈에 헌장의 원칙들은 서구 세계 전반이 광범위하게 가지고 있는 자유주의 가치를 반영하기 때문에 정통성을 가진다. 한편 자유주의 가치를 받아들이지 않는 국가들을 포함해서, 대부분의 제3세계 국가들도 헌장의 원칙을 지지한다. 헌장의 원칙들은 제3세계 국가들이 스스로 통치할 권리를 확인하고 그들의 주권이 강대국들로부터 존중받도록 한다. 대부분의 제3세계 국가들은 강력한 군사력을 갖지 못하며, 헌장의 원칙이 전 세계적으로 받아들여져 타국이 그들을 공격하지 않도록 보장받길 원한다.

헌장의 원칙을 위배하는 국가들은, 특히 위배 사항이 노골적인 경우, 상당한 대가를 치른다. 그들은 외교적 압력, 경제 제재, 군사 개입 등의 형태로 국제적 제재 대상이 될 수 있다. 제2차 세계대전 종결 이후 미국은 헌장 위배 국가에 대한 행동을 조직하고 집행하는 데 대체로 주도적인 역할을 했다. 그 이유로 미국은 빈번히 세계 경찰로 묘사된다. 헌장의 원칙을 집행하는 미국의 역할은 1990년 이라크의 쿠웨이트 침공 및 합병에 대한 미국의 제재에서 잘 보여졌다. 제재와 외교적 압력이 이라크의 철수를 설득하지 못하자 유엔 안보리는 그 역할을 이루기 위한 군사적 수단을 승인했다. 미국은 신속히 미군이 이끄는 국제적 군사 연합을 조직하여 이라크를 쿠웨이트에서 몰아냈다.

헌장의 원칙을 위반한 국가가 러시아와 같은 강대국일 경우 이라크를 상대로 행해진 것 같은 군사적 제재 행위가 일어날 가능성이 낮다. 그러나 그 국가는 여전히 자신의 행동에 상당한 대가를 치를 수 있다. 예를 들어, 2014년 러시아가 우크라이나를 침공하자 미국과 그 동맹국들은 일련의 금융 제재를 부과했다. 그 제재는 러시아경제에 상당한 손실을 입혔다.[19]

미국 자신이 헌장을 위배한 경우 그 행위에 대한 징벌은 대체로 간접적이었다. 미국은 다른 나라들이 국제 제재와 같은 직접 징벌을 추진하는 상황을 맞을 위험성은 낮다. 대부분의 서구 국가들은 미국이 제공하는 경제, 안전보장에 의존하기 때문에 미국을 향한 제재에 참여하길 꺼릴 것이다. 마찬가지로 다수의 개발도상국은 미국의 행동에 반대한다고 해도 미국의 적대감을 살 수는 없을 것이다. 그러나 그렇다고 해서 미국이 아무런 대가 없이 유엔헌장의 원칙을 무시할 수 있는 것은 아니다. 미국이 헌장의 원칙을 무시하는 방식으로 행동하면 다른 국가도 그것을 무시하도록 부추길 위험성이 있다. 윌슨의 시대 이후 미국의 외교정책은 국제질서의 기반으로서 자유주의 이상을 주창해왔다. 따라서 미국의 광범위한 목표를 고려하면 유엔헌장을 약화시키는 것은 자기부정적이다. 이런 면에서 볼 때 2003년 미국의 이라크 침공은 전 세계 많은 국가들이 불법적 무력행사로 본 만큼, 전략적으로 큰 비용을 치른 것이다. 더욱이 미국이 헌장의 원칙을 위배함으로써 다른 국가들이 미국의 글로벌 리더십이 약해질 수 있을 것이다. 비록 대부분의 국가들이 제재와 같은 직접적 불이익으로 미국을 징벌하려 하지 않더라도 그들은 핵확산, 환경 파괴, 테러리즘 등 글로벌한 문제를 관리하는 데 미국에 덜 협조적이 될 수 있다. 그러한 문제들의 성공적 관리는 미국의 사활적 이익이지만, 그렇게 하려면 전 세계 국가들의 적극적 협력이 필요하다. 만일 다른 국가들이 미국을 일탈적인 국가로 보고 그들의 협력을 철회하면 미국 안보에 지대한 손실을 끼칠 것이다.[20]

개방적 무역체제

오늘날 국제질서의 두 번째 기둥은 제2차 세계대전 이후 설정된 개방적 무역체제이다. 미국은 1945년 이후 무역 자유화에 관한 다자간 협상을 주도하고 그 협상을 성공으로 이끌었다. 미국 관리들은 1930년대의 보호무역주의 정책 확산이 세계무역의 붕괴를 촉발하고 대공황을 악화시켜 전쟁 발발에 기여했다고 이해했다. 그들은 유사한 사건의 진행이 재연되는 것을 막으려는 강한 의지가 있었다. 그들은 만일 자유무역을 통해 주요 강대국들에게 자원과 시장에의 접근이 보장된다면 제국주의나 영토 확장에 의존할 필요가 없으리라 생각했다. 미국의 지도자들은 개방적 무역체제 구축은 국제정치에서 영토 경쟁을 제거하고, 평화롭고 안정적인 국제질서 창출을 가능하게 할 것으로 보았다.

또한, 개방적 무역은 냉전에 임하는 미국의 전략의 핵심이었다. 서유럽과 일본에 유리한 조건으로 미국 시장에의 접근을 허용함으로써 미국은 서유럽에서 공산주의의 정치적 영향력을 잠식하려 했고, 소련의 외교적 압박에 대항해 서유럽국가들을 단결시키려 했다. 비슷한 이유로 미국 지도자들은 유럽경제공동체(EEC)와 같은 서유럽국가들을 더 긴밀한 경제적, 정치적 협력으로 끌어들이는 유럽의 지역 기구들을 지원했다. 1958년 창설된 EEC는 유럽연합의 전신이었다. 동시에 미국은 소련과 공산 중국이 개방적 무역체제에 참여하는 것을 봉쇄했다. 그것은 공산 국가들을 약화시키고 서구 기술에의 접근을 차단하려는 의도였다.

개방적 무역체제의 핵심은 1947년 창설된 관세 및 무역에 관한 일반협정(GATT)이었다. GATT하에서 참여 국가는 다른 참여국이 생산한 제조업 상품에 대한 관세를 상당히 축소하였다. 이 협정 이전에 제조업 상품에 대한 관세율이 평균 35퍼센트에 달해 무역에 대한 큰 장벽이 되었다. 애당초 GATT 합의는 수십 년에 걸친 관세 축소의 개시를 의미했다. 이어서 수년 간격으로 진행된 무역 협상 라운드에서 관세 축소가 계속 이루어졌다. 1986년에 이르자 GATT 회원국 간 제조업 상품에 대한 평균 관세율이 약 6.4퍼센트로 축소되어 GATT 이전 수준의 5분의 1로 낮아졌다.[21]

서구 경제 선진국에게 GATT는 대단히 성공적이었다. GATT는 국제무역의 급격한 확대를 촉진했고 서구 강대국들이 1930년대의 파괴적 보호무역주의로 퇴행하는 것을 막았다.[22] 관세 축소로 서구 제조업체의 경쟁이 격화되어 상품 혁신과 기술 현대화의 강한 유인이 생겼다. GATT 덕분에 서구 소비자들은 다양한 상품을 저렴한 가격에 접근할 수 있게 되었다. 미국과 그 주요 동맹국 사이에 무역 상호의존성을 높임으로써 냉전 시대에 서방측의 단결에 기여했고, 소련의 대미 적대 정책 지속을 어렵게 하고 그 비용을 높였다.

GATT하에서 상당한 수준의 무역 자유화를 이루었으나 포괄적인 것과는 거리가 멀었다. 농업이나 서비스업과 같은 제조업 이외의 경제 부문은 대부분 협정에서 면제되었다. 시간이 흐르면서 미국 관리들은 관세 축소를 넘어서는 방식으로 무역 자유화를 확대해야 할 필요가 있다고 확신하게 되었다.[23] 그들은 특히 선진국 경제의 최대 규모를 차지하는 범주인 서비스 산업의 무역 자유화를 원했다. 서비스 부문은 금융, 통신, 교육, 보건, 컴퓨터 소프트웨어, 관광 등이 포함된다. 서비스 산업에서 세계 선두에 서 있는 미국은 자국 기업의 해외 시장 서비스 판매를 막고 있는 장벽을 축소하면 큰 이익을 볼 수 있었다. 미국의 촉구로 다른 GATT 회원국들은 야심찬 미국의 의제를 다루는 새로운 라운드의 무역 협상에 참여하게 되었다. 우루과이라운드로 알려진 이 협상은 1986년 개시되어 1993년에 종결되었다. 협상은 참여국가들 사이의 무역 자유화 범위를 상당히 확대한 협정을 생산했다. 협정의 핵심 요소는 관세에 관한 일반협정의 갱신, 서비스 무역 협정, 지적 재산권 보호 협정 등이다. 협정을 관리할 새로운 국제기구인 세계무역기구(WTO)가 창설되었다. WTO는 1995년 업무를 개시했다.

GATT에서 WTO로의 전환은 개방적 무역이 글로벌화한다는 의미였다. 1980년대 이전 무역 자유화는 대체로 서구에 한정되었으며, 공산 국가와 대부분의 개발도상국은 국제무역에의 참여가 제한적이었다. 제3세계 국가들은 경제적 후진성이 서구 열강에 의해 이용될까 두려워 참여를 주저했다.[24] 그러나 남한, 대만, 싱가포르를 포함하는 몇몇 작은 아시아 국가들은 적극적으로 무역을 추구했다. 그들은 수출지향적 제조업에 과감히 투자하였으며, 그 전략으로 급속한 산업화와 높은 수준의 경제성장을 성취할 수 있었다. 결국 다른 제3세계 국가들, 특히 아시아 국가들도 수출지향적 성장 전략을 채택하기 시작했다.

그 중 중국은 가장 중요한 국가였다. 1950년대와 1960년대 중국은 그 규모에 비해 세계 무역에 참여가 미미했다. 중국의 타국과의 경제관계는 국가 자립이라는 마오쩌둥(毛澤東)의 발전 교리와 중국 공산 정권을 국제적으로 고립시키려는 미국의 노력에 의해 제약을 받았다. 1971년 드디어 미국이 대중 무역 제재를 해제하면서 중국의 대외무역은 서서히 증가하기 시작했다. 중국의 글로벌 무역 강국으로의 변신은 공산혁명 이후 중국을 이끈 마오쩌둥의 정책에서 탈피한 1980년대에서야 시작되었다. 1978년부터 1989년까지 중국의 최고 지도자인 덩샤오핑(鄧小平)은 마오쩌둥의 정통교리보다 경제성장을 우선시한 실용주의자였다. 그의 지도하에 중국은 경제의 일부를 무역과 투자에 개방하였다. 서구 제조업체들은 중국의 동해안에 서구 시장을 향한 제품 생산을 위해 저렴한 노동력을 고용하여 생산 시설을 설치하기 시작했다. 무역은 중국 경제성장의 핵심 엔진이 되었다. 1986년 중국은 GATT 가입을 신청하였으며, 궁극적으로 WTO 가입으로 결론이 난 협상이 시작되었다. WTO 가입으로 중국은 글로벌 생산 체인에 편입되었다. 세계 무역에서의 중국의 비중은 1980년대에 1 퍼센트에 불과했으나 2013년에는 11 퍼센트에 달했다.[25]

1990년대에 이르자 세계 대부분의 국가들은 자급자족 국가를 추구하기보다 개방적 무역체제에 참여하는 것이 더 많은 이득을 가져온다고 결론 내렸다. WTO 가입 신청은 급증하였다. 오늘날 세계 30대 경제 대국 중 (이란을 제외한) 29개국이 WTO 회원국이다. 제도적으로 WTO는 글로벌한 수준에서 개방적 무역을 유지하고, 더욱 진전된 글로벌 무역 자유화를 협상하는 가장 중요한 대화의 장이다.

비록 WTO가 관장한 협정이 글로벌한 수준에서 개방적 무역의 주된 틀을 제공하지만 그들 협정은 수많은 지역적, 혹은 양자간 특혜 무역 협정과 공존하고 있다. 유럽연합, 북미자유무역협정, 동남아시아 자유무역지대 등은 잘 알려진 사례이다. 특혜 무역 협정은 WTO 수준에서 합의된 자유화 이상으로 정해진 파트너 국가와 무역관계를 심화할 수 있는 방식을 제공한다.

미국의 자유주의 패권

오늘날 국제체제의 세 번째 기둥은 미국의 자유주의 패권이다. 패권체제에서 패권국가 (이 경우에 미국)는 다른 국가들이 그 체제에 참여하는 대신 혜택을 제공한다.[26] 미국 패권의 구축은 대체로 소련의 이념적, 군사적 위협에 대한 우려의 결과로 냉전의 초반에 이루어졌다. 소련의 위협에 대응하기 위해 미국은 서구 국가들이 긴밀히 자기 편에 서도록 끌어들이려 했다. 그 목표를 달성하려면 미국은 자신의 파트너들에게 경제적, 군사적 보장을 제공하여, 그들이 미국의 리더십 아래 들어가는 것이 그로 인한 불이익보다 커야 했다.

미국의 패권은 자유주의 원칙에 기반한 국제체제를 지키고 강화하기 위해 만들어졌으므로 자유주의적이라고 묘사할 수 있다. 제8장에서 설명했듯이 미국의 패권은 미국과 유럽, 아시아, 북미의 핵심 파트너들 사이의 대타협 위에 세워졌다. 대타협은 자발적인 협상 과정을 거쳐 탄생했다. 어떤 국가도 자의에 반해 참여를 강요받지 않았다. 더욱이 그 타협은 상호적이었다. 그것은 미국과 그 리더십하에 있는 국가들에게 구속력 있는 의무를 부과했다. 그것은 압도적 국가가 약소국에 자의적인 권력을 행사한 것이 아니다. 따라서 미국의 패권은 상호 동의에 기반한 평화적 국제 협력의 자유주의 비전과 일치하였다.

미국은 서유럽국가와 일본을 자신의 패권적 리더십 아래 들어오도록 설득함으로써 서유럽에서 소련의 영향력 확산을 저지하고 자유주의 국제체제를 공고히 했다. 미국의 자유주의적 패권은 미국과 그 동맹국에 많은 혜택을 가져다 주었다. 그것은 서구 열강들 사이의 전쟁 재발 가능성을 효과적으로 제거했고 그들 사이의 경제적, 안보적 협력의 안정적 틀을 만들어 주었다. 그것은 또한 소련이 서방 국가들을 분열시킬 수 있는 효과적 방법을 제거함으로써 서방 진영이 소련을 상대하는 능력을 크게 강화해주었다.

냉전 종식 후에도 대타협은 유지되었다. 소련의 위협이 사라졌지만 미국은 기존의 공약을 유지하고 계속해서 패권적 리더십을 행사했다. 서구 국가들이 냉전 중 형성된 군사동맹을 유지하는 데는 그만한 이유가 있었다. 동맹은 새로이 등장할지 모르는 어떠한 안보 위협이라도 서구 국가들이 대응하는 데 미국의 도움을 받을 수 있다는 보장을 제공하였다. 대타협은 독일과 일본이 서구 자유주의 질서에 계속 남아있도록 하여 국제적 안정을 강화하였다. 그에 더해 그 동맹은 서방 세계의 지도자로서 향유하던 혜택을 버릴 생각이 전혀 없었던 미국의 선호에도 맞아떨어졌다. 패권은 미국이 서방 세계 전체의 국제적 우선순위를 규정할 수 있게 해주었고, 미국의 전략적 의제를 지지하도록 동맹국에 요구할 수 있게 해주었다. 서방 세계를 이끄는 리더십은 비서방 국가들을 다루는 데 있어서 미국의 외교적, 경제적 협상력을 크게 높여주었다.[27]

자유주의 국제질서와 국내의 자유주의

자유주의 시대가 시작된 이후 미국 외교정책은 국제적 수준에서의 자유주의 질서는 각국이 내부적으로 자유주의적이지 않으면 성공할 수 없다고 믿었다.[28] 비자유주의 국가들은 그 존자 자체만으로 자유주의 질서에 문제가 된다. 대체로 그 문제들은 자유주의 국가와 비자유주의 국가 사이의 신뢰 결여로부터 일어난다. 비자유주의 정권은 (군주제, 전제정치, 공산주의, 파시즘, 신정치, 군부독재 등) 여러 다양한 형태가 있으며 어떤 정권은 다른 정권보다 더 억압적이다. 유형에 관계없이 비자유주의 정권은 자유주의에서 필수적이라고 간주하는 시민적 권리와 자유를 최소한 일부라도 부정하며, 모두가 정치적 반대자 억압을 위해 강압적 수단을 사용한다. 미국인들은 시민적 권리를 짓밟는 정권들에 의구심을 가지며, 그들이 침략적 행위를 자제할 것으로 믿을 수 없다고 본다. 또한, 미국인들은 피치자의 자유로운 동의 없이 권력을 행사하는 비자유주의 정권의 정통성을 인정하는 데 주저한다. 한편 많은 비자유주의 정권들은 미국 외교정책의 저류에 있는 목표가 자신들을 권좌에서 몰아내려는 것이라고 우려하면서 미국을 불신한다.

국가 간 불신은 자유주의 국제체제를 잠식한다. 국가들이 서로 의도를 불신하면 그들은 국제평화와 협력을 약화시키는 안보 전략을 추구할 것이다. 냉전은 미국과 소련의 이념적 충돌로 자라난 불신이 가져온 부정적 결과를 잘 보여준다. 각각의 초강대국은 상대방의 사회체제가 근원적으로 자신의 체제를 위협한다고 보았다. 그 결과 어느 쪽도 상대방과의 항구적 공존이 가능하다고 믿지 않았다.[29] 비록 유럽이 미국과 소련의 세력권으로 분할되어 초강대국 간 전면전을 회피할 수 있었지만 그것은 그들 사이의 안정적 평화를 만들지는 못했다. 오히려 그들은 일방적 우위를 점하기 위한 투쟁에 매몰되었다. 초강대국들은 각자 군사력 증강을 위해 엄청난 산업, 과학, 인력 자원을 쏟아부었다. 그들은 상대방을 향한 수천 개의 핵무기를 제조했다. 그들은 제3세계 피후견국가에 엄청난 규모의 군사 지원을 제공했으며, 미국과 소련의 지원을 받는 세력들 사이의 끊임없는 지역 전쟁을 조장했다.

　미국은 타국이 자유주의 제도를 채택하길 장려하여 국제정치의 불신을 줄이려 했다. 제2차 세계대전 이후 미국은 자유민주주의와 시장자본주의 확산을 촉진하기 위해 상당한 자원을 투입했다.[30] 미국의 노력은 자유주의 국가로 구성된 세계는 비자유주의 국가가 글로벌 세력 분포의 상당 부분을 장악한 세계보다 더 안정적, 평화적, 협력적이라는 신념에서 나왔다.[31] 역사와 논리는 일정 부분 모두 그러한 시각을 뒷받침해준다.[32] 역사적으로 자유주의 국제질서의 주된 위협은 나치 독일이나 공산주의 소련과 같은 강력한 비자유주의 국가로부터 왔다. 논리적으로 자유주의 국가는 비자유주의 국가보다 침략 행위를 덜 벌일 것으로 가정하는 것이 타당하다. 자유주의정부는 국민적 동의와 개인 권리 존중의 원칙을 지키려 한다.[33] 침략은 그러한 원칙에 반한다. 왜냐하면 그것은 한 국민의 의지를 타 국민에 강요하고 그들의 권리 침해를 의미하기 때문이다. 또한, 자유주의 국가는 비자유주의 국가보다 국제적 신뢰를 지키는 방식으로 무역 거래를 하는 데 더 적합하다.[34] 자유주의 국가들은 무역으로부터의 이익을 배분하는 데 시장

기제에 상당히 의존하여 모든 참여 국가가 혜택을 누릴 수 있는 기회를 창출한다. 반면 비자유주의 국가들은 대체로 시장이 경제적 경쟁의 산출을 결정하도록 허용하지 않으며, 무역 상대국의 희생 위에 자신의 국력 신장을 노리는 중상주의적 무역 전략을 추구한다. 그러한 전략은 자유주의 원칙에 반하며 타국의 의구심과 저항을 불러일으킨다.

타국의 정치적 자유화를 지지하는 미국의 지원은 상황에 따라 달랐다. 냉전 초기 민주주의를 확산시키려는 미국의 노력은 주로 미국의 사활적 이익이 걸려있었던 서독과 일본에 집중되었다. 반면 미국은 대체로 제3세계에서 자유민주주의를 장려하는 노력을 별로 하지 않았다. 미국 관리들은 대부분 제3세계 국가는 민주주의가 생존하기에 너무 빈곤하고 정치적으로 불안정하다고 생각했으며, 그러한 국가에 민주주의 도입을 시도하면 단지 공산주의자들의 공격에 취약해질 것을 우려했다. 그러나 냉전 후기에 미국은 서구 선진국을 넘어 더 많은 세계를 포괄하는 정치적, 경제적 자유의 비전을 지지하기 시작했다. 카터(Jimmy Carter) 대통령 임기 중(1977~1981년) 미국은 보편적 인권을 강력히 지지하였고, 제3세계 피후견국가가 국내 반대 세력을 탄압하지 않도록 촉구하였다. 레이건(Ronald Reagan) 대통령 임기 중(1981~1989년)에 미국은 수십 개 국가에 민주주의 지원 프로그램을 시행하였고, 국내 시장을 국제무역과 투자에 개방하도록 다수 제3세계 국가를 압박했다.[35] 냉전 종식 후 민주주의 촉진은 전반적인 미국 외교정책 전략의 핵심 요소로 부상했다. 연이은 대통령들은 여타 국가에서 정치적, 경제적 자유화를 장려하기 위해 경제적 보상, 외교적 압력, 경우에 따라 군사 개입을 사용했다.[36]

1975년부터 2005년까지 30년간 전 세계 자유민주주의 국가의 수는 극적으로 증가했다. 1975년에 전 세계에서 단지 5분의 1 정도의

국가가 자유민주주의였다. 2005년에 이르자 그 비율은 5분의 2로 증
가했다.[37] 새로운 민주주의 국가는 주로 남미, 남부 및 동부 유럽에 위
치했으나, 아시아와 아프리카의 일부 국가들도 포함되었다. 민주화 추
세는 1970년대 중반 남유럽에서 시작되어, 그리스, 포르투갈, 스페인
이 우파 군부독재를 버리고 서유럽의 기존 민주국가를 모델로 한 새로
운 정치 제도로 대체했다. 1980년대에는 수많은 남미 국가와 남한, 대
만 같은 동아시아 국가에서 민주적으로 선출된 정부가 우파 권위주의
정권을 몰아냈다. 민주주의로의 추세는 동유럽과 소련의 붕괴로 동력
을 얻었다. 대부분의 동유럽 구 공산주의 국가는 공산주의 대신 다당
제 민주주의를 채택했으며 러시아를 포함한 구 소련 공화국들도 마찬
가지였다. 그러나 러시아의 민주주의는 오래가지 않았다.

　민주주의로의 이행을 촉발한 구체적 요인들은 국가마다 달랐다. 그
러나 대부분의 사례에서 중요하게 기여한 원인은 국제정치 환경의 변
화였다.[38] 민주주의에 굴복한 다수의 우파 권위주의 정권은 공산주의
나 기타 극단적 좌파의 정권 장악을 막기 위해 집권하였다. 1970년대
중반에 이르자 공산주의로부터의 위협 의식이 감소하기 시작했다. 공
산국가의 삶의 질이 서방 자본주의 국가에 비해 뒤처지면서, 남유럽,
남미, 여타 지역 좌파 활동가들에게 사회적, 경제적 체제로서 공산주
의의 매력이 거의 사라졌다. 그 결과 다수의 좌파들이 공산주의 혁명
주장을 포기하고 더 온건한 요구를 채택했다. 그에 대응하여 이전에
공산주의에 대한 유일한 효과적 방어로서 우파 권위주의를 지지하던
기업 엘리트들은 민주주의 개혁에 더 개방적 태도를 갖게 되었다. 동
시에 미국이 정치적, 경제적 자유화를 더 독려함으로써 민주주의에 유
리하게 무게를 더해 주었다.

　냉전의 결과 민주적, 자유주의적 관념의 위신은 더욱 강화되었다.

공산주의가 거부되고 자유주의가 더이상 심각한 이념적 도전을 받지 않을 듯 보였다. 권위주의 정권은 점점 더 역사와 보조를 맞추지 못하는 듯 보였다.[39] 그렇게 냉전 후 시대가 시작되면서 자유주의 국제체제의 확대와 강화 전망은 매우 밝아 보였다. 더 많은 국가들이 권위주의에서 자유민주주의로 이행하면서 완전히 자유주의적인 세계라는 미국의 비전이 완성에 가까워졌다.

그러나 시간이 흐르면서 자유민주주의의 확산에는 강력한 장애물이 남아있음이 분명해졌다. 자유주의는 글로벌한 영향력을 얻었으나 자유주의적 가치와 제도에 대한 저항도 심해졌다. 이 장의 남은 부분에서는 자유주의 국제질서에 대한 계속되는 도전에 관해 검토한다. 그것은 세력 정치에 기반한 러시아의 외교정책, 자유주의 가치에 반대하는 중국의 세력 증강, 자유주의 확산을 막는 구조적 장애 등을 포함한다.

자유주의 질서에 대한 러시아의 도전

소련 붕괴 후 러시아는 국제질서의 자유주의 비전에 대한 중요한 도전으로 부상하였다. 과거와 마찬가지로 오늘날 러시아는 서구로부터의 문화적 독립성 유지와 주요 국가로서의 영향력 행사에 우선순위를 둔다. 러시아는 자유주의 가치 채택에 저항하고 주변국에 대해 세력권 유지를 추구한다. 글로벌한 수준에서 러시아는 자국의 이익이 존중되는 한도 내에서 미국과 선택적으로 협력하고 있다. 그러나 러시아의 협력은 자유주의 국제 규범에 대한 공약보다는 세력 정치의 논리에 뿌리를 둔다.

냉전 종식 후 러시아는 탈공산주의 국가로서의 국가이익을 규정하는 데 있어서 어려움에 직면했다. 공산주의 이념을 버리고 러시아는 자유주의 서구와 어떻게 관계 설정을 할지 결정해야 했다. 초기에 러시아 최고위 관리들 사이에는 시민들의 물질적 안녕 증진을 최우선순위로 하는 서구 스타일의 민주주의로 자국을 전환시켜야 한다는 것이 지배적인 시각이었다. 그렇게 하려면 러시아는 자유주의적 정치적 가치를 채택하고 러시아를 서구 자유주의 국가 공동체의 일원으로 규정해야 했다. 그러나 얼마 지나지 않아 대부분의 러시아 정치 엘리트들과 국민 여론은 서구화 중심의 정책에 반대하고 있음이 명확해졌다. 만일 러시아가 진정으로 서구화를 추구한다면 그것은 자국을 리더가 아니라 학생의 역할에 두는 것이고, 대부분의 러시아인들은 그러한 역할을 받아들일 의사가 없었다.[40] 그들은 러시아 문화가 서구와 다르고 더 우월한 주요 국가라는 전통적 자기 이미지에 깊이 집착하고 있었다. 1990년대 러시아 외교정책은 글로벌 강대국으로서의 자국의 지위 회복 목표에 집중했다. 서구 자유주의를 거부했음에도 러시아는 서구와의 동등한 지위를 추구했다.

옐친에 이어 2000년 대통령에 취임한 푸틴하에서 러시아는 점차 권위주의 국가로 변했다. 푸틴은 공산주의로의 회귀를 추구하지는 않았으나 옐친 재임 기간 일어난 정치적 자유화의 대부분을 되돌렸다. 그는 정책결정 권위를 자기 수중으로 집중시켰으며, 정치적 반대의 통로를 막았다.[41] 민주주의에서의 탈피와 권위주의로의 회귀는 아마 예상할 수 있었다. 역사를 통해 러시아는 외세 침략과 내부의 비러시아 소수민족 집단의 분리주의로부터 물리적 안보에 심각한 위협에 직면했었다. 그러한 경험으로 인해 러시아인들은 내부 질서 확립과 외침의 위험에 대응할 수 있는 강한 정부를 선호했다. 푸틴의 권위주의는 국가의 이익이 개인의 권리보다 중요시되는 전통적 러시아 문화와 일치했다.[42] 그러한 시각은 국가 존재의 주된 이유가 피치자의 개인적 권리보호라고 믿는 자유주의와 직접적으로 충돌한다.

러시아인들은 자국이 주변국, 특히 여타 구소련 국가의 비러시아인들에 대해 영향력을 행사할 수 있는 역사적 권리가 있다고 믿는다. 그 믿음은 러시아가 주요 강대국이라는 자기 이미지의 필수 요소이다. 러시아가 보기에 구소련 국가들에 대한 리더십은 자신의 강대국 지위를 정당화한다. 따라서 러시아는 여타 구소련 국가들과 경제적으로 관계를 묶어두려 노력하며, 친러시아적인 지도자들이 그들을 통치하도록 보장하려 한다.[43] 반면 미국은 구소련 국가들은 주권국가로서 러시아로부터 독립적인 길을 가야 한다는 시각이다.[44]

국제질서에 대한 러시아의 비전은 미국의 자유주의 의제와 상당한 부조화가 있다. 러시아는 국제질서를 모든 국가의 권리와 독립을 보호하는 자유주의 규범에 의거한 것이 아니라, 주요 국가의 이익에 부합하는 세력 정치적 관점에서 이해한다. 러시아 지도자들은 자유주의가 비서구 사회에는 적용되지 않는 서구적 교리라고 본다. 따라서 러시아는 (자국 및 중국, 인도와 같은) 비서구 세력들이 그들의 독립성을 지키면서, 미국과 나란히 글로벌한 영향력을 행사할 수 있는 다극적 국제체제를 선호한다.[45] 그것은 주요 강대국이 상호 동등하게 취급하고, 공동의 관심사를 상호 논의하고, 합의를 통해 협력하는 협조체제 유형을 의미한다. 그러한 체제하에서 미국과 유럽연합은 구소련 국가들을 포함하는 러시아의 세력권에 동의하고 세계 다른 지역에서 러시아의 이익을 부정하려 하지 않을 것이다.

냉전 후 유럽에서 자유주의 질서를 공고화하려는 미국의 노력은 러시아와 지속적인 긴장을 초래했다. 냉전 종식 후 머지않아 폴란드, 헝가리와 같은 동유럽국가들은 NATO 가입에 강한 관심을 보이기 시작했다.[46] 드디어 소련의 지배에서 벗어난 이들 국가는 NATO 가입이 러시아의 또 다른 침략으로부터 보호 받을 수 있는 방법이라고 보았다. 미국은 NATO 확장에 즉각 동의하지 않았다. 비판자들은 NATO 확장이 해외에서 미국의 안보 공약의 부담을 증가하고 러시아를 자극할 것이라고 지적했다.[47] 결국은 확장 찬성론자들이 승리하였다. 그들은 동유럽국가의 NATO 가입은 유럽의 평화와 안정을 공고히 하는 길이라고 보았다.[48] NATO에 가입함으로써 동유럽국가들은 미국의 리더십과 영향력하에 들어오게 된다. 미국은 자신의 협상력을 이용해 신규 회원국이 유럽의 평화를 해치지 못하게 하고 민주주의 제도를 유지하도록 할 수 있을 것이다. 따라서 미국 관리들은 NATO 가입을 동유럽을 자유주의 국제질서로 편입시키는 도구로 보았다. 1999년부터 2017년 사이에 NATO는 13개 신규 회원국을 받아들였으며, 이들은 모두 동유럽국가였다 (도표 9.1 참조). 이 중 (폴란드, 헝가리, 루마니아, 불가리아, 알바니아, 체코공화국, 슬로바키아) 7개국은 냉전 시대에 소련의 동맹국이었다.[49] (에스토니아, 라트비아, 리투아니아) 3개국은 구소련 공화국이었다. 다른 3개국(슬로베니아, 크로아티아, 몬테네그로)은 냉전 종식 후 다수 국가로 분열된 구유고슬라비아의 일부였다.

러시아는 NATO 확장을 자국의 국제적 영향력을 축소하고 주요 강대국으로의 재부상을 저지하려는 시도로 보고 격렬히 반대했다.[50] 실제로 일부 미국 관리들은 NATO 확장을 유럽에서 러시아를 대가로 미국의 전략적 우위를 공고히 하는 수단이라고 떠들었다.[51] 러시아의 시각에서 NATO 확장은 미국이 계속해서 러시아를 파트너이기보다 위협으로 간주함을 의미했다. 그럼에도 러시아는 폴란드와 같은 구소련 위성국의 NATO 가입을 수용했다. 그들 국가의 NATO 가입은 러시아의 핵심 이익을 위협하지 않았다. 또한, 러시아는 에스토니아, 라트비

도표 9.1 2018년의 유럽

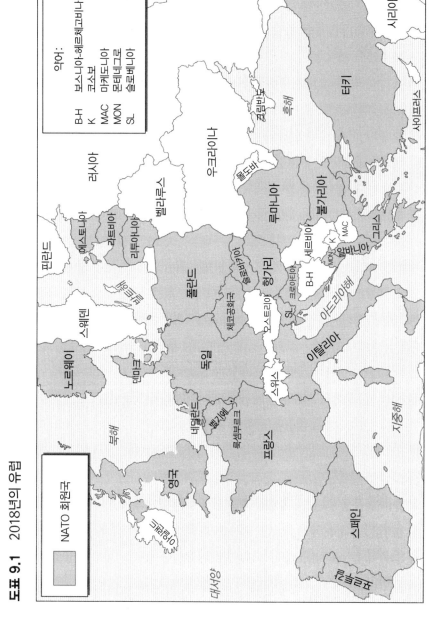

주: 지도에 표시되지 않은 NATO 회원국: 캐나다, 아이슬란드, 미국

아, 리투아니아 등 구소련 공화국의 NATO 가입도 허용했다. 왜냐하면 그들은 인구가 적었고, 상당히 친서방적이었기 때문에 러시아가 개입할 유인이 상대적으로 적었다.

NATO 확장이 러시아의 미국에 대한 유일한 불만은 아니었다. 또 다른 불만으로는 1999년 미국의 세르비아 공습, 2002년 미국의 ABM 탈퇴, 2003년 미국의 이라크 침공, 2011년 리비아에 대한 NATO의 군사 개입, 구소련 공화국인 우크라이나와 조지아에서 미국이 친서방 봉기를 부추긴 사실 등이 있다.[52] 러시아 관리들은 미국이 러시아의 이익과 목표를 무시하면서 동유럽과 중동에서 자국이 선호하는 결과를 강요하려 한다고 불평했다. 미국의 행동에 대한 불만으로 러시아는 자국의 이익이 존중받는 주요 강대국 지위를 다시 주장하려는 의지를 강화했다.

러시아는 자국과 역사가 깊이 얽혀있는 우크라이나의 상황에 특히 민감했다.[53] 우크라이나는 러시아와의 민족적, 문화적 근접성과, 러시아와 NATO 사이의 완충지대로서의 지리적 위치로 인해 러시아 외교 정책에 있어서 중요성이 부각되었다. 러시아가 강대국 지위를 주장하는 데 있어서 상당 부분은 우크라이나에 대해 영향력을 행사하는 능력에 달려있었다. 그러나 우크라이나가 내부적으로 친러시아와 반러시아 진영으로 분열되었기에 장기적으로 러시아의 영향력이 유지될지 불분명했다. 2014년 우크라이나에서 대규모 시위로 친러시아 대통령이 밀려나자 러시아는 거칠게 반응했다. 러시아는 우크라이나로 군대를 파견해 주로 러시아 소수민족이 거주하는 전략적으로 중요한 지역인 크림반도를 점령했다. 이어서 러시아는 크림반도를 합병했다. 이는 국경선을 무력으로 변경하지 않는다는 규범을 위배한 행위였다. 이러한 행위는 러시아의 전략적 이익을 보호하고, 어떤 수단으로든 우크라이나를 NATO 밖에 남기려는 의지를 보여준 듯하였다.[54] 러시아의 시리아 내전 개입도 비슷한 동기를 보여주었다. 2015년에 시작된 시리아 개입은 러시아가 중동에서 남아있는 전략적 이익을 보호하려는 굳은 의지를 보여주려는 의도였다.

푸틴은 미국의 패권하에서 서구의 단합은 러시아의 독립에 중대한 위협이라고 보는 듯하였다. 서구의 단합은 미국이 글로벌한 자유주의 의제를 확산시킬 수 있는 입지를 강화해주었다. 반면 푸틴의 권위주의 정권은 구소련 국가에 거주하는 소수민족 러시아인들 이외에는 러시아 밖에서 문화적인 영향력을 거의 행사하지 못했다. 미국의 이념적 우위에 대응해 푸틴 정권은 서구를 상대로 체계적인 체제 교란 전술을 폈다.[55] 러시아는 유럽 전역의 민족주의 정당과 극단주의 집단에 은밀한 자금과 지원을 제공했다. 러시아는 광범위한 언론 매체를 이용해 서구를 상대로 막대한 양의 허위 정보를 흘렸다. 그 허위 정보는 자유민주주의에 대한 서구의 믿음을 잠식하고, 러시아에 대한 비판자들을 부정하고, 서구 안보 제도에 대한 국민의 지지를 약화시키기 위해 계획되었다. 푸틴의 장기적 목표는 서구 국가들 사이의 분열을 일으키고 유럽연합과 NATO의 분열을 촉발하는 것이다. 서구 민주주의를 뒤엎으려는 푸틴의 시도에는 2016년 미 대통령 선거 개입도 포함되었다. 미국 정보 당국에 의하면 푸틴의 요원들은 대통령 후보 힐러리 클린턴의 당선 가능성에 타격을 가하기 위해 일련의 사이버 작전을 수행했으며, 그는 선거에서 트럼프에 패배했다.[56] 분석가들은 과거에 클린턴이 러시아의 민주화에 지지를 표명했었기 때문에 푸틴이 특히 클린턴에 적대감을 가졌던 것으로 보았다.[57]

중국의 부상

국제질서의 자유주의 비전에 대한 저항은 냉전 후 잠재적 초강대국으로 부상한 중국에서도 나타났다. 중국을 통치하는 정권은 명칭만 남기고 공산주의를 사실상 폐기했으나 정치적 자유주의는 단호히 반대한다. 러시아와 마찬가지로 중국의 지도자들은 민주주의를 전파하려는 미국의 노력을 자국을 미국의 지배에 복속시키려는 적대적 음모로 본다. 따라서 중국정부는 중국 내와 비서구 세계 전반에서 자유주의의 확산을 억제하려고 한다. 그러나 군사 개입과 허위 정보 전파 전술에 의존하는 러시아와 달리 중국은 주로 타국의 우호적 행동에 대한 경제적 보상을 통해 자국의 전략 목표를 추구했다.

　중국은 냉전 종식 훨씬 전부터 공산주의로부터 거리를 두기 시작했다. 중앙집중적 계획경제체제를 지속하는 데 심각한 어려움에 직면한 중국은 1979년 초 일련의 개혁을 도입하여 계획경제를 점진적으로 국가 주도 자본주의로 대체하였다.[58] 개혁을 추진하면서 중국의 국영 기업은 정부의 직접 통제에서 대부분 벗어나 시장 원칙하에 경영하도록 허용되었다. 경제의 일부는 외국의 투자와 경쟁에 개방되었다. 서구 생산자들은 중국의 방대한 저임금 노동에의 접근이 허용되어, 다수는 생산 시설을 중국에 이전하였다. 이러한 개혁으로 중국은 수십 년간 급속한 성장기에 들어갔으며 2014년 중국경제는 미국을 넘어 (구매력 기준) 세계 최대의 경제가 되었다.

　중국은 국민들에게 개인의 이니셔티브를 장려하고 국가의 복지 책임을 축소하는 조치를 채택하였다. 정부는 국민들에게 민영 기업 설립과 부의 축적을 독려했다. 공산주의 정치 교리는 소비지상주의에 밀려났다.[59] 사실상 중국은 공산주의 국가가 아니었다. 그러나 중국은 자유주의 국가가 되지는 않았다. 1949년부터 대륙에서 정치적 권위를 독점한 중국공산당은 단호하게 권력을 유지하였다. 따라서 1989년 대규모 시위가 공산당 통치의 정통성에 도전했을 때 정부는 폭력으로 진압했다. 정치적 자유화는 허용되지 않는다는 것이 중국민과 외부 세계에 대한 메시지였다. 지속적인 권력 독점을 정당화하기 위해 공산당은 민족주의적 정서를 고취하였고, 공산당을 중국 국익의 주된 보호자로 묘사하기 시작했다.[60] 민족주의는 공산주의 이념의 격하가 만들어낸 공간을 채웠다.

중국경제가 성장하면서 중국의 글로벌 무역에의 참여도 증가하였다. 중국의 경제적 안녕은 전 세계 수출 시장과 에너지원 및 천연자원에의 접근에 의존하게 되었다. 중국의 지속적인 해외 시장 접근을 보장하기 위해 1986년 중국은 WTO의 전신인 GATT 가입을 신청하였다. 구체적 가입 조건을 놓고 미중 사이의 오랜 협상 끝에 2001년 중국은 WTO에 가입하였다. 미국은 중국이 WTO에 가입하면서 평화적으로 자유주의 국제체제에 편입되길 기대했다.[61] WTO 가입 조건으로 중국은 지속적으로 자국경제를 국가 주도 체제에서 시장 기반 체제로 전환하고 경제의 더 많은 부분을 외부 경쟁에 개방하기로 공약했다. 그러나 그 이후 중국은 그러한 공약을 제대로 이행하지 않았다.[62] 중국은 시장 기반의 자본주의로의 이행을 완수하기보다 서구 무역 상대국에 대한 전략적 우위 확보를 목표로 한 중상주의 무역정책을 추구했다. 중국은 다양한 보조금과 규제 조치를 사용하여 국영 기업의 위치를 강화하면서, 자국 시장에 대한 외국의 접근을 제한했다. 동시에 중국은 (WTO 규정에서 금지된) 의무적 기술 이전이나 사이버 간첩 행위와 같은 방법으로 서구 기업들로부터 전략적으로 중요한 기술을 취득하려 했다. 시장의 영향력이 자국을 더 깊은 상호의존관계로 끌어들이

는 것을 불허하면서, 서구 선진국들과의 기술적 균형을 성취하는 것이
중국의 장기 목표임이 명백해졌다.[63]

중국의 중상주의 무역 전략은 자국의 취약성으로 인한 내외로부터
의 위협에 대한 지속적인 우려를 반영했다. 비록 중국은 중요한 경제
대국으로 부상했지만 근본적인 불안을 안고 있다. 중국은 티벳과 신장
등 광대한 서부 지역에서 지속적으로 분리주의에 대한 불안에 직면해
있으며, 대만의 친독립 정서로 인해 대만과 중국 본토 사이의 평화적
통일이 불가능해질지 모른다고 우려한다.[64] 대만은 중동으로부터의
석유 수입에 대한 의존도가 매우 높기 때문에 해상 봉쇄나 여타 공급
혼란에 잠재적으로 취약하다.[65] 동시에 중국은 광범위한 정부 부패와
증가하는 사회적 불평등을 포함하는 심각한 사회문제에 직면해 있다.
그러한 문제들은 광범위한 내부 혼란과 정권 변화 요구를 촉발할 잠재
력이 있다.[66]

냉전 종식 이후 미중관계는 더 우호적이고 신뢰하게 되기보다, 커
가는 의구심으로 부담을 받고 있다. 중국의 지도자들은 미국이 중국
의 발전을 저해하고 중국의 이익을 지킬 능력을 제한하면서, 미국을
위한 방식으로 국제질서를 만들려 한다고 믿는다.[67] 그들은 미국이 민
주주의와 인권을 지지하는 것은 중국을 분열시키고 중국공산당 통치
를 잠식하려는 냉소적 시도라고 해석한다.[68] 중국의 지도자들은 대만
에 대한 미국의 지속적인 군사 장비 수출을 악의적인 의도라고 인식한
다. 미국의 대만에 대한 무기 수출은 중국의 대만 수복을 저지하여 중
국을 계속 약하게 유지하려는 미국의 의도를 반영한다고 중국인들은
생각한다. 미국과 그 자유주의 비전에 대한 불신으로 인해 중국공산당
은 서구 자유주의 이념이 중국 사회에 침투하는 것을 저지하려 한다.
2012년 최고지도자가 된 시진핑(習近平)하에서 중국정부는 언론인,

대학, 소셜미디어, 비정부기구에 대한 억압적인 새로운 통제를 도입했다.[69] 중국은 자국의 해상 무역 항로에 대한 미국의 개입을 저지하거나 중국 주변 해양을 통제할 수 있도록 군사 역량 증강을 위해 광범위하게 노력해왔다.[70] 중국의 중상주의 무역 전략은 서구의 압력에 대한 취약성을 줄이는 노력의 중요한 부분이다. 중국은 국가적 기술 역량을 강화하고 서구 제조업 상품 수입을 제한함으로써 중국의 내정에 대한 미국의 영향력 행사를 막으려 한다.

글로벌경제에서 중국의 중요성이 커지면서 중국은 자국의 이익과 선호를 반영하는 국제질서를 형성하기 시작했다. 그 한 사례로서 중국은 무역 확대에 필요한 기간시설을 구축하여 유라시아 전역의 국가들을 중국과 긴밀히 연계하려 시도하고 있다.[71] 2014년 중국은 아시아에서 파이프라인, 철도, 항만 시설, 송전선과 같은 무역 관련 기간시설 사업에 자금을 제공하는 국제 금융기관인 아시아개발은행을 창설했다. 또한, 중국은 자국에서부터 서쪽으로 유럽에까지 이르는 수송망 및 통신망 개선을 위한 야심적인 프로그램인 일대일로 사업을 발표했다. 이러한 시도들을 통해 중국은 자국 수출품을 위한 더 큰, 새로운 시장을 열고, 중요한 새로운 천연자원에의 접근을 기대한다. 그것은 미국의 경제적, 군사적 압박에 저항할 수 있는 능력을 강화해줄 것이다. 아시아와 유럽국가들이 무역을 통해 중국과 더 긴밀히 연결되면서 그들은 중국과 미국이 갈등하는 문제에 관해 미국 편에 서기를 주저하게 될 것이다.

중국의 비서구 세계에 대한 외교정책은 미국의 자유주의 의제에 대응하고 미국이 중국을 이념적으로 고립시키지 못하도록 하는 것이다.[72] 제2차 세계대전 종전 이후 미국은 비서구 국가들의 내부 상황에 자유주의 국제체제를 강화하는 방향으로 영향을 미치려 했다. 비록 미국이 모든 나라가 민주주의를 채택하도록 항상 독려하지는 않았지만 일관되게 공산주의를 거부하고 시장 기반의 경제를 받아들이도록 촉구했다. 많은 경우 미국은 인권, 노동 조건, 환경 보호, 재산법, 반부패 조치 등의 문제와 관련해 국내의 거버넌스를 개선하도록 타국에 압력을 가했다.[73] 미국은 다양한 경제적, 외교적 도구를 이용하여 그러한 개혁을 추진하도록 독려했다. 미국은 원조, 차관, 무역 거래, 군사 지원 등으로 협조적인 국가를 보상했다. 미국은 무역 제재, 공개적 비판, 차관 및 원조 철회 등으로 비협조적인 국가를 징벌했다.

　미국과 대조적으로 중국은 일반적으로 중국에 우호적인 한 타국에 조건을 달지 않고 무역, 투자, 차관을 제공했다.[74] 마오이즘을 폐기한 이후 중국은 타국의 내정에 대한 영향력 행사에 별로 관심을 보이지 않았다. 타국의 내정에 대한 불간섭은 더 행동주의적인 정책에 따른 비용과 부담을 피할 수 있기 때문에 중국이 선호한다. 중국은 국내 문제와 자국을 더 강화하려는 노력에 몰입하고 있다. 중국은 국제질서 유지와 글로벌한 문제 관리에 더 많은 책임을 받아들여야 한다는 제안에 저항해왔다. 중국의 지도자들은 중국이 더 많은 글로벌한 책임을 져야 한다는 관념이 단지 미국이 중국을 해하고 중국의 사활적 이익 보호를 저지하려는 미국의 또 다른 전략이라고 본다.[75]

　타국의 내정에 관여하지 않는 중국의 정책은 유엔헌장에 규정된 국제적 행동 원칙에 부합한다. 그러나 조건 없이 타국에 재정지원을 함으로써 중국은 거버넌스 개선을 촉진하려는 미국의 노력을 약화시킨다. 과거에는 경제적 어려움을 겪는 나라는 미국이 요구하는 국내적 개혁을 실행할 수밖에 없었다. 그렇지 않으면 재정적 붕괴를 피하는 데 필요한 국제적 지원을 미국이 막을 수 있었다. 그러나 부패하거나 무책임한 정권이 중국으로부터의 차관을 확보할 수 있다면 그들은 개혁을 회피할 수 있을 것이다.

장기적으로 타국의 내정에 관한 중국의 선호는 미국의 그것과 수렴하기 시작할지 모른다. 중국이 더 부유해지고 강력해질수록, 또한 전 세계 다른 나라들과의 무역관계가 계속 증가할수록, 타국이 안정적일수록 중국의 이익도 증가할 것이다. 만일 핵심 자원을 중국에 공급하는 나라가 열악한 통치로 혼란에 빠진다면 중국은 손해를 볼 것이다. 따라서 타국이 자유민주주의가 되도록 중국이 독려하지 않는다 해도, 그 국가가 더 책임 있게 통치하도록 압박하는 데 있어서 미국과 목표를 공유할 수 있다.[76]

자유민주주의 확산의 한계

비록 세계의 자유민주주의 국가 수는 1975년부터 2005년 사이 크게 증가했으나 민주화를 향한 글로벌한 추세는 정지된 듯하다. 2005년 이후 비교적 적은 국가가 권위주의에서 민주주의로 이행했으며, 다수 국가에서 민주적 제도가 약화 또는 붕괴되고 권위주의가 부활했다.[77] 자유민주주의가 더 확산되는 데는 상당한 장애물이 있음이 확실해지고 있으며, 가까운 장래에 그러한 장애물을 극복하리란 기대는 근거가 약하다.

민주화를 향한 추세가 왜 정지되었는지를 설명하는 데는 수많은 요인이 있다. 많은 나라에서 단순히 사회적 조건이 민주주의 확립에 불리하다. 그러한 조건에는 전반적으로 낮은 인간 개발 수준이나 깊은 종교적, 민족적 균열이 포함된다. 자원 수출에의 의존도 민주화를 방해할 수 있다. 중동, 중앙아시아, 아프리카의 다수 개도국은 석유, 가스, 금속 등 귀중한 천연자원을 보유하며, 국민 소득의 큰 부분을 자원 수출에서 벌어들인다. 그러한 국가들은 더 다변화된 경제를 가진 국가보다 권위주의에서 민주주의로의 이행 가능성이 낮아 보인다.[78] 다변화된 경제를 가진 국가에서 정부는 일반적으로 주로 세금을 통해 재정을 운영한다. 조세가 항상 민주주의를 가져오지는 않지만 국가와 국민의 관계를 상호적 의무의 관계로 설정하여 민주주의의 기초를 놓을 수 있다. 국민들은 납세에 동의함으로써 국가에 대해 상당한 정도의 책무성을 요구할 협상력을 가진다. 반면 천연자원 수출로 재정을 충당할 수 있는 권위주의 정권은 자신의 통치에 대한 제한을 받아들여야 할 압박을 별로 느끼지 않는다. 그보다 권위주의 정권은 수출에 기반한 세수를 지지자에 분배하거나 군부와 같은 국내 행위자들의 충성을 사들여 자신의 정권 강화에 사용할 가능성이 높다. 그러한 정권은 민주주의를 선호하는 국제적 추세에 크게 영향받지 않는다.

또한, 중동에서는 민주화가 지역의 세력 투쟁, 특히 사우디아라비아와 이란 사이의 지역 리더십 경쟁으로 인해 저해되었다.[79] 그 경쟁은 지역의 권력관계를 흔들었던 2003년 미국의 이라크 침공 이후 더 격화되었다. 사우디는 이란이 세력 확장을 위해 그 상황을 이용할까 우려했으며, 이란은 사우디아라비아가 같은 일을 할까 우려했다. 양국은 지역 분쟁에 각자 자국이 선호하는 편에 군사 및 여타 지원을 강화했다. 그들의 행동은 이라크의 취약한 전후 안정의 기반을 약화시켰고, 시리아 내전에 기여했다. 더 광범위하게 보면 사우디-이란 경쟁관계는 중동에서 세력 정치의 역할을 높임으로써 정치적 자유화를 더 어렵게 만들었다.

한편 중동에서 민주주의에 대한 미국의 지원은 열의가 없었다. 그 지역에서 민주주의 촉진은 중동의 석유에 대한 서구의 접근, 이스라엘

보호, 테러 억제 등 미국의 다른 우선순위와 경쟁했다.[80] 부시(George W. Bush) 대통령(2001~2009년)과 오바마(Barack Obama) 대통령 (2009~2017년) 재임 시기 미국은 아랍 국가들의 민주화에 대한 공식 지지를 선언했다.[81] 그러나 아랍 국가들의 여론은 대체로 이스라엘-팔레스타인 갈등이나 다른 쟁점에 관한 미국의 정책에 반대했기에 미국 외교정책 입안자 대부분은 사실 민주주의 부상을 꺼렸다.[82] 따라서 아랍 국가의 정치적 자유화 지지와 권위주의 피후견 정권에 대한 계속적인 지원 사이의 선택에 직면할 경우 미국은 대개 후자를 택했다.[83] 중동의 민주화에 대한 미국의 이중성은 여타 비서구 세계에서 민주적 개혁에 대한 미국의 열의와 크게 대조적이었다.

결론

냉전 후 국제체제는 제2차 세계대전 후 형성된 자유주의 국제체제와의 지속성을 보여주는 요소가 강하다. 유엔헌장, GATT 무역 협정, 미국의 자유주의 패권 등 1945년 이후 자유주의 질서의 핵심 제도는 냉전 종식 이후에도 남았다. 그러나 1945년 이후 체제와 냉전 이후 체제는 상당한 차이가 있다. 냉전 후 체제의 속성에는 더 확대된 무역 자유화, 더 확산된 자유민주주의, 미국과 주요 비자유주의 국가들 사이의 더 광범위한 협력 가능성이 있다.

첫째, 1945년 이후 수십 년간에 비해 냉전 후 시대에는 국제무역이 훨씬 더 자유화되었다. 냉전 중 무역 자유화는 주로 서구 자본주의 국가들이 추진했고, 주로 제조업 상품에 집중되었다. 반면 오늘날 WTO가 관장하는 무역 협정은 거의 모든 경제적으로 중요한 국가들이 참여하기 때문에 사실상 글로벌하다. 그리고 그 협정은 제조업 상품뿐 아니라 서비스 거래도 포함하기 때문에 냉전 시대의 그것보다 범위가 넓다.

둘째, 오늘날 민주주의는 냉전 시대보다 더 널리 퍼져있다. 전 세계 자유민주주의 국가는 1975년부터 2005년 사이에 거의 배로 증가하였는데, 이는 우파 권위주의 정권과 공산주의 정권이 정통성을 유지하는 데 있어서의 어려움을 반영한다. 자유주의에 대한 받아들일 수 있는 대안으로서의 공산주의가 붕괴하면서, 민주주의는 경제적 선진국의 '정상적' 형태의 정부로 생각되었다. 그러나 중국과 러시아의 권위주의 통치는 깊이 뿌리 내린 것으로 보이며, 그들이 조만간 자유민주주의에 자리를 내어줄 조짐은 없다. 많은 요인들이 여전히 민주적 이행의 장애물이 되고 있는 아프리카, 중동, 중앙아시아에 권위주의 통치는 광범위하게 남아있다.

셋째, 냉전 시대의 경우와 비교해서 오늘날에는 국제정치에서 미국과 주요 비자유주의 국가들 사이의 협력의 여지가 더 넓어졌다. 냉전 시대에 자유주의와 공산주의의 이념적 대립은 미소관계를 근본적으로 적대적인 것으로 만들었다. 그 결과 초강대국 간 의미 있는 협력은 안보 문제에 관한 협소한 영역 이외에는 실현이 어려웠다. 그러나 냉전 후 세계에서 미국과 주요 비자유주의 국가들 사이의 갈등은 이념이 아니라 물질적 이해 충돌에서 비롯되었다. 중국과 러시아가 정치적 자유주의에 반대한다고 해도 그 반대는 레닌주의나 마오이즘 등 이념에 대한 집착으로부터가 아니라, 주로 자국 사회에 대한 서구의 영향력 제한과 같은 실질적 관심사에서 나온다. 따라서 무역과 같은 쟁점에서 이념은 더이상 협력의 자동적인 장애물로 기능하지 않는다.

미국은 계속해서 자유주의 국제질서의 핵심 설계자이며 관리자로

행동한다. 냉전 종식 이후 미국 외교정책의 핵심 목표는 자유주의 국
제체제의 강화와 공고화이다. 미국은 글로벌 무역의 더 진전된 자유화
와 비자유 국가의 국내적 자유주의 채택 촉진을 통해 그 목표를 추구
했다. 그러나 국제질서의 자유주의 비전은 계속해서 러시아, 중국, 여
타 권위주의 국가, 그리고 미국 자체 내 일부의 저항에 직면하고 있다
(제10장에 기술). 자유주의 규칙과 제도는 오늘날 국제체제의 핵심 틀
을 제공한다. 그러나 자유주의 이념은 세계 도처에서 논란의 대상으로
남아있다.

주

1) Zubok, *A Failed Empire*, 282-286.
2) Kramer, "The Demise of the Soviet Bloc," 1584; Brown, *The Gorbachev Factor*, 252.
3) Bideleux and Jeffries, *A History of Eastern Europe*, 571-572; Aldcroft and Morewood, *The European Economy since 1914*, 300-306.
4) Lévesque, *The Enigma of 1989*, 54-56.
5) Zubok, *A Failed Empire*, 318-321.
6) Zelikow and Rice, *Germany Unified and Europe Transformed*, 119-121.
7) Zelikow and Rice, *Germany Unified and Europe Transformed*, 124, 127-128, 151, 241.
8) Zubok, "With His Back against the Wall" 참조.
9) Zelikow and Rice, *Germany Unified and Europe Transformed*, 180, 236, 242, 248-250.
10) Brown, *The Gorbachev Factor*, 121-126 참조.
11) Brown, *The Gorbachev Factor*, 253-259.
12) 그러나 상당한 인구를 가진 집단이 유엔에 대표를 갖지 못한다. 2,400만 명의 인구를 가진 대만은 유엔에 대표되지 않고 있다. 왜냐하면 대부분의 국가들은 대만을 국가라기보다는 중국의 일부로 보기 때문이다. 450만 인구를 가진 팔레스타인은 이스라엘의 점령하에 있기 때문에 유엔 정회원이 되지 못하고 있

다. 200만 인구를 가진 코소보는 러시아, 중국 등 다수 국가가 세르비아로부터 의 분리를 인정하지 않기 때문에 유엔 회원국이 아니다.

13) 예를 들어, Fazal, *State Death*; Korman, *The Right of Conquest*; Zacher, "The Territorial Integrity Norm" 참조.

14) Zacher, "The Territorial Integrity Norm," 245. 2014년 러시아의 강압적 크 림반도 병합은 이 일반화의 예외로 볼 수 있다. 그러나 크림반도는 주로 소수 러시아민족이 거주하고 있으며 소련 해체 이전까지 수세기 동안 러시아의 통 제하에 있었다. 러시아와 크림반도에서 많은 사람들은 크림반도 합병은 잃었 던 러시아 영토 일부를 수복한 것으로 본다.

15) Zacher, "The Territorial Integrity Norm," 237–244.

16) Brooks, "The Globalization of Production."

17) Barnett, "The United Nations and Global Security," 44–46; Reus-Smit, *Individual Rights*, 187–191 참조.

18) Korman, *The Right of Conquest*, 209–211.

19) Shevtsova, "The Sanctions on Russia."

20) Tucker and Hendrickson, "The Sources of American Legitimacy"; Tharoor, "Why America Still Needs the United Nations"; Cronin, "The Paradox of Hegemony." 참조.

21) Crowley, "An Introduction to the WTO and GATT," 43.

22) Irwin, "The GATT in Historical Perspective."

23) Deese, *World Trade Politics*, 96–102.

24) Irwin, *Free Trade under Fire*, 195–196.

25) Irwin, *Free Trade under Fire*, 202.

26) Ikenberry, *Liberal Leviathan*, 70.

27) Brooks and Wohlforth, *America Abroad*, chap. 5; Brands and Feaver, "What Are America's Alliances Good For?"

28) Ikenberry, "Why Export Democracy?"

29) Jervis, "Was the Cold War a Security Dilemma?," and Nyølstad, "The Collapse of Superpower Détente," 152–153.

30) Smith, *America's Mission*; Cox, Ikenberry, and Inoguchi, eds., *American Democracy Promotion* 참조.

31) Miller, "American Grand Strategy."

32) Owen, "How Liberalism Produces Democratic Peace."

33) Gray, *Liberalism*, 70–77; Fawcett, *Liberalism*, 10–18 참조.

34) Doyle, "Liberalism and World Politics," 1161.

35) Brands, *Making the Unipolar Moment*, 128–130, 170–171, 201–207.

36) Miller, "American Grand Strategy."

37) Diamond, "Facing Up to the Democratic Recession," 143; Huntington, Democracy's Third Wave" 참조

38) 예를 들어, Remmer, "The Process of Democratization in Latin America," 16-17 참조.

39) Fukuyama, "The End of History?"

40) Clunan, "Historical Aspirations"; Nalbandov, *Not by Bread Alone*, chaps. 2 and 4; Neumann, "Russia's Europe" 참조.

41) Lipman, "How Putin Silences Dissent."

42) Kotkin, "Russia's Perpetual Geopolitics"; Nalbandov, *Not by Bread Alone*, 12, 126-127; Hill and Gaddy, *Mr. Putin*, 36-37.

43) Trenin, "Russia's Spheres of *Interest*, not *Influence*," 10-18.

44) Stent, *The Limits of Partnership*, 97.

45) Stent, *The Limits of Partnership*, 141-143.

46) Asmus, *Opening NATO's Door*, 13-17, 23-24.

47) Gaddis, "History, Grand Strategy and NATO Enlargement."

48) Goldgeier, *Not Whether But When*, 30-31; Asmus, *Opening NATO's Door*, 25-26.

49) 체코공화국과 슬로바키아는 1993년 체코슬로바키아가 평화적으로 분할되어 탄생하였다.

50) Antonenko, "Russia, NATO and European Security," 127, 133; Dannreuther, "Escaping the Enlargement Trap," 151-153.

51) Asmus, *Opening NATO's Door*, 81-83.

52) Lukyanov, "Putin's Foreign Policy"; Stent, *The Limits of Partnership*, 43-44, 90-94, 106-116, 248-249.

53) Kalb, *Imperial Gamble*.

54) Redman, "Russia's Breaking Point"; Treisman, "Why Putin Took Crimea." 참조.

55) United States Senate, Committee on Foreign Relations, *Putin's Asymmetric Assault*; Pomerantsev, "Yes, Russia Matters"; Lucas and Nimmo, "Information Warfare."

56) United States, Office of the Director of National Intelligence, *Assessing Russian Activities*.

57) Meyer, "DNC Email Hack."

58) 그 개혁의 기원에 대해서는 Naughton, *Growing Out of the Plan*, 64-80; White, *Riding the Tiger*, 29-42 참조.

59) White, *Riding the Tiger*, 166-169; Hewitt, *China: Getting Rich First*

60) Wang, *Never Forget National Humiliation*.

61) Morrison, *China-U.S. Trade Issues*, 47; Alden, *Failure to Adjust*, 38.

62) Ezell and Atkinson, *False Promises*; United States Trade Representative, *2017 Report to Congress*; Morrison, *China-U.S. Trade Issues*.

63) Alden, *Failure to Adjust*, 39-44; Lee, "China's Corporate Leninism."

64) Roy, *Return of the Dragon*, 15−18; Nathan and Scobell, *China's Search for Security*, 195−208, 212−220.

65) Roy, *Return of the Dragon*, 250−252.

66) Liu and Chen, "Why China Will Democratize."

67) Roy, *Return of the Dragon*, 39−55; Nathan and Scobell, "How China Sees America."

68) Lieberthal and Wang, *Addressing U.S.−China Strategic Distrust*, 11−13.

69) Zhao, "Xi Jinping's Maoist Revival."

70) Roy, *Return of the Dragon*, 59−74; Shambaugh, *China Goes Global*, 273−294.

71) Chin, "China's Bold Economic Statecraft"; Huang, "Understanding China's Belt & Road Initiative." 참조.

72) Nathan, "China's Challenge."

73) Chow, "How China Uses International Trade," 703−711.

74) Chow, "How China Uses International Trade," 712−718; Farnsworth, "The New Mercantilism"; Zhao, "A Neo-Colonialist Predator or Development Partner?"

75) Deng, "China: The Post-Responsible Power," 122−125.

76) Chen, "China Debates the Non-Interference Principle," and Zhao, "A Neo-Colonialist Predator or Development Partner?" 1048−1051 참조.

77) Diamond, "Facing Up to the Democratic Recession"; Freedom House, *Freedom in the World 2016*.

78) Ross, "What Have We Learned about the Resource Curse?" 243−248; Diamond, "Why Are There No Arab Democracies?" 97−98 참조.

79) Gause, *Beyond Sectarianism*.

80) Lynch, *The New Arab Wars*, 19−25.

81) Miller, "American Grand Strategy," 55−59.

82) Telhami, *The World through Arab Eyes*, chap. 7.

83) Gerges, *Obama and the Middle East*, 69−114, 233−247.

10장

자유주의 국제질서의
미래?

▌ 예의 주시할 점
▌ 자유주의 질서의 해결되지 않은 모순

이 책의 핵심 주장은 국제질서는 시간의 흐름에 따라 진화한다는 것이다. 역사 속의 각 시대에 주요 국제 행위자들은 그들의 정체성과 선호를 반영하는 체제를 구축한다. 그러나 세계는 항상 변화하며 국제정치의 역학은 시대에 따라 다르다. 세월이 흐르면서 어떤 국가는 더 강력해지고, 어떤 국가는 약해진다. 국가는 내부적으로도 변화한다. 그들의 정체성과 선호는 경제적, 사회적, 정치적 상황 전개에 따라 진화한다. 국제체제는 그러한 변화를 반영하면서 변화한다. 이 장은 향후 국제질서의 속성에 영향을 미칠 수 있는 변화에 대해 논의한다.

오늘날 국제체제는 국가주권의 평등, 국가의 정치적 독립성과 영토적 완결성 존중, 평화적 수단에 의한 국제분쟁의 해결, 민족 자결, 개방적 무역, 인권 존중 등을 포함하는 자유주의 원칙에 기반한다. 미국은 자유주의 국제질서의 주된 설계자였으며, 제2차 세계대전 이후 그 질서를 관리, 집행하는 데 앞장섰다. 자유주의 국제체제의 존재는 미국에 엄청난 혜택을 가져다주었다. 미국 패권하의 자유주의 질서는 미국과 그 서구 동맹국이 견고하게 평화롭고 안정된 관계를 유지하고 사상 유례 없는 부와 번영을 이룰 수 있게 해주었다. 또한, 그것은 개인의 자유와 권리보호를 지지하는 국제환경을 제공했다.

자유주의 국제질서의 중요한 측면은 계속 변화한다. 자유주의는 강대국 간 관계가 전략적 경쟁이나 전쟁이 아니라 평화적, 호혜적 협력으로 작동하는 세계를 상정한다. 자유주의 비전이 온전히 실현되려면 강대국들은 행동을 자제하고 유엔헌장에 규정된 원칙을 준수한다고 서로 신뢰할 수 있어야 한다. 그 신뢰는 서구 민주주의 국가들 사이에서는 일상적인 것이 되었다. 제2차 세계대전 이후 자유주의 국제질서의 중요한 성취 중의 하나는 서유럽 강대국들, 미국, 일본 사이의 군사적 경쟁이 사라졌다는 점이다.

그러나 오늘날의 세계의 모든 강대국이 자유민주주의는 아니다. 어떤 국가는 권위주의 정권에 의해 통치되며, 자유민주주의 국가와 권위주의 국가 사이의 신뢰는 성취되기 어렵다. 권위주의 정권들은 자국민의 인권을 존중하지 않기 때문에 자유주의 국가들은 그들 정권의 정당성을 온전히 인정하거나, 타국의 권리나 독립을 존중할 것으로 신뢰하기 어렵다. 반면 권위주의 정권들은 자유주의의 도덕적 주장에 위협을 느낀다. 미국과 중국 사이, 그리고 미국과 러시아 사이의 지속되는 불신은 이 문제를 잘 보여준다.

자유주의 국제체제의 미래는 냉전 종식 초기에 비해 현재 시점에서 전망이 좋지 않은 듯하다. 한때는 남아있는 권위주의 국가가 자유민주주의 국가로 변화할지 모른다고 기대할 만한 좋은 이유가 있어 보였다. 공산주의는 거부되었다. 서구와 같은 수준의 부와 경제 발전을 이루려던 중국이나 러시아 같은 국가에게는 자유화가 가장 유망한 길을 제공하는 듯 보였다. 서구를 추격하려 노력하는 중국과 러시아는 공산주의 경제체제를 버리고 자본주의체제로 대체했다. 그러나 이들은 미국과 같은 완전히 시장에 기반한 경제체제를 채택하지 않았다. 두 국가 모두 기존 통치 엘리트의 권력 유지를 보장하도록 설계된 권위주의 정치 제도를 유지했다. 오늘날 중국과 러시아는 자유민주주의 채택을 향해 움직일 조짐이 거의 보이지 않는다. 그러한 상황이 유지되는 한 그들과 미국 사이의 불신은 지속될 것이며, 그들은 군사력을 증강하고 전략적 우위를 점하기 위해 움직일 것이다.[1]

자유주의 국제질서가 직면한 가장 큰 문제 중의 하나는 미국 외교 정책 방향의 미래이다. 제2차 세계대전 종식 이후부터 오바마 대통령 임기에 이르기까지 자유주의 질서에 대한 지지는 미국의 거대 전략의 중심이었다. 민주당, 공화당 출신 모두 미국의 대통령들은 자유주의 국제질서의 리더와 관리자로서의 미국의 역할을 받아들였다. 그들은 동맹국에 대한 미국의 안보 공약을 확인했으며, 더 진전된 무역 자유화에 앞장섰으며, 개인의 자유와 인권이라는 자유주의 가치 확산을 위해 노력했다.

그러나 2016년 미 대선에서 트럼프(Donald Trump)가 당선되면서 미국의 상당수 유권자들은 자유주의 질서와 미국의 자유주의 패권에 회의를 품게 되었다. 트럼프는 자유주의 논리와 상충하는 미국의 국익에 관한 국수주의적 시각을 제공했다. 자유주의 국제질서의 핵심에는 포지티브섬 개념의 국제관계가 있다. 자유주의 시각에서 국제체제는 모든 참여 국가가 혜택을 입는 자유주의 원칙 위에 세워졌다. 모든 국가는 세력정치 기반의 국제체제나 국제질서가 완전히 붕괴되는 상황보다 이익을 볼 것이다. 반면 트럼프는 한 국가의 득이 반드시 다른 국가의 실이 되는 제로섬 게임으로서의 국제정치를 상정한다.[2] 그의 개념에서 보면 미국의 리더십 아래 서구의 단결은 전략적 자산이 아니라 부담이다. 트럼프의 시각에서 동맹국에 대한 미국의 안전보장은 미국이 손해보는 거래이다. 왜냐하면 그것은 동맹국이 자국의 방위 비용을 미국에 전가하기 때문이다. 유사하게 그는 기존 무역 협정은 미국에 손해로 본다. 왜냐하면 그러한 협정은 미국의 제조업 고용 감소에 기여했기 때문이다. 무역 자유화는 미국경제 전반에 엄청난 이득을 주었다는 경제학자들의 분석에도 불구하고 트럼프는 기존 무역 협정들을 미국의 부를 거져 내주는 것이라고 묘사한다.[3)]

트럼프의 국수주의적인 시각은 그의 주된 지지 기반을 구성하는 비대졸자 백인들에게 호소력이 있었다. 그 유권자들은 1980년대 초 자동화와 여타 기술 발전으로 수백 만개의 제조업 일자리가 사라지면서 일어난 경제적 혼란에 크게 타격을 입었다. 무역과 금융 자유화는 사용자가 공장의 일자리를 외국의 저임금 노동자에게 외주를 주기 쉽게 하여 그 문제를 더 악화시켰다. 많은 노동자 계층 미국인들의 시각에서 자유주의 국제질서의 혜택은 눈에 보이지 않았다. 자신들의 경제적 미래에 대해 증가하는 위협에 직면하여 그들은 무역 자유화를 해로운 것으로 보게 되고, 미국이 동맹을 보호하거나 해외의 민주주의를 촉진하려 자원을 투입할 필요성에 설득되지 않았다.[4)]

무역과 관련한 미국 내 분열의 뿌리에는 노동자 계층 유권자의 정치적 세력 하락이 있다. 1980년대 초 미국의 조세나 노동 관련법은 점점 더 기업과 부유한 개인에 유리하게, 노동자에 불리하게 변했다.[5)] 비록 냉전 후 무역의 세계화로 미국이 상당히 더 부유해졌지만 그 증가한 부는 주로 기업 임원이나 주주와 같은 고소득 집단으로 흘러갔다. 1980년부터 2014년 사이에 미국 소득 분포에서 하위 2분의 1 해당 성인의 평균 세전 소득은 거의 변하지 않았으나 상위 1퍼센트의 평균 소득은 3배 증가했다.[6)]

트럼프 대통령의 임기가 국제체제에 대한 미국의 정책의 지속적인 전환을 가져올지는 두고 볼 일이다. 그의 당선은 기업과 대졸 유권자는 대부분 자유주의 국제체제를 선호하고 대부분의 노동자 계층은 회의적인 양상으로 자유주의 질서에 대한 지지가 미국 정치에서 당파적 쟁점이 되었음을 보여주었다. 자유주의 질서로부터 미국이 엄청난 국가 안보의 혜택을 본 사실을 고려하면 미국인들이 그 유지를 크게 중시할 것 같다. 그러나 부유한 사람들이 대부분의 혜택을 누리고 노동자 계층이 대부분의 비용을 부담하면서, 자유주의 질서의 경제적 비용과 혜택이 대단히 불평등하게 분배되었기 때문에 자유주의 질서에 대한 합의가 잠식되었다. 그 합의를 복원하기 위해서 미국은 노동자 계층의 소득을 늘리고 경제적 안위를 보장하는 근본적인 내부적 조치를 취해야 할 필요가 있어 보인다.[7]

예의 주시할 점

오늘날 세계를 둘러보면 국제체제의 기본 형태에 잠재적으로 영향을 미칠 만한 다양한 상황 전개를 찾아볼 수 있다. 그러한 상황을 열거해보면 서구 민주주의의 안정을 해치려는 러시아의 시도, 대량살상 무기 확산, 글로벌 기후변화, 세계 대부분에서 나타나는 인구 감소, 중동 지역 강국들의 전략적 경쟁 확산, 자유주의 질서의 리더 역할에 관한 미국의 당파적 분열 등이 있다. 그러나 향후 이들이 국제체제에 얼마나 영향을 미칠지를 자신있게 예상하기는 어렵다.[8]

그러나 국제체제에 중대한 영향을 미칠 것이 확실한 하나의 상황 전개는 세계의 열강으로서의 중국의 부상이다. 냉전이 끝난 시점에 중국은 아직 선진국의 대열에 들지 못했다. 1인당 평균 소득이 미국의 20분의 1 정도인 중국은 아직 빈곤하고 후진적인 국가였다. 중국의 군대는 장비와 훈련이 열악하였으며, 중국은 글로벌 무역과 금융에서 사소한 행위자였다. 모든 것은 변했다. 오늘날 중국은 제조업 상품 세계 최대 수출국이며 중요한 해외 자본 투자 국가이다. 중국은 군사력 증강 및 현대화에 막대한 투자를 해왔으며, 연간 방위비 지출은 미국을 제외한 모든 나라를 추월했다.

중국의 부상은 국제질서에 어떤 영향을 미칠 것인가? 아마 개발도상 지역의 정치적 자유화를 촉진하려는 미국의 노력에 대한 장애물로서 가장 큰 영향을 미칠 것이다. 1990년대 초 냉전 종식과 소련 해체로 미국은 군사, 경제, 외교력 면에서 압도적 우위를 점했었다. 미국은 그 지위 덕분에 자유주의 국제질서의 확대 및 공고화를 시도할 수 있었다. 냉전 중 자유주의와 무역 자유화를 촉진하려는 미국의 노력은 주로 서구에 집중되었다. 냉전 후 압도적 우위에 선 미국은 전 세계를 자유주의 질서에 통합시키는 더 야심찬 목표를 추구할 수 있었다. 미국은 전 세계에서 비자유주의 국가의 국내적 자유화와 WTO에 의해 새롭게 세계화된 무역의 틀에 참여할 것을 독려하기 시작했다.

권위주의적 성격을 띤 글로벌 경제 강국으로서의 중국의 부상은 개발도상국에서 자유주의 개혁을 촉진하려는 미국의 능력을 크게 제약한다. 권위주의 국가들은 미국의 압력에 대한 취약성을 줄이는 선택지로 점점 더 중국의 자금과 외교적 지원에 의존할 수 있게 되었다. 또한, 권위주의 정치체제하에서 중국의 성공적인 근대화는 자유주의 정치 모델의 매력을 감소시켰다. 중국식 모델은 개도국의 권위주의 통치자들에게 근대화와 권력 유지 사이의 선택을 할 필요가 없음을 시사해준다. 그들은 중국을 모방하여 둘 다 성취할 수 있다. 권위주의적인 중국이 세계 제2의 강대국으로 확고히 위치하는 한 향후 국제질서는 냉전 직후의 세계에 비해 자유주의 원칙에 좀 덜 영향을 받고, 세력정치에 좀 더 영향을 받을 것이다.

자유주의 질서의 해결되지 않은 모순

비서구 세계를 자유주의 질서에 통합하려는 미국의 지속적인 노력은 단지 부분적으로만 성공적이며, 미국의 자유주의 비전과 글로벌한 정치 현실 사이의 상당한 모순을 드러냈다. 그 모순들은 온전한 자유주의 국제질서 수립에 중대한 장애가 되고 있다.

또 다른 모순은 자유주의 서구 무역체제가 글로벌한 체제로 전환하면서 나타나고 있다. 중국과 여타 비서구 국가를 무역 자유화 협정에 참여시킴으로써 미국은 글로벌한 수준에서 자유주의체제를 공고화하는 중요한 걸음을 디뎠다. 자유화된 무역체제에 가입하면서 중국은 수출 주도 개발 전략을 통해 높은 성장률을 달성할 수 있었다. 그 결과 중국은 이제 자유주의 국제질서 유지에 사활적인 이익이 걸려있다. 왜냐하면 중국의 지속적인 번영은 글로벌 시장에의 제약 없는 접근에 의존하기 때문이다.[9] 동시에 다수 미국인들은 중국과 여타 비서구 국가가 자유화된 무역체제에 받아들여짐으로써 자유주의 국제질서를 약화시켰다고 본다. 미국 기업이 제조업 일자리를 저임금 국가에 외주화하면서 미국의 노동 계층은 자유주의 질서를 경제적 혼란이나 어두운 일자리 전망과 동일시하게 되었다. 이러한 상황 전개는 무역 자유화가 노동자의 경제적 안위를 보호하는 효과적 조치 없이 일정 수준을 넘어서면 자유주의에 파괴적임을 시사한다.

또 다른 모순은 미국과 대부분 개도국 사이의 세력의 엄청난 비대칭성에서 기인한다. 그 비대칭성은 제3세계에서 미국이 자신의 이익 확대를 위해 군사력을 사용하려는 강한 유혹을 만들어낸다.[10] 냉전 후 시대에 개발도상국에서 미국의 군사 개입은 흔한 일이 되었다. 미국은 자신이 개입한 국가에서 자유주의 개혁을 촉진함으로써 빈번한 군사력 사용과 자유주의 이상 사이의 모순을 해소하려 했다. 예를 들어, 2003년 미군의 이라크 점령 후 미국 관리들은 국가 주도의 이라크경제를 자유화된 시장경제로 전환하기 위한 일련의 조치를 취했다.[11] 그러나 침략과 강압으로 외국경제를 자유화하는 것은 자유주의 비전의 핵심에 있는 합의의 원칙과 충돌한다. 따라서 제3세계 국가에 대한 미국의 군사 개입은 자유주의체제에 손해를 끼쳤다. 그것은 미국이 강제력으로 자신의 의지를 타국에 강요한다는 이미지를 키움으로써 비서구 사람들의 눈에 자유주의 의제의 정통성을 잠식한다.

미국의 자유주의 비전과 글로벌 정치 현실 사이의 또 다른 모순은 자유주의 국제질서의 위계적 구조이다. 제2차 세계대전 이후 시대 초기부터 미국은 자유주의체제 내에서 패권적 리더십을 행사했다. 그 리더십은 냉전 시대에는 자유주의 질서의 핵심적인 안정을 제공했다. 실제로 미국의 패권 없이 안정적 자유주의 질서가 가능했을지 의심스럽다. 그러나 미국이 정점에 있는 자유주의체제의 위계적 속성은 비서구 국가들에게 그 체제의 매력을 떨어뜨린다.[12] 러시아나 중국의 입장에서 자유주의 질서에 완전히 편입되는 것은 미국에 대한 굴복을 의미하며, 이들은 그것을 받아들일 의사가 없다. 더욱이 미국의 패권은 자유주의체제를 미국 및 유럽의 문화적 가치에 맞추었으며, 비서구 국가들이 그 체제에 완전히 편입되면 자신의 문화적 독자성 포기를 강요받을 것을 우려하게 만든다. 중국과 러시아, 그리고 다수의 이슬람 및 아프리카 국가에게 그러한 가능성은 받아들일 수 없는 일이다.[13]

요컨대 모든 나라가 대내적으로 자유주의 제도를 채택하는 완전한 자유주의 세계라는 미국의 비전은 실현되기 어렵다. 그럼에도 자유주의체제는 국제질서의 주된 틀로서 지속될 것처럼 보인다. 중국과 러시아는 자유주의체제의 특정 측면에 불만을 가지겠지만 그들이 현실적인 다른 대안을 창출하는 선택은 제한적이다.[14] 그들은 자유주의체제 전체를 거부하기보다 그들이 혐오하는 특정 측면에 저항하는 것이 득이 될 것이다.[15] 당분간 국제질서는 글로벌한 수준에서의 자유주의 원칙과 (세계 대부분 국가의) 국내적인 수준에서의 권위주의 통치 사이의 불편한 공존에 의존할 가능성이 높아 보인다.

주

1) Brands, "Democracy vs. Authoritarianism."
2) Brands, "The Unexceptional Superpower," 14–15.
3) 무역의 혜택에 관해서는 Irwin, *Free Trade under Fire*, 44–76 참조.
4) 트럼프 지지자들의 외교정책에 대한 의견에 관해서는 Blendon, Casey, and Benson, "Public Opinion and Trump's Jobs and Trade Policies"; Smeltz, Friedhoff, and Kafura, "Republicans Get behind Trump" 참조.
5) Hacker and Pierson, "Winner-Take-All Politics."
6) Piketty, Saez, and Zucman, *Distributional National Accounts*, 3.
7) Galston, "The Populist Challenge to Liberal Democracy"; Hobson, "Democratic Peace," 703–705; Rodrik, *Straight Talk on Trade*.
8) 그것은 특히 급격한, 예상치 않은 위험을 일으키는 기후변화와 관련하여 해당된다.
9) Yan, "The Age of Uneasy Peace," 42.
10) Bacevich, *The New American Militarism*.
11) Juhasz, *The Bush Agenda*, chap. 6.
12) Hendrickson, *Republic in Peril*, 34–35.
13) 이 문제에 대한 아프리카의 시각에 관해서는 Mutua, "Human Rights in Africa."
14) Ikenberry, "The Illusion of Geopolitics."
15) Ikenberry, "Why the Liberal World Order Will Survive," 27; Nathan, "China's Rise and International Regimes"; Clunan, "Russia and the Liberal World Order."

참고문헌

Afoaku, Osita G. "U.S. Foreign Policy and Authoritarian Regimes: Change and Continuity in International Clientelism." *Journal of Third World Studies* 17, no. 2 (2000): 13–40.

Aldcroft, Derek H., and Steven Morewood. *The European Economy Since 1914*, 5th ed. London: Routledge, 2013.

Alden, Edward. *Failure to Adjust: How Americans Got Left Behind in the Global Economy*. Lanham, MD: Rowman & Littlefield, 2016.

Ambrosius, Lloyd E. *Wilsonianism: Woodrow Wilson and His Legacy in American Foreign Relations*. Basingstoke: Palgrave Macmillan, 2002.

Anderson, M. S. *Europe in the Eighteenth Century, 1713–1783*, 2nd ed. Harlow: Longman, 1976.

Anderson, M. S. *The Origins of the Modern European State System, 1494–1618*. London: Longman, 1998.

Anderson, M. S. *The Rise of Modern Diplomacy 1450–1919*. London: Longman, 1993.

Anderson, M. S. *War and Society in Europe of the Old Regime, 1618–1789*. London: Fontana Press, 1988.

Anderson, M. S. *The War of the Austrian Succession*. London: Longman, 1995.

Anderson, Sheldon. "Metternich, Bismarck, and the Myth of the 'Long Peace,' 1815–1914." *Peace & Change* 32, no. 3 (2007): 301–328.

Antonenko, Oksana. "Russia, NATO and European Security after Kosovo." *Survival* 41, no. 4 (1999–2000): 124–144.

Arblaster, Anthony. *The Rise and Decline of Western Liberalism*. Oxford: Basil Blackwell, 1984.

Asada, Sadao. "Between the Old Diplomacy and the New, 1918–1922: The Washington System and the Origins of Japanese–American Rapprochement." *Diplomatic History* 30, no. 2 (2006): 211–230.

Asch, Ronald G. *The Thirty Years War: The Holy Roman Empire and Europe, 1618–48*. New York: St. Martin's Press, 1997.

Åslund, Anders. *How Capitalism Was Built: The Transformation of Central and Eastern Europe, Russia, and Central Asia*. Cambridge: Cambridge University Press, 2007.

Asmus, Ronald D. *Opening NATO's Door: How the Alliance Remade Itself for a New Era*. New York: Columbia University Press, 2002.

Bacevich, Andrew J. *The New American Militarism: How Americans Are Seduced by War*. Oxford: Oxford University Press, 2005.

Barber, Malcolm. *The Two Cities: Medieval Europe, 1050–1320*. London: Routledge, 1992.

Barnett, Michael N. "The United Nations and Global Security: The Norm Is Mightier than the Sword." *Ethics & International Affairs* 9 (1995): 37–54.

Barraclough, Geoffrey. *The Medieval Papacy*. New York: Harcourt, Brace & World, 1968.

Bell, P. M. H. *The Origins of the Second World War in Europe*, 2nd ed. London: Longman, 1997.

Bideleux, Robert, and Ian Jeffries. *A History of Eastern Europe: Crisis and Change*. London: Routledge, 1998.

Blackbourn, David. *The Long Nineteenth Century: A History of Germany, 1780–1918*. New York: Oxford University Press, 1998.

Blanning, Tim. *The Pursuit of Glory: Europe 1648–1815*. New York: Viking, 2007.

Blendon, Robert J., Logan S. Casey, and John M. Benson. "Public Opinion and Trump's Jobs and Trade Policies." *Challenge* 60, no. 3 (2017): 228–244.

Blockmans, Wim. *Emperor Charles V, 1500–1558*. London: Arnold, 2002.

Bobroff, Ronald P. "War Accepted but Unsought: Russia's Growing Militancy and the July Crisis, 1914." In *The Outbreak of the First World War: Structures, Politics, and Decision-Making*, edited by Jack S. Levy and John A. Vasquez, 227–251. Cambridge: Cambridge University Press, 2014.

Bonney, Richard. *The European Dynastic States, 1494–1660*. Oxford: Oxford University Press, 1991.

Bosco, David L. *Five to Rule Them All: The UN Security Council and the Making of the Modern World*. Oxford: Oxford University Press, 2009.

Boyce, Robert. *The Great Interwar Crisis and the Collapse of Globalization*. London: Palgrave Macmillan, 2009.

Brands, Hal. "Democracy vs. Authoritarianism: How Ideology Shapes Great-Power Conflict." *Survival* 60, no. 5 (2018): 61–114.

Brands, Hal. *Making the Unipolar Moment: U.S. Foreign Policy and the Rise of the Post–Cold War Order*. Ithaca, NY: Cornell University Press, 2016.

Brands, Hal. "The Unexceptional Superpower: American Grand Strategy in the Age of Trump." *Survival* 59, no. 6 (2017–2018): 7–40.

Brands, Hal, and Peter D. Feaver. "What Are America's Alliances Good For?" *Parameters* 47, no. 2 (2017): 15–30.

Breuilly, John. *Austria, Prussia and Germany, 1806–1871*. London: Longman, 2002.

Brewer, John. *The Sinews of Power: War, Money and the English State, 1688–1783*. Cambridge, MA: Harvard University Press, 1988.

Bridge, F. R. *The Habsburg Monarchy among the Great Powers, 1815–1918*. New York: Berg, 1990.

Bridge, F. R., and Roger Bullen. *The Great Powers and the European States System, 1814–1915*, 2nd ed. Harlow: Pearson Longman, 2005.

Brightwell, Peter. "The Spanish Origins of the Thirty Years' War." *European Studies Review* 9, no. 4 (1979): 409–431.

Brooke, Christopher. *Europe in the Central Middle Ages*, 2nd ed. London: Longman, 1987.

Brooks, Stephen G. "The Globalization of Production and the Changing Benefits of Conquest." *Journal of Conflict Resolution* 43, no. 5 (1999): 646–670.

Brooks, Stephen G., and William C. Wohlforth. *America Abroad: The United States' Global Role in the 21st Century*. New York: Oxford University Press, 2016.

Brooks, Stephen G., and William C. Wohlforth. "Power, Globalization, and the End of the Cold War: Reevaluating a Landmark Case for Ideas." *International Security* 25, no. 3 (2000–2001): 5–53.

Brown, Archie. *The Gorbachev Factor*. Oxford: Oxford University Press, 1996.

Bull, Hedley. *The Anarchical Society: A Study of Order in World Politics*. New York: Columbia University Press, 1977.

Bull, Hedley, and Adam Watson, eds. *The Expansion of International Society*. Oxford: Oxford University Press, 1984.

Bullen, Roger. "France and Europe, 1815–48: The Problem of Defeat and Recovery." In *Europe's Balance of Power, 1815–1848*, edited by Alan Sked, 122–144. London: Macmillan, 1979.

Bullen, Roger. "The Great Powers and the Iberian Peninsula, 1815–48." In *Europe's Balance of Power, 1815–1848*, edited by Alan Sked, 54–78. London: Macmillan, 1979.

Buzan, Barry, and Richard Little. *International Systems in World History: Remaking the Study of International Relations*. Oxford: Oxford University Press, 2000.

Carney, Christopher P. "International Patron-Client Relationships: A Conceptual Framework." *Studies in Comparative International Development* 24, no. 2 (1989): 42–55.

Carr, William. *The Origins of the Wars of German Unification*. London: Longman, 1991.

Chapman, Tim. *The Congress of Vienna: Origins, Processes and Results*. London: Routledge, 1998.

Chen Zheng. "China Debates the Non-Interference Principle." *Chinese Journal of International Politics* 9, no. 3 (2016): 349–374.

Chin, Gregory T. "China's Bold Economic Statecraft." *Current History* (September 2015): 217–223.

Chow, Daniel C. K. "How China Uses International Trade to Promote Its View of Human Rights." *George Washington International Law Review* 45, no. 4 (2013): 681–726.

Clark, Christopher. *Iron Kingdom: The Rise and Downfall of Prussia, 1600–1947*. Cambridge, MA: Belknap Press, 2006.

Clark, Christopher. *The Sleepwalkers: How Europe Went to War in 1914*. New York: HarperCollins, 2013.

Clark, Ian. *Hegemony in International Society*. Oxford: Oxford University Press, 2011.

Claude, Inis L., Jr. *Power and International Relations*. New York: Random House, 1962.

Clunan, Anne L. "Historical Aspirations and the Domestic Politics of Russia's Pursuit of International Status." *Communist and Post-Communist Studies* 47 (2014): 281–290.

Clunan, Anne L. "Russia and the Liberal World Order." *Ethics & International Affairs* 32, no. 1 (2018): 45–59.

Cohrs, Patrick O. *The Unfinished Peace after World War I: America, Britain and the Stabilization of Europe, 1919–1932*. Cambridge: Cambridge University Press, 2006.

Cox, Michael, G. John Ikenberry, and Takashi Inoguchi, eds. *American Democracy Promotion: Impulses, Strategies, and Impacts*. Oxford: Oxford University Press, 2000.

Craig, Gordon. *Germany, 1866–1945*. New York: Oxford University Press, 1978.

Cronin, Bruce. "The Paradox of Hegemony: America's Ambiguous Relationship with the United Nations." *European Journal of International Relations* 7, no. 1 (2001): 103–130.

Crowley, Meredith A. "An Introduction to the WTO and GATT." *Economic Perspectives* 27, no. 4 (2003): 42–57.

Dannreuther, Roland. "Escaping the Enlargement Trap in NATO-Russian Relations." *Survival* 41, no. 4 (1999–2000): 145–164.

Deese, David A. *World Trade Politics: Power, Principles, and Leadership*. London: Routledge, 2008.

De Groot, Gerard J. *The First World War*. Basingstoke: Palgrave, 2001.

Deng, Yong. "China: The Post-Responsible Power." *Washington Quarterly* 37, no. 4 (2015): 117–132.

DePorte, A. W. *Europe between the Superpowers: The Enduring Balance*, 2nd ed. New Haven, CT: Yale University Press, 1986.

Diamond, Larry. "Facing Up to the Democratic Recession." *Journal of Democracy* 26, no. 1 (2015): 141–155.

Diamond, Larry. "Why Are There No Arab Democracies?" *Journal of Democracy* 21, no. 1 (2010): 93–104.

Dockrill, Michael L., and J. Douglas Goold. *Peace without Promise: Britain and the Peace Conferences, 1919–23*. Hamden, CT: Archon Books, 1981.

Doyle, Michael. "Liberalism and World Politics." *American Political Science Review* 80, no. 4 (1986): 1151–1169.

Edwards, John. *Ferdinand and Isabella*. Harlow: Pearson Longman, 2005.

Elliott, J. H. "A Europe of Composite Monarchies." *Past & Present* 137 (1992): 48–71.

Elrod, Richard B. "The Concert of Europe: A Fresh Look at an International System." *World Politics* 28, no. 2 (1976): 159–174.

Ergang, Robert. *The Potsdam Führer: Frederick William I, Father of Prussian Militarism*. New York: Columbia University Press, 1941.

Ertman, Thomas. *Birth of the Leviathan: Building States and Regimes in Medieval and Early Modern Europe*. Cambridge: Cambridge University Press, 1997.

Ezell, Stephen J., and Robert D. Atkinson. *False Promises: The Yawning Gap Between China's WTO Commitments and Practices*. Information Technology & Innovation Foundation, September 2015.

Farnsworth, Eric. "The New Mercantilism: China's Emerging Role in the Americas." *Current History* (February 2011): 56–61.

Fawcett, Edmund. *Liberalism: The Life of an Idea*. Princeton, NJ: Princeton University Press, 2014.

Fazal, Tanisha M. *State Death: The Politics and Geography of Conquest, Occupation, and Annexation*. Princeton, NJ: Princeton University Press, 2007.

Fischer, Fritz. *Germany's Aims in the First World War*. New York: Norton, 1967.

Forsberg, Aaron. *America and the Japanese Miracle: The Cold War Context of Japan's Postwar Economic Revival, 1950–1960*. Chapel Hill: University of North Carolina Press, 2000.

Freedom House. *Freedom in the World 2016: The Annual Survey of Political Rights and Civil Liberties*. Lanham, MD: Rowman & Littlefield, 2017.

Frieden, Jeffry A. *Global Capitalism: Its Fall and Rise in the Twentieth Century.* New York: Norton, 2006.

Fukuyama, Francis. "The End of History?" *National Interest*, no. 16 (1989): 3–18.

Funigiello, Philip J. *American-Soviet Trade in the Cold War.* Chapel Hill: University of North Carolina Press, 1988.

Gaddis, John Lewis. "History, Grand Strategy and NATO Enlargement." *Survival* 40, no. 1 (1998): 145–151.

Gaddis, John Lewis. *The United States and the Origins of the Cold War, 1941–1947.* New York: Columbia University Press, 1972.

Galston, William A. "The Populist Challenge to Liberal Democracy." *Journal of Democracy* 29, no. 2 (2018): 5–19.

Gardner, Richard N. *Sterling-Dollar Diplomacy in Current Perspective: The Origins and the Prospects of Our International Economic Order*, expanded ed. New York: Columbia University Press, 1980.

Garst, Daniel. "Thucydides and Neorealism." *International Studies Quarterly* 33, no. 1 (1989): 3–27.

Garthoff, Raymond L. *Détente and Confrontation: American-Soviet Relations from Nixon to Reagan.* Washington, DC: Brookings Institution Press, 1985.

Gause, F. Gregory, III. *Beyond Sectarianism: The New Middle East Cold War.* Brookings Doha Center Analysis Paper, July 2014.

Gavin, Francis J. "Nuclear Proliferation and Non-Proliferation During the Cold War." In *The Cambridge History of the Cold War*, edited by Melvyn P. Leffler and Odd Arne Westad, 2:395–416. Cambridge: Cambridge University Press, 2010.

Gerges, Fawaz A. *Obama and the Middle East: The End of America's Moment?* New York: Palgrave Macmillan, 2012.

Gildea, Robert. *Barricades and Borders: Europe 1800–1914*, 2nd ed. Oxford: Oxford University Press, 1996.

Glaser, Charles. "Realists as Optimists: Cooperation as Self-Help." *International Security* 19, no. 3 (1994–1995): 50–90.

Goldfrank, David M. *The Origins of the Crimean War.* London: Longman, 1994.

Goldgeier, James M. *Not Whether But When: The U.S. Decision to Enlarge NATO.* Washington, DC: Brookings Institution Press, 1999.

Gould, S. W. "Austrian Attitudes toward Anschluss: October 1918–September 1919." *Journal of Modern History* 22, no. 3 (1950): 220–231.

Grab, Alexander. *Napoleon and the Transformation of Europe.* Basingstoke: Palgrave Macmillan, 2003.

Gray, John. *Liberalism*, 2nd ed. Minneapolis: University of Minnesota Press, 1995.

Gulick, Edward Vose. *Europe's Classical Balance of Power.* New York: Norton, 1967.

Gunn, Steven. "The French Wars of Henry VIII." In *The Origins of War in Early Modern Europe*, edited by Jeremy Black, 28–51. Edinburgh: John Donald, 1987.

Haas, Ernst B. "The Balance of Power: Prescription, Concept, or Propaganda?" *World Politics* 5, no. 4 (1953): 442–477.

Haas, Mark L. *The Ideological Origins of Great Power Politics, 1789–1989.* Ithaca, NY: Cornell University Press, 2005.

Hacker, Jacob S., and Paul Pierson. "Winner-Take-All Politics: Public Policy, Political Organization, and the Precipitous Rise of Top Incomes in the United States." *Politics & Society* 38, no. 2 (2010): 152–204.

Hale, J. R. *War and Society in Renaissance Europe, 1450–1620.* Baltimore: Johns Hopkins University Press, 1986.

Halle, Louis J. *The Cold War as History.* New York: Harper & Row, 1967.

Hampton, Mary M. "NATO at the Creation: U.S. Foreign Policy, West Germany and the Wilsonian Impulse." *Security Studies* 4, no. 3 (1995): 610–656.

Hanrieder, Wolfram F. *Germany, America, Europe: Forty Years of German Foreign Policy*. New Haven, CT: Yale University Press, 1989.

Hanson, Philip. *The Rise and Fall of the Soviet Economy: An Economic History of the USSR from 1945*. London: Longman, 2003.

Hatton, R. M. "Louis XIV and His Fellow Monarchs." In *Louis XIV and the Craft of Kingship*, edited by John C. Rule, 155–195. Columbus: Ohio State University Press, 1969.

Hendrickson, David C. *Republic in Peril: American Empire and the Liberal Tradition*. New York: Oxford University Press, 2018.

Henig, Ruth. "The League of Nations: An Idea Before Its Time?" In *The Origins of the Second World War: An International Perspective*, edited by Frank McDonough, 34–49. London: Continuum, 2011.

Henig, Ruth. *The Origins of the Second World War, 1933–1941*, 2nd ed. London: Routledge, 1985.

Henig, Ruth. *Versailles and After, 1919–1933*, 2nd ed. London: Routledge, 1995.

Herring, George C. *From Colony to Superpower: U.S. Foreign Relations Since 1776*. New York: Oxford University Press, 2008.

Herwig, Holger H. "Germany." In *The Origins of World War I*, edited by Richard F. Hamilton and Holger H. Herwig, 150–187. Cambridge: Cambridge University Press, 2003.

Hewitson, Mark. *Germany and the Causes of the First World War*. Oxford: Berg, 2004.

Hewitt, Duncan. *China: Getting Rich First: A Modern Social History*. New York: Pegasus Books, 2008.

Hill, Fiona, and Clifford G. Gaddy. *Mr. Putin: Operative in the Kremlin*. Washington, DC: Brookings Institution Press, 2013.

Hillgruber, Andreas. *Germany and the Two World Wars*. Cambridge, MA: Harvard University Press, 1981.

Hinsley, F. H. *Power and the Pursuit of Peace: Theory and Practice in the History of Relations Between States*. Cambridge: Cambridge University Press, 1963.

Hinsley, F. H. *Sovereignty*, 2nd ed. Cambridge: Cambridge University Press, 1986.

Hobson, Christopher. "Democratic Peace: Progress and Crisis." *Perspectives on Politics* 15, no. 3 (2017): 697–710.

Hobson, John M., and Martin Hall. "Imperialism and Anti-Imperialism in Eurocentric Liberal International Theory." *Proceedings of the British Academy* 190 (2013): 139–156.

Hoffman, Philip T. *Why Did Europe Conquer the World?* Princeton, NJ: Princeton University Press, 2015.

Holland, R. F. *European Decolonization 1918–1981: An Introductory Survey*. New York: St. Martin's Press, 1985.

Holsti, Kalevi J. *Peace and War: Armed Conflicts and International Order 1648–1989*. Cambridge: Cambridge University Press, 1991.

Huang, Yiping. "Understanding China's Belt & Road Initiative: Motivation, Framework and Assessment." *China Economic Review* 40 (2016): 314–321.

Hui, Victoria Tin-bor. *War and State Formation in Ancient China and Early Modern Europe*. Cambridge: Cambridge University Press, 2005.

Huntington, Samuel P. "Democracy's Third Wave." *Journal of Democracy* 2, no. 2 (1991): 12–34.

Hurd, Ian. *After Anarchy: Legitimacy and Power in the United Nations Security Council*. Princeton, NJ: Princeton University Press, 2007.

Ikenberry, G. John. *After Victory: Institutions, Strategic Restraint, and the Rebuilding of Order After Major Wars*. Princeton, NJ: Princeton University Press, 2001.

Ikenberry, G. John. "The Illusion of Geopolitics: The Enduring Power of the Liberal Order." *Foreign Affairs* 93, no. 3 (2014): 80–90.

Ikenberry, G. John. "Liberal Internationalism 3.0: America and the Dilemmas of Liberal World Order." *Perspectives on Politics* 7, no. 1 (2009): 71–87.

Ikenberry, G. John. *Liberal Leviathan: The Origins, Crisis, and Transformation of the American World Order*. Princeton, NJ: Princeton University Press, 2011.

Ikenberry, G. John. "Why Export Democracy?" *Wilson Quarterly* 23, no. 3 (1999): 56–65.

Ikenberry, G. John. "Why the Liberal World Order Will Survive." *Ethics & International Affairs* 32, no. 1 (2018): 17–29.

Ingrao, Charles. *The Habsburg Monarchy 1618–1994*. Cambridge: Cambridge University Press, 1994.

Iriye, Akira. *After Imperialism: The Search for a New Order in the Far East, 1921–1931*. Cambridge, MA: Harvard University Press, 1965.

Iriye, Akira. *The Origins of the Second World War in Asia and the Pacific*. London: Longman, 1987.

Irwin, Douglas A. *Free Trade Under Fire*, 4th ed. Princeton, NJ: Princeton University Press, 2015.

Irwin, Douglas A. "The GATT in Historical Perspective." *American Economic Review* 85, no. 2 (1995): 323–328.

Irwin, Douglas A. *Peddling Protectionism: Smoot-Hawley and the Great Depression*. Princeton, NJ: Princeton University Press, 2011.

Jackson, Robert H. *Sovereignty*. Cambridge: Polity Press, 2007.

Jacobson, Jon. "The Soviet Union and Versailles." In *The Treaty of Versailles: A Reassessment After 75 Years*, edited by Manfred F. Boemeke, Gerald D. Feldman, and Elisabeth Glaser, 451–468. Cambridge: Cambridge University Press, 1998.

Jarrett, Mark. *The Congress of Vienna and Its Legacy*. London: Tauris, 2013.

Jelavich, Barbara. *A Century of Russian Foreign Policy, 1814–1914*. Philadelphia: Lippincott, 1964.

Jelavich, Charles, and Barbara Jelavich. *The Establishment of the Balkan National States, 1804–1920*. Seattle: University of Washington Press, 1977.

Jervis, Robert. "Was the Cold War a Security Dilemma?" *Journal of Cold War Studies* 3, no. 1 (2001): 36–60.

Johnson Bagby, Laurie M. "The Use and Abuse of Thucydides in International Relations." *International Organization* 48, no. 1 (1994): 131–153.

Juhasz, Antonia. *The Bush Agenda: Invading the World, One Economy at a Time*. New York: HarperCollins, 2006.

Kaiser, David. "Germany and the Origins of the First World War." *Journal of Modern History* 55, no. 3 (1983): 442–474.

Kaiser, David. *Politics and War: European Conflict from Philip II to Hitler*. Cambridge, MA: Harvard University Press, 1990.

Kalb, Marvin. *Imperial Gamble: Putin, Ukraine, and the New Cold War*. Washington, DC: Brookings Institution Press, 2015.

Kang, David C. *East Asia before the West: Five Centuries of Trade and Tribute*. New York: Columbia University Press, 2010.

Kang, David C. "Hierarchy and Legitimacy in International Systems: The Tribute System in Early Modern East Asia." *Security Studies* 19, no. 4 (2010): 591–622.

Kaufman, Stuart J., Richard Little, and William C. Wohlforth, eds. *The Balance of Power in World History*. New York: Palgrave Macmillan, 2007.

Keal, Paul. *Unspoken Rules and Superpower Dominance*. New York: St. Martin's Press, 1983.

Kelly, Paul. *Liberalism*. Cambridge: Polity, 2005.

Kennedy, Paul M. *The Rise and Fall of British Naval Mastery*. London: Allen Lane, 1976.

Kennedy, Ross A. "Woodrow Wilson, World War I, and an American Conception of National Security." *Diplomatic History* 25, no. 1 (2001): 1–31.

Kiesling, Eugenia C. "France." In *The Origins of World War I*, edited by Richard F. Hamilton and Holger H. Herwig, 227–265. Cambridge: Cambridge University Press, 2003.

Kim, Jinwung. *History of Korea: From "Land of the Morning Calm" to States in Conflict*. Bloomington: Indiana University Press, 2012.

Kimball, Warren F. *The Juggler: Franklin Roosevelt as Wartime Statesman*. Princeton, NJ: Princeton University Press, 1991.

Knock, Thomas J. *To End All Wars: Woodrow Wilson and the Quest for a New World Order*. Princeton, NJ: Princeton University Press, 1992.

Koch, H. W. "Social Darwinism as a Factor in the 'New Imperialism'." In *The Origins of the First World War: Great Power Rivalry and German War Aims*, 2nd ed., edited by H. W. Koch, 319–342. Basingstoke: Macmillan, 1984.

Korman, Sharon. *The Right of Conquest: The Acquisition of Territory by Force in International Law and Practice*. Oxford: Clarendon Press, 1996.

Kotkin, Stephen. "Russia's Perpetual Geopolitics." *Foreign Affairs* 95, no. 3 (2016): 2–9.

Kraehe, Enno. "A Bipolar Balance of Power." *American Historical Review* 97, no. 3 (1992): 707–715.

Kramer, Mark. "The Demise of the Soviet Bloc." *Europe-Asia Studies* 63, no. 9 (2011): 1535–1590.

Krasner, Stephen D. "American Policy and Global Economic Stability." In *America in a Changing World Political Economy*, edited by William P. Avery and David P. Rapkin, 29–48. New York: Longman, 1982.

Langer, William L. *European Alliances and Alignments, 1871–1890*, 2nd ed. New York: Knopf, 1950.

Latham, Michael E. "The Cold War in the Third World, 1963–1975." In *The Cambridge History of the Cold War*, edited by Melvyn P. Leffler and Odd Arne Westad, 2:258–280. Cambridge: Cambridge University Press, 2010.

Lee, John. "China's Corporate Leninism." *American Interest* 7, no. 5 (2012): 36–45.

Leffler, Melvyn P. "The American Conception of National Security and the Beginnings of the Cold War, 1945–48." *American Historical Review* 89, no. 2 (1984): 346–381.

Leffler, Melvyn P. *For the Soul of Mankind: The United States, the Soviet Union, and the Cold War*. New York: Hill and Wang, 2007.

Lerman, Katharine Anne. *Bismarck*. Harlow: Pearson Longman, 2004.

Lévesque, Jacques. *The Enigma of 1989: The USSR and the Liberation of Eastern Europe*. Berkeley: University of California Press, 1997.

Lieberthal, Kenneth, and Wang Jisi. *Addressing U.S.-China Strategic Distrust*. John L. Thornton China Center Monograph Series no. 4. Washington, DC: Brookings Institution, 2012.

Lieven, D. C. B. *Russia and the Origins of the First World War*. London: Macmillan, 1983.

Lipman, Maria. "How Putin Silences Dissent." *Foreign Affairs* 95, no. 3 (2016): 38–46.

Liu, Yu, and Dingding Chen. "Why China Will Democratize." *Washington Quarterly* 35, no. 1 (2012): 41–63.

Luard, Evan. *The Balance of Power.* New York: St. Martin's Press, 1992.

Luard, Evan. *War in International Society.* New Haven, CT: Yale University Press, 1986.

Lucas, Edward, and Ben Nimmo. *Information Warfare: What Is It and How to Win It.* Center for European Policy Analysis, November 2015.

Lukyanov, Fyodor. "Putin's Foreign Policy." *Foreign Affairs* 95, no. 3 (2016): 30–37.

Lynch, Joseph H. *The Medieval Church: A Brief History.* London: Longman, 1992.

Lynch, Marc. *The New Arab Wars: Uprisings and Anarchy in the Middle East.* New York: Public Affairs, 2016.

Lynn, John A. *The Wars of Louis XIV, 1667–1714.* London: Longman, 1999.

Mancall, Mark. *China at the Center: 300 Years of Foreign Policy.* New York: Free Press, 1984.

Marks, Sally. *The Illusion of Peace: International Relations in Europe 1918–1933.* New York: St. Martin's Press, 1976.

Marks, Sally. "The Myths of Reparations." *Central European History* 11, no. 3 (1978): 231–255.

McCormick, Thomas J. *America's Half-Century: United States Foreign Policy in the Cold War and After,* 2nd ed. Baltimore: Johns Hopkins University Press, 1995.

McKay, Derek, and H. M. Scott. *The Rise of the Great Powers 1648–1815.* Harlow: Longman, 1983.

McKenzie, Francine. "GATT and the Cold War: Accession Debates, Institutional Development, and the Western Alliance, 1947–1959." *Journal of Cold War Studies* 10, no. 3 (2008): 78–109.

McMeekin, Sean. *The Russian Origins of the First World War.* Cambridge, MA: Belknap Press, 2011.

Meyer, Josh. "DNC Email Hack: Why Vladimir Putin Hates Hillary Clinton." NBC News, July 27, 2016.

Miller, Paul D. "American Grand Strategy and the Democratic Peace." *Survival* 54, no. 2 (2012): 49–76.

Mitzen, Jennifer. *Power in Concert: The Nineteenth-Century Origins of Global Governance.* Chicago: University of Chicago Press, 2013.

Morgenthau, Hans J. "Another 'Great Debate': The National Interest of the United States." *American Political Science Review* 46, no. 4 (1952): 961–988.

Morrison, Wayne M. *China-U.S. Trade Issues.* Congressional Research Service, August 2017.

Mulligan, William. *The Origins of the First World War.* Cambridge: Cambridge University Press, 2010.

Mutua, Makau. "Human Rights in Africa: The Limited Promise of Liberalism." *African Studies Review* 51, no. 1 (2008): 17–39.

Naimark, Norman. "The Sovietization of Eastern Europe, 1944–1953." In *The Cambridge History of the Cold War,* edited by Melvyn P. Leffler and Odd Arne Westad, 1:175–197. Cambridge: Cambridge University Press, 2010.

Nalbandov, Robert. *Not by Bread Alone: Russian Foreign Policy Under Putin.* Lincoln: Potomac Books, 2016.

Nathan, Andrew J. "China's Challenge." *Journal of Democracy* 26, no. 1 (2015): 156–170.

Nathan, Andrew J. "China's Rise and International Regimes." In *China in the Era of Xi Jinping: Domestic and Foreign Policy Challenges*, 165–195, edited by Robert S. Ross and Jo Inge Bekkevold. Washington, DC: Georgetown University Press, 2016.

Nathan, Andrew J., and Andrew Scobell. *China's Search for Security*. New York: Columbia University Press, 2012.

Nathan, Andrew J., and Andrew Scobell. "How China Sees America." *Foreign Affairs* 91, no. 5 (2012): 32–47.

Naughton, Barry. *Growing Out of the Plan: Chinese Economic Reform, 1978–1993*. Cambridge: Cambridge University Press, 1996.

Neumann, Iver B. "Russia's Europe, 1991–2016: Inferiority to Superiority." *International Affairs* 92, no. 6 (2016): 1381–1399.

Nexon, Daniel H. *The Struggle for Power in Early Modern Europe: Religious Conflict, Dynastic Empires, and International Change*. Princeton, NJ: Princeton University Press, 2009.

Nicholas, David. *The Transformation of Europe, 1300–1600*. London: Arnold, 1999.

Nicolson, Harold. *The Congress of Vienna: A Study in Allied Unity, 1812–1822*. New York: Harcourt, Brace, 1946.

Nyølstad, Olav. "The Collapse of Superpower Détente, 1975–1980." In *The Cambridge History of the Cold War*, edited by Melvyn P. Leffler and Odd Arne Westad, 3:135–155. Cambridge: Cambridge University Press, 2010.

Osiander, Andreas. "Before Sovereignty: Society and Politics in *Ancien Régime* Europe." *Review of International Studies* 27, Special Issue (2001): 119–145.

Overy, Richard J. "Economics and the Origins of the Second World War." In *The Origins of the Second World War: An International Perspective*, edited by Frank McDonough, 482–506. London: Continuum, 2011.

Overy, Richard. *The Origins of the Second World War*, 3rd ed. Harlow: Pearson Longman, 2008.

Owen, John M. "How Liberalism Produces Democratic Peace." *International Security* 19, no. 2 (1994): 87–125.

Parker, Geoffrey, ed. *The Thirty Years' War*, 2nd ed. London: Routledge, 1997.

Parrott, David. "The Causes of the Franco-Spanish War of 1635–59." In *The Origins of War in Early Modern Europe*, edited by Jeremy Black, 72–111. Edinburgh: John Donald, 1987.

Patrick, Stewart. *The Best Laid Plans: The Origins of American Multilateralism and the Dawn of the Cold War*. Lanham, MD: Rowman & Littlefield, 2009.

Pechatnov, Vladimir O. "The Soviet Union and the World, 1944–1953." In *The Cambridge History of the Cold War*, edited by Melvyn P. Leffler and Odd Arne Westad, 1:90–111. Cambridge: Cambridge University Press, 2010.

Pettegree, Andrew. *Europe in the Sixteenth Century*. Malden, MA: Blackwell, 2002.

Phillips, Andrew. *War, Religion and Empire: The Transformation of International Orders*. Cambridge: Cambridge University Press, 2011.

Piketty, Thomas, Emmanuel Saez, and Gabriel Zucman. *Distributional National Accounts: Methods and Estimates for the United States*. Working Paper 22945, National Bureau of Economic Research, December 2016.

Pomerantsev, Peter. "Yes, Russia Matters: Putin's Guerrilla Strategy." *World Affairs* (September–October 2014): 16–23.

Porter, Bruce D. *War and the Rise of the State: The Military Foundations of Modern Politics*. New York: Free Press, 1994.

Potter, David. *A History of France, 1460–1560: The Emergence of a Nation-State*. New York: St. Martin's Press, 1995.

Pulzer, Peter. *Germany, 1870–1945: Politics, State Formation, and War*. Oxford: Oxford University Press, 1997.

Pyle, Kenneth. *Japan Rising: The Resurgence of Japanese Power and Purpose*. New York: Public Affairs, 2007.

Rahe, Paul A. "Thucydides' Critique of Realpolitik." *Security Studies* 5, no. 2 (1995): 105–141.

Rapport, Michael. *Nineteenth-Century Europe*. Basingstoke: Palgrave Macmillan, 2005.

Redman, Nicholas. "Russia's Breaking Point." *Survival* 56, no. 2 (2014): 235–244.

Remmer, Karen L. "The Process of Democratization in Latin America." *Studies in Comparative International Development* 27, no. 4 (1992–1993): 3–24.

Rendall, Matthew. "Russia, the Concert of Europe, and Greece, 1821–29: A Test of Hypotheses About the Vienna System." *Security Studies* 9, no. 4 (2000): 52–90.

Reus-Smit, Christian. *Individual Rights and the Making of the International System*. Cambridge: Cambridge University Press, 2013.

Reus-Smit, Christian. *The Moral Purpose of the State: Culture, Social Identity, and Institutional Rationality in International Relations*. Princeton, NJ: Princeton University Press, 1999.

Rich, Norman. *Great Power Diplomacy, 1814–1914*. Boston: McGraw-Hill, 1992.

Rich, Norman. *Hitler's War Aims: Ideology, the Nazi State, and the Course of Expansion*. New York: Norton, 1973.

Rich, Norman. *Why the Crimean War? A Cautionary Tale*. New York: McGraw-Hill, 1991.

Richardson, Glenn. *Renaissance Monarchy: The Reigns of Henry VIII, Francis I and Charles V*. London: Arnold, 2002.

Ringmar, Erik. *Identity, Interest and Action: A Cultural Explanation of Sweden's Intervention in the Thirty Years' War*. Cambridge: Cambridge University Press, 1996.

Rodrik, Dani. *Straight Talk on Trade: Ideas for a Sane World Economy*. Princeton, NJ: Princeton University Press, 2018.

Ross, Michael L. "What Have We Learned About the Resource Curse?" *Annual Review of Political Science* 18 (2015): 239–259.

Roy, Denny. *Return of the Dragon: Rising China and Regional Security*. New York: Columbia University Press, 2013.

Ryan, Alan. *The Making of Modern Liberalism*. Princeton, NJ: Princeton University Press, 2012.

Schaller, Michael. *Altered States: The United States and Japan Since the Occupation*. New York: Oxford University Press, 1997.

Schaller, Michael. *The American Occupation of Japan: The Origins of the Cold War in Asia*. New York: Oxford University Press, 1985.

Schroeder, Paul W. *Austria, Great Britain, and the Crimean War: The Destruction of the European Concert*. Ithaca, NY: Cornell University Press, 1972.

Schroeder, Paul W. "Containment Nineteenth Century Style: How Russia Was Restrained." *South Atlantic Quarterly* 82, no. 1 (1983): 1–18.

Schroeder, Paul W. "Embedded Counterfactuals and World War I as an Unavoidable War." In *Systems, Stability, and Statecraft: Essays on the International History of Modern Europe*, edited by David Wetzel, Robert Jervis, and Jack S. Levy, 157–191. New York: Palgrave Macmillan, 2004.

Schroeder, Paul W. "Napoleon's Foreign Policy: A Criminal Enterprise." *Journal of Military History* 54, no. 2 (1990): 147–162.

Schroeder, Paul W. "The 19th-Century International System: Changes in the Structure." *World Politics* 39, no. 1 (1986): 1–26.

Schroeder, Paul W. *The Transformation of European Politics, 1763–1848.* Oxford: Clarendon, 1994.

Schroeder, Paul W. "World War I as Galloping Gertie: A Reply to Joachim Remak." *Journal of Modern History* 44, no. 3 (1972): 319–344.

Schulze, Hagen. "The Prussian Military State, 1763–1806." In *The Rise of Prussia, 1700–1830*, edited by Philip G. Dwyer, 201–219. Harlow: Longman, 2000.

Scott, H. M. *The Birth of a Great Power System 1740–1815.* Harlow: Pearson Longman, 2006.

Scott, H. M. "Prussia's Emergence as a European Great Power, 1740–1763." In *The Rise of Prussia, 1700–1830*, edited by Philip G. Dwyer, 153–176. Harlow: Longman, 2000.

Seligmann, Matthew S., and Roderick R. McLean. *Germany from Reich to Republic, 1871–1918.* New York: St. Martin's Press, 2000.

Seward, Desmond. *The Hundred Years War: The English in France, 1337–1453.* New York: Atheneum, 1978.

Shambaugh, David. *China Goes Global: The Partial Power.* Oxford: Oxford University Press, 2013.

Sharma, Vivek Swaroop. "Kinship, Property, and Authority: European Territorial Consolidation Reconsidered." *Politics & Society* 43, no. 2 (2015): 151–180.

Sharp, Alan. *The Versailles Settlement: Peacemaking in Paris, 1919.* New York: St. Martin's Press, 1991.

Sheehan, James J. *German History, 1770–1866.* Oxford: Clarendon, 1989.

Shevtsova, Lilia. "The Sanctions on Russia: How Hard Do They Bite?" *American Interest* (April 4, 2016).

Showalter, Dennis E. *The Wars of Frederick the Great.* London: Longman, 1996.

Sked, Alan. *The Decline and Fall of the Habsburg Empire 1815–1918.* London: Longman, 1989.

Sked, Alan. "The Metternich System, 1815–48." In *Europe's Balance of Power, 1815–1848*, edited by Alan Sked, 98–121. London: Macmillan, 1979.

Slantchev, Branislav L. "Territory and Commitment: The Concert of Europe as Self-Enforcing Equilibrium." *Security Studies* 14, no. 4 (2005): 565–606.

Smeltz, Dina, Karl Friedhoff, and Craig Kafura. "Republicans Get Behind Trump, but Not All of His Policies." Chicago Council on Global Affairs, July 2016.

Smith, Tony. *America's Mission: The United States and the Worldwide Struggle for Democracy in the Twentieth Century.* Princeton, NJ: Princeton University Press, 1994.

Smyser, W. R. *From Yalta to Berlin: The Cold War Struggle over Germany.* New York: St. Martin's Press, 1999.

Stacy, William E. *US Army Border Operations in Germany, 1945–1983.* Military History Office, US Army, 1984.

Steiner, Zara. *The Lights that Failed: European International History 1919–1933.* Oxford: Oxford University Press, 2005.

Steiner, Zara. *The Triumph of the Dark: European International History 1933–1939.* Oxford: Oxford University Press, 2011.

Stent, Angela E. *The Limits of Partnership: U.S.-Russian Relations in the Twenty-First Century.* Princeton, NJ: Princeton University Press, 2014.

Stevenson, David. *The First World War and International Politics*. Oxford: Oxford University Press, 1988.

Stevenson, David. "France at the Paris Peace Conference: Addressing the Dilemmas of Security." In *French Foreign and Defence Policy, 1918–1940: The Decline and Fall of a Great Power*, edited by Robert Boyce, 10–29. London: Routledge, 1998.

Storry, Richard. *Japan and the Decline of the West in Asia 1894–1943*. London: Macmillan, 1979.

Strayer, Joseph R. *On the Medieval Origins of the Modern State*. Princeton, NJ: Princeton University Press, 1970.

Sturdy, David J. *Louis XIV*. New York: St. Martin's Press, 1998.

Sylvan, David, and Stephen Majeski. *U.S. Foreign Policy in Perspective: Clients, Enemies and Empire*. London: Routledge, 2009.

Tallett, Frank. *War and Society in Early-Modern Europe, 1495–1715*. London: Routledge, 1992.

Telhami, Shibley. *The World Through Arab Eyes: Arab Public Opinion and the Reshaping of the Middle East*. New York: Basic Books, 2013.

Tharoor, Shashi. "Why America Still Needs the United Nations." *Foreign Affairs* 82, no. 5 (2003): 67–80.

Trachtenberg, Marc. *A Constructed Peace: The Making of the European Settlement, 1945–1963*. Princeton, NJ: Princeton University Press, 1999.

Trachtenberg, Marc. "The Problem of International Order and How to Think About It." *Monist* 89, no. 2 (2006): 207–231.

Trachtenberg, Marc. "The Question of Realism: A Historian's View." *Security Studies* 13, no. 1 (2003): 156–194.

Treisman, Daniel. "Why Putin Took Crimea." *Foreign Affairs* 95, no. 3 (2016): 47–54.

Trenin, Dmitri. "Russia's Spheres of *Interest*, not *Influence*." *Washington Quarterly* 32, no. 4 (2009): 3–22.

Tucker, Robert W., and David C. Hendrickson. "The Sources of American Legitimacy." *Foreign Affairs* 83, no. 6 (2004): 18–32.

Ulam, Adam. *Expansion and Coexistence: The History of Soviet Foreign Policy, 1917–67*. New York: Praeger, 1968.

United States, Office of the Director of National Intelligence. *Assessing Russian Activities and Intentions in Recent US Elections*. January 6, 2017.

United States Senate, Committee on Foreign Relations. *Putin's Asymmetric Assault on Democracy in Russia and Europe: Implications for U.S. National Security*. January 10, 2018.

United States Trade Representative. *2017 Report to Congress on China's WTO Compliance*. January 2018.

Upton, Anthony F. *Europe 1600–1789*. London: Arnold, 2001.

van Creveld, Martin. *The Rise and Decline of the State*. Cambridge: Cambridge University Press, 1999.

Vincent, R. J. *Nonintervention and International Order*. Princeton, NJ: Princeton University Press, 1974.

Walt, Stephen M. *Revolution and War*. Ithaca, NY: Cornell University Press, 1996.

Wang, Zheng. *Never Forget National Humiliation: Historical Memory in Chinese Politics and Foreign Relations*. New York: Columbia University Press, 2012.

Watson, Adam. *The Evolution of International Society*. London: Routledge, 1992.

Watts, John. *The Making of Polities: Europe, 1300–1500*. Cambridge: Cambridge University Press, 2009.

Weinberg, Gerhard L. "The Nazi-Soviet Pacts: A Half-Century Later." *Foreign Affairs* 68, no. 4 (1989): 175–189.

Westad, Odd Arne. *The Global Cold War: Third World Interventions and the Making of Our Times.* Cambridge: Cambridge University Press, 2007.

White, Gordon. *Riding the Tiger: The Politics of Economic Reform in Post-Mao China.* Stanford, CA: Stanford University Press, 1993.

Wight, Martin. *Systems of States.* Leicester: Leicester University Press, 1977.

Williams, Patrick. *Philip II.* Basingstoke: Palgrave, 2001.

Williamson, Samuel R., Jr. *Austria-Hungary and the Origins of the First World War.* New York: St. Martin's Press, 1991.

Wilson, Peter H. *From Reich to Revolution: German History, 1558–1806.* Basingstoke: Palgrave Macmillan, 2004.

Wilson, Peter H. *The Thirty Years War: Europe's Tragedy.* Cambridge, MA: Belknap Press, 2009.

Wilson, Woodrow. "The Fourteen Points Speech." In *The Public Papers of Woodrow Wilson,* edited by Ray Stannard Baker and William E. Dodd, 5:155–162. New York: Harper and Brothers, 1925–1927.

Wolf, John B. *Toward a European Balance of Power, 1620–1715.* Chicago: Rand McNally, 1970.

Yan Xuetong. "The Age of Uneasy Peace: Chinese Power in a Divided World." *Foreign Affairs* 98, no. 1 (2019): 40–46.

Zacher, Mark W. "The Territorial Integrity Norm: International Boundaries and the Use of Force." *International Organization* 55, no. 2 (2001): 215–250.

Zeiler, Thomas W. *Free Trade, Free World: The Advent of GATT.* Chapel Hill: University of North Carolina Press, 1999.

Zelikow, Philip, and Condoleezza Rice. *Germany Unified and Europe Transformed: A Study in Statecraft.* Cambridge, MA: Harvard University Press, 1995.

Zhang, Shu Guang. *Economic Cold War: America's Embargo against China and the Sino-Soviet Alliance, 1949–1963.* Washington, DC: Woodrow Wilson Center Press, 2001.

Zhao, Suisheng. "A Neo-Colonialist Predator or Development Partner? China's Engagement and Rebalance in Africa." *Journal of Contemporary China* 23, no. 90 (2014): 1033–1052.

Zhao, Suisheng. "Xi Jinping's Maoist Revival." *Journal of Democracy* 27, no. 3 (2016): 83–97.

Zubok, Vladislav. "The Case of Divided Germany, 1953–1964." In *Nikita Khrushchev,* edited by William Taubman, Sergei Khrushchev, and Abbott Gleason, 275–300. New Haven, CT: Yale University Press, 2000.

Zubok, Vladislav M. *A Failed Empire: The Soviet Union in the Cold War from Stalin to Gorbachev.* Chapel Hill: University of North Carolina Press, 2007.

Zubok, Vladislav. "With His Back Against the Wall: Gorbachev, Soviet Demise, and German Reunification." *Cold War History* 14, no. 4 (2014): 619–645.

Zubok, Vladislav, and Constantine Pleshakov. *Inside the Kremlin's Cold War: From Stalin to Khrushchev.* Cambridge, MA: Harvard University Press, 1996.

찾아보기

1

100년전쟁 53, 59
1848년 혁명 129, 133

3

3국 황제연맹 151-152
30년전쟁 26, 52, 70-72

A

ANZUS 244

ㄱ

개방적 무역체제 240, 267, 275, 278, 279, 282
거버넌스 26, 85, 299
거부권 233
고르바초프(Mikhail Gorbachev) 258-259, 268-272
고립주의 212
공동관리체제 29-30, 128, 136
공산주의 붕괴 42, 268

관료제 24-25, 82-83
관세와 무역에 관한 일반협정(GATT) 240-241, 279-281, 296, 302
교황군주제 18, 21-23
국가이익(국익) 25-26, 75, 79, 81-82, 84, 85-87, 93, 126, 204, 288, 296, 313
국민국가 26, 31
국제연맹 규약 16, 35, 37, 181, 213-214, 274
국제체제 5-7, 12-17, 25, 26, 27, 29, 32, 34-39, 42, 44, 49-51, 63, 71, 73-74, 79, 80, 81, 87, 105, 114, 117, 125, 136, 143, 171, 173, 179-180, 185, 187, 191, 194-195, 203, 213, 215, 222-223, 226-228, 230-231, 233, 242-244, 246-247, 252, 267-268, 272-273, 282-284, 288, 296, 298, 302, 304, 311-315
국제통화기금(IMF) 240
국제 행위자 5, 11, 13, 14, 18, 19, 49, 79, 80, 81, 144, 311
군비축소 37, 179, 186, 214, 256
권위주의 정권 41, 44, 255, 287, 288, 294, 301, 303, 312

균형자 93
그리스 독립 123, 149
글로벌 생산 체인 281
기독교 6, 18, 20-24, 49,-51, 57-58,
    61, 63, 70-71, 73-74, 81, 86-88,
    105, 130

ㄴ

나치당 203, 206
나폴레옹전쟁 6, 14, 17, 29, 94, 102, 107,
    113, 120-121, 128, 136
냉전기 7, 13, 16, 37, 41, 43, 255

ㄷ

다극적 국제체제 290
대공황 181, 205-207, 212, 216, 278
도스계획 201, 204
독일 문제 184, 187, 234, 247-250, 256
동맹 28-29, 34, 40, 57, 63, 79, 91, 101-
    103, 119-120, 122, 133, 146-147,
    151-153, 157-158, 161-162, 166,
    170, 180, 185, 187, 190, 192, 195,
    197-198, 200, 221-222, 224, 236-
    238, 240, 243-246, 251, 255, 259,
    269, 275, 277, 280, 283, 291, 311,
    313, 314
  군사동맹 34, 80, 134, 147, 186,
    238, 243, 283
  동맹국 28, 40-41, 119, 122, 147, 151,
    187, 192, 222, 240, 243-244,
    251, 255, 259, 269, 277, 280,
    283, 291, 311, 313
  동맹군 103, 105
  동맹조약 121
  방어동맹 151, 153, 158
  방위동맹 88, 151

  약탈 동맹 99
  적대적 동맹 99, 107, 161-162
  황제동맹 152
동부의 문제 123, 125

ㄹ

라인란트 188-189, 202-203, 206, 209
러시아 정교 63
레이건(Ronald Reagan) 286
로카르노조약 202-203
루스벨트(Franklin D. Roosevelt) 227-
    233

ㅁ

마샬플랜 235
만주국 207
무역 자유화 40, 186, 227, 238, 240, 278,
    280, 282, 302, 313-314, 316-317
무정부 상태 3, 11
문호개방정책 196, 199
미 독립전쟁 91
미일 방어조약 243
민족자결 179, 186, 193, 253
민족주의 85, 115, 132-133, 137, 143-
    145, 157-159, 162-163, 180, 192,
    194, 271-272, 294, 296

ㅂ

바르샤바조약기구 238, 273
바이마르공화국 191
반독일동맹 161
발칸연맹 166-167
범 슬라브주의 155
베르사유조약 180, 183, 188, 190, 194,
    199-200, 202-203, 206, 208-209

베를린 장벽 249
베를린회의 149, 151, 156, 171-172
베스트팔렌조약 26, 71-73, 75
보호무역 199, 205, 216, 238, 240, 243,
　　278, 280
　보호주의 무역정책 227
볼셰비키 182, 191, 211
부분적 핵실험금지조약 250
부시(George W. Bush) 302
부활된 협조체제 31, 143-144, 171
북대서양조약기구(NATO) 124, 236-238,
　　243-246, 271, 290-291, 293-294
북미자유무역협정 282
분리주의 271, 289, 297
분쟁의 평화적 해결 19, 38-39, 179, 181,
　　222
브레스트-리토프스크조약 182-183, 192
브레튼우즈 240
비스마르크(Otto von Bismarck) 133-
　　135, 137, 145-147, 151-153, 157-
　　158, 160, 171
비엔나조약 114-115, 119-120, 125-
　　128, 136
비엔나 평화체제 113, 115
비자유주의 국가 267, 284-286, 302-
　　303, 316
빌헬름 1세 92, 135, 147
빌헬름 2세 159, 190

세계인권선언 35, 42
세력권 16, 30-31, 34, 36, 40, 42, 114,
　　122-123, 125-128, 136, 160, 186,
　　196, 198, 205, 221, 230-234, 273,
　　276, 285, 288, 290
세력균형 6, 27-29, 32, 34, 37, 79-80,
　　88, 105-107, 128, 185
세력균형체제 28-29, 32, 79-80, 105-
　　107, 128
세력정치 시대 18-19, 26-27, 33, 73,
　　79, 214
세르비아 문제 162
세습 군주 6, 12-13, 23, 25, 49-50, 52,
　　58-59, 62, 73-74, 85-86, 103, 105,
　　119, 124, 145
소련 해체 42, 268-269, 316
소비에트사회주의연방공화국 191-192
수데텐란트 189, 193-194, 210, 215
수출지향적 성장 281
스무트-홀리 관세 205, 207, 216
스탈린(Joseph Stalin) 211-212, 224,
　　226, 230-236, 247
스페인 계승전쟁 89, 94, 97, 102
시진핑(習近平) 297
신성동맹 120, 122
신성로마제국 26, 54-56, 63, 67, 71-74,
　　91-92, 103, 116
십자군 22

ㅅ

샌프란시스코 국제회의 38
서유럽 기독교권 20-22, 24, 49-51, 61,
　　63, 70-71, 73-74, 81, 88, 105
세계무역기구(WTO) 269, 280-282, 296,
　　302, 316
세계은행 240

ㅇ

아시아개발은행 298
아우그스부르크 연맹 88
안보 공약 195, 228, 230, 244, 251, 291,
　　313
알렉산드르 1세 104, 121 125
알렉산드르 2세 147
영토 보상 88

영토 분할 30, 79, 80, 88, 106-107, 113, 167
옐친(Boris Yeltsin) 272, 289
오바마(Barack Obama) 302, 313
오스만제국 50, 55-58, 63-64, 89, 96, 100-101, 115, 118, 123-124, 127, 130, 136, 145, 147-152, 155-156, 163-164, 166-167, 181, 183, 191-192
오스트리아 계승전쟁 89, 98-99
오스트리아-프러시아전쟁 134, 137
오스트리아-헝가리 124, 143-149, 151-158, 161-173, 181, 191-193
왕조 시대 12-13, 19, 24-25, 49, 51-54, 56, 58, 60-62, 66, 71, 81-82, 85, 90
왕조전쟁 6, 52-53, 60-61, 69, 94
왕조주의 65
왕조체제 12, 50-53, 57, 60, 73-75, 105
왕조혼 62-64
우루과이라운드 280
워싱턴 군축회의 196
원자폭탄 225
윌슨(Woodrow Wilson) 37, 173, 183, 185-187, 193-195, 198-199, 215, 227, 278
유럽경제공동체(EEC) 279
유럽연합 260, 279, 282, 290, 294
유럽협조체제 6, 27, 29, 31-32, 107, 114, 120-121, 123, 125-130, 132, 136, 143-144, 146, 161, 168, 179, 213, 232, 252
유엔 안전보장이사회 12, 223, 228-229, 232, 272
유엔헌장 4, 12, 16, 35, 38-39, 42, 224, 233, 253, 267, 269, 273-276, 278, 299, 302, 312
유화정책 210

이탈리아 통일 132
인도 독립 253
일대일로 298

ㅈ

자기 결정 33
자유무역 231, 240, 279, 282
자유주의 시대 18-19, 26-27, 32, 36-37, 42, 173, 179, 284
자유주의 원칙 19, 26, 32-34, 37, 39-40, 42-44, 179, 196, 213, 215-216, 223, 233, 242, 245-246, 252, 254, 257, 267, 282, 286, 311, 313, 316, 319
자유주의 패권 247, 267, 269, 273, 282, 302, 313
전간기 37, 216, 227-228, 230, 232, 240, 242-243, 245, 260
전략무기 제한협정I(SALT I) 256
전략무기 제한협정II(SALT II) 256
전면전 3-5, 12, 14, 161, 259
정복전쟁 60-61
제1차 세계대전 6-7, 16-17, 19, 26, 28, 32, 35-37, 75, 145, 161-162, 165, 168, 173, 179-182, 184, 191, 194-196, 208, 213, 225, 227, 242, 245
제2차 세계대전 12-13, 17, 19, 35-36, 38-39, 42, 216, 221-222, 224-225, 227-229, 232, 236-238, 242-243, 245, 247, 252-253, 260, 267, 270, 273-274, 277-278, 285, 298, 302, 311-313, 318
제국주의 15, 41, 160, 185, 188, 196-197, 203, 205, 253, 257, 279
종교개혁 20, 24, 50, 52, 70-71, 75
종교 시대 18, 20-21, 26-27, 73, 79
종교적 공동체 22, 24, 49, 61

주권국가 4, 11, 13, 79, 205, 253, 274, 290
주권 존중 33
중국공산당 296-297
중국의 부상 7, 295, 315-316
중립법 212
중앙집중적 계획경제 258, 270, 295
집단안보 16, 179, 186, 214-216, 227
집단안전보장 37-38

ㅊ

체임벌린(Neville Chamberlain) 209-210
초강대국 5, 39-41, 43, 221-223, 233, 236, 242, 247, 249, 251-252, 256-257, 259, 269, 271-273, 285, 295, 303

ㅋ

카터(Jimmy Carter) 286
케네디(John F. Kennedy) 249-250
콜(Helmut Kohl) 270-271
크림전쟁 115, 130-132, 137

ㅌ

탄도탄 요격미사일 조약(ABM) 256, 293
탈냉전기 36-37
투키디데스 27
트럼프(Donald Trump) 294, 313-314

ㅍ

파리평화회의 26, 37, 180
패권국 244, 282
펠로폰네소스전쟁 27

포드니-맥컴버 관세 199
푸틴(Vladimir Putin) 43, 289, 294
프란츠 요제프 147, 168
프랑스-오스트리아전쟁 137
프랑스-프러시아전쟁 137, 143, 147
프랑스혁명 29, 80, 89, 102, 119
프리드리히 대왕 93, 98, 101

ㅎ

한국전쟁 241
해군 군축회의 195, 214
해군력 군축 180
핵무기 3, 12, 248-251, 256, 260, 271-272, 285
핵무기확산금지조약(NPT) 250-251
헬싱키협정 257
후견-피후견관계 41-42, 53, 65, 162, 254-255
흐루시초프(Nikita Khrushchev) 247-249
히틀러(Adolf Hitler) 203, 206, 208-213

저자소개

스티븐 콕스(Stephen A. Kocs)

하버드대 정치학 박사

홀리크로스대학교 정치학과 부교수

주요 연구분야
국제관계, 국가안보정책

주요 논저
"Institutional Balancing in the Asia Pacific: Economic Interdependence and China's Rise" (*The China Journal*)
"International Order as Threat Management" (*International Studies Review*)
"Technology and International Transformation: The Railroad, the Atom Bomb, and the Politics of Technological Change" (*The Review of Policy Research*)
"The Impact of Norms in International Society: The Latin American Experience, 1881–2001" (*Journal of Peace Research*) 외 다수

역자소개

이유진 (eglee@sm.ac.kr)

연세대 정치외교학과 졸업
토론토대 정치학 석사
토론토대 정치학 박사

현 숙명여대 정치외교학과 교수, 한일미래포럼 이사

통일연구원 책임연구원, 한국캐나다학회 회장 역임

주요논저

The Integrity Gap: Canada's Environmental Policy and Institutions,
　　UBC Press (편저).
『글로벌 환경정치와 정책』(역서, 명인문화사)
『글로벌 거버넌스: 도전과 과제』(역서, 명인문화사)
『거버넌스』(역서, 도서출판 오름)
『비정부기구의 이해, 2판』(역서, 명인문화사)
『환경정치학』(역서, 한울아카데미)
『비교정부와 정치, 12판』(공역, 명인문화사)
『정치학개론, 15판』(공역, 명인문화사)
"후쿠시마 사고 이후 일본의 원자력 관련 제도 변화에 대한 연구" (일본연구
　　논총)
"일본의 세습정치인에 대한 연구" (비교일본학) 외 다수